Die französische Klassik

Andrea Grewe

Literatur, Gesellschaft und Kultur des 17. Jahrhunderts

Ernst Klett Sprachen
Barcelona · Belgrad · Budapest · Ljubljana · London
Posen · Prag · Sofia · Stuttgart · Zagreb

Bibliographische Information der Deutschen Bibliothek.
Die Deutsche Bibliothek verzeichnet diese Publikation in der
Deutschen Nationalbibliographie; detaillierte bibliographische
Daten sind im Internet über http://dnb.ddb.de abrufbar.

1. Auflage A1 ^{5} ^{4} ^{3} | 2007   2006   2005

© Ernst Klett Sprachen GmbH, Stuttgart 1998. Alle Rechte vorbehalten.
Internetadresse | www.klett.de
Bildnachweis | Hyacinthe Rigaud: Ludwig XIV.
© Cliché Bibliothèque Nationale de France, Paris

Redaktion | Manfred Ott
Umschlaggestaltung | Marion Köster
Druck | Gulde Druck GmbH & Co. KG, Tübingen
Printed in Germany

ISBN 3-12-939576-8

Inhalt

Vorwort

Ziel des vorliegenden Bandes ist es, eine Einführung in die französische Literatur des 17. Jahrhunderts und ihre Entstehungsbedingungen zu geben. Zu diesem Zweck gliedert sich der Band in zwei große Teile. Im ersten Teil (Kap. 1–5) werden zunächst nach einem einleitenden begriffsgeschichtlichen Kapitel jene übergreifenden Faktoren dargestellt, die auf unterschiedliche Weise die Literaturproduktion beeinflusst haben: die politische Entwicklung des Landes, zentrale Strömungen des geistigen und kulturellen Lebens, das Verhältnis von Autor und Publikum. Im zweiten Teil (Kap. 6–8) wird sodann chronologisch die literarische Entwicklung nachgezeichnet, und zwar gegliedert in die Phasen Vorklassik, Hochklassik und Nachklassik / Frühaufklärung. Seitenverweise im Text stellen Querverbindungen zwischen den „Grundlagen"-Kapiteln und den „literarischen" Kapiteln her.

In der Vorklassik konzentriert sich die Darstellung auf die Gattungsentwicklung, nur in wenigen begründeten Fällen werden einzelne „große" Autoren ausführlicher behandelt. In der Hoch- und Nachklassik stehen dagegen die *grands créateurs* im Mittelpunkt: Auf einen einleitenden biographischen Überblick, der die wichtigsten Lebens- und Werkdaten nennt, folgt hier jeweils eine Werkübersicht, die allerdings keinen Anspruch auf Vollständigkeit erhebt, sondern die wichtigsten Aspekte an exemplarischen Texten herausarbeitet.

Am Ende jedes Kapitels wird die jeweils relevante Sekundärliteratur in Kurzform (Autor, Jahr) unter dem Stichwort „Literatur" aufgeführt. Die vollständigen bibliographischen Angaben finden sich in einer Auswahlbibliographie im Anhang des Bandes, der außerdem ein Namen- und Sachregister enthält. Lebensdaten werden im Text selbst bei der ausführlicheren Behandlung eines Autors angegeben. Bei Werken wird im allgemeinen das Erscheinungsjahr genannt, bei dramatischen Texten das Jahr oder die Saison der Uraufführung.

Für tatkräftige Unterstützung bei der Erstellung der Register danke ich Claudia Schmidt und Carolin Jakobs. Mein besonderer Dank aber gilt Jürgen Grimm, der vor vielen Jahren meine Begeisterung für das 17. Jahrhundert geweckt und durch seine Arbeiten meinen Blick auf diese Epoche geprägt hat. Er hat auch zum Gelingen dieser Arbeit als kritischer Gesprächspartner beigetragen.

Andrea Grewe
im Oktober 1998

Die Französische Klassik – Definition und Eingrenzung

KAPITEL 1

1 Zum Begriff klassisch bzw. Klassik

Begriffs-geschichte

Der Begriff des Klassischen beinhaltet zunächst einmal ein Werturteil. Im antiken Rom wurde der Angehörige der ersten Steuerklasse *(classis prima)* als *civis classicus* bezeichnet. In übertragener Bedeutung gelten daher diejenigen Autoren und Werke als klassisch, die erstklassig sind und zur Spitzenklasse gehören. Als solchen kommt ihnen Modellcharakter zu und werden sie für geeignet gehalten, in der Klasse, d. h. in der Schule, studiert zu werden. Als Klassik wird dementsprechend jene Epoche bezeichnet, die als nicht mehr überbietbarer Höhepunkt einer Kultur betrachtet wird.

Ursprünglich bezeichnet der Begriff klassisch lediglich die klassische Antike. Später wird er auch für jene Epochen in der Geschichte der modernen Nationalliteraturen verwendet, die sich zum einen am Erbe der klassischen Antike orientieren und die zum anderen ihrerseits von den folgenden Generationen als exemplarische Phasen kultureller Größe angesehen werden (vgl. Weimarer Klassik). Die Qualifizierung als klassisch impliziert also nicht nur ein Werturteil, sondern darüber hinaus auch eine bestimmte Grundeinstellung, ein bestimmtes ästhetisches Programm, im engeren Sinne einen künstlerischen Stil. So gesehen, bildet klassisch den Gegensatz zu romantisch und barock. Während die Romantik als eine literarische Strömung des 19. Jhs. hier vernachlässigt werden kann, weist das 17. Jh. in Frankreich neben klassischen Stilmerkmalen auch barocke auf. Daher sollen die beiden Begriffe im Folgenden kurz voneinander abgegrenzt werden.

Klassisch

Auf das ästhetische Programm der französischen Klassik, die *doctrine classique,* gehen wir weiter unten ausführlich ein (s. S. 41 ff.). Generell lässt sich sagen, dass ein klassisches Denken durch das Bestreben gekennzeichnet ist, das Allgemeine und Universelle, das Wesentliche und Unveränderliche der Welt, der menschlichen Natur und des menschlichen Lebens überhaupt zu erkennen. Einer klassischen Kunst kommt es daher nicht auf die Darstellung des Individuellen, des Einmaligen und Außergewöhnlichen an, sondern auf die des Archetypischen, einer überzeitlich und universell gültigen Wahrheit. Diese findet ihre ästhetische Umsetzung in der Konzeption des absoluten und universellen Schönen *(beau absolu/idéal/universel),* das durch den harmonischen Zusammenklang aller Teile zu einem stabilen Ganzen den beruhigenden Eindruck von Ordnung, Maß, Ruhe, ja Vollkommenheit erzeugt. Der klassischen Kunst ist damit eine Tendenz zur Idealisierung eigen, die die Welt nicht so zeigt, wie sie ist, sondern so, wie sie sein sollte bzw. ihrem „eigentlichen", „vernünftigen" Wesen nach ist.

Barock

Die barocke Kunst stellt in vielerlei Hinsicht den Gegenpol zur klassischen dar. Der Terminus barock *(baroque)*, der sich wahrscheinlich vom portugiesischen Wort *barroco* zur Bezeichnung einer unregelmäßigen Perle ableitet, wird schon im 17. Jh. in Frankreich in der Bedeutung „exzentrisch", „bizarr" verwendet. Als wertneutrale Bezeichnung für bestimmte Tendenzen der europäischen (Bau-)Kunst des 17. Jhs. setzt er sich zunächst in der Kunstgeschichte durch. Der Kunsthistoriker Heinrich Wölfflin (1864–1945) wendet ihn erstmals systematisch als Gegenbegriff zu dem des Klassischen an. Im Gegensatz zur klassischen Kunst betont die barocke die Schwierigkeit, welche die Erkenntnis der Wahrheit dem Menschen bereitet. In vielfältigen Formen bildet das Spiel um Schein und Sein eine Konstante barocker Kunst. Ihr besonderes Interesse gilt dementsprechend gerade dem, was dem absoluten Wissen entgegensteht: die kontinuierliche Bewegung des Lebens, die Instabilität aller Erscheinungen, die Formenvielfalt, die eine Unterordnung des Individuellen unter das Allgemeine nicht zulässt. Strebt die klassische Kunst nach der Aufhebung der Gegensätze in einem zeitenthobenen Zustand des Ausgleichs, so zeigt die barocke Kunst demgegenüber den dramatischen, bewegten Kampf der widerstreitenden Kräfte. Statt „Befriedung" durch Aufhebung der Spannungen erzeugt sie auf diese Weise im Rezipienten starke gegensätzliche Emotionen, die zu keiner harmonischen Lösung finden.

klassisch	barock
Erkenntnis des Wesens der Dinge	Faszination durch die Erscheinungen
Zeitlosigkeit, Universalität, Vollkommenheit	Betonung der Zeitlichkeit, Individualität, Unvollkommenheit
Wahrheit/Sein	Täuschung/Schein und Sein
Harmonie, Maß, Ruhe	Spannung, Dramatik, Bewegung
Appell an die Vernunft	Appell an das Gefühl

Die Charakteristika des Klassischen und Barocken im Vergleich

2 Le siècle classique – le Grand Siècle

Kanoni-
sierung

Die Einschätzung des frz. 17. Jhs. als eines *siècle classique,* als einer Phase außerordentlicher nationaler Größe, geht bereits auf das späte 17. Jh. selbst zurück. Schon die Zeitgenossen betrachten bestimmte Autoren wie etwa den Lyriker MALHERBE oder den Komödiendichter MOLIÈRE als den klassischen antiken Autoren nicht nur ebenbürtig, sondern als diesen überlegen und sehen in ihnen Modelle für die frz. Literatur. Am offensivsten vertritt diese Auffassung CHARLES PERRAULT, der 1687 mit seinem Gedicht *Le siècle de Louis le Grand* die *Querelle des Anciens et des Modernes* auslöst, in der die Frage der Überlegenheit der modernen Autoren über die antiken heiß diskutiert wird (s. S. 132 ff.). Endgültig festgeschrieben wird die Kanonisierung des 17. Jhs. als *siècle classique* oder als *Grand Siècle* von VOLTAIRE, der 1751 in seinem historischen Werk *Le siècle de Louis XIV* das Zeitalter LUDWIGS XIV. zu jenen „klassischen" Goldenen Zeitaltern rechnet, die die Menschheit im Athen des Perikles und Alexander, im Rom des Augustus und im Florenz der Medici gekannt hat.

Probleme
des
normativen
Klassikver-
ständnisses

Die Bildung eines Kanons klassischer Autoren mit Vorbildfunktion birgt die Gefahr dogmatischer Erstarrung in einem Klassizismus, der keine Erneuerung mehr zulässt. Beispielhaft dafür ist die Debatte um die romantische Bewegung im frühen 19. Jh., in der die Gegner der Romantik ihre Ablehnung ästhetischer Innovation mit der Normativität der Klassik begründen. Die Berufung auf die Klassik wird nun zunehmend zu einem Zeichen nicht nur des ästhetischen, sondern auch des politischen Traditionalismus. Einen Höhepunkt erlebt diese ideologische Vereinnahmung der Klassik in der III. Republik (1871–1945), in der Autoren wie MOLIÈRE, LA FONTAINE oder BOILEAU von der Literaturwissenschaft zu Inkarnationen eines bürgerlichen Bewusstseins stilisiert werden und das Studium der klassischen Autoren in der Schule zur Bildung des frz. Nationalbewusstseins eingesetzt wird.

Kanon-
bildung
durch
Selektion

Eine solche ideologische Vereinnahmung der Klassik ist nicht möglich, ohne dass weite Bereiche der literarischen und außerliterarischen Wirklichkeit des 17. Jhs. ausgeklammert werden. Der Selektionsprozess, den jede Bildung eines Kanons klassischer Autoren impliziert, muss besonders radikal ausfallen, wenn Werke, die im *Ancien régime* entstanden sind, dem Verständnishorizont eines bürgerlichen Publikums angepasst werden müssen. Als Folge dieses ästhetischen und ideologischen Selektions- und Kanonisierungsprozesses ist sowohl die Literatur des 17. Jhs. insgesamt als auch das Werk der „großen", der „klassischen" Autoren lange Zeit hindurch nur bruchstückhaft wahrgenommen worden.

3 Der moderne Epochenbegriff

Positionen der modernen Literaturwissenschaft

Die Entwicklungen in der Geschichts- und Literaturwissenschaft nach dem II. Weltkrieg haben zu einer neuen Sicht des 17. Jhs. geführt, die auch die Kehrseite dieses Jahrhunderts, *„l'envers du Grand Siècle"* (vgl. Gaiffe 1924), berücksichtigt. Im literarischen Bereich hat diese Neuorientierung eine Ausweitung des Gegenstandsbereiches auf die *gesamte* Literatur des 17. Jhs. bewirkt. Dies hat in der neueren Literaturgeschichtsschreibung zu einer differenzierteren Verwendung des Begriffs des Klassischen geführt, die der Tatsache Rechnung trägt, dass die Literatur des 17. Jhs. insgesamt neben klassischen auch nichtklassische, barocke oder frühaufklärerische, Kennzeichen aufweist. Von der französischen Literaturgeschichtsschreibung wird daher heute nur noch die Epoche von 1660–1685 als *Klassik (classicisme)* im engeren ästhetischen Sinne definiert. Ihr geht eine lange, als *Vorklassik (préclassicisme)* oder *Barock* bezeichnete Epoche voraus, ihr folgt die *Nachklassik (postclassicisme)*, die auch als *Frühaufklärung* bezeichnet wird.

Extensiver Epochenbegriff

In der folgenden Darstellung der Literatur, Gesellschaft und Kultur des 17. Jhs. legen wir einen extensiven Epochenbegriff mit den Eckdaten 1598 und 1715 zugrunde. Kriterien für die Definition der Großepoche wie auch für ihre Binnengliederung liefert uns sowohl die politische Geschichte mit ihren gesellschaftlichen und bewusstseinsgeschichtlichen Folgen als auch die Entwicklung des geistigen und literarischen Lebens im engeren Sinne. Die zentralen Faktoren, die das Gesicht des 17. Jhs. prägen, sind: die definitive Beendigung der Religions- und Bürgerkriege, die noch das letzte Drittel des 16. Jhs. bestimmen; die Durchsetzung des absolutistischen Herrschaftssystems mit seinen Konsequenzen in der Außen- und Wirtschaftspolitik und im gesellschaftlichen Leben Frankreichs; die Etablierung Frankreichs als moderner Nationalstaat mit einer nationalen Kultur. Insofern das 17. Jh. in der Geschichte Frankreichs die Funktion erfüllt, eine nationale Identität zu begründen, erscheint es uns gerechtfertigt, den traditionellen Epochenbegriff weiterhin zu benutzen und die Epoche insgesamt als *Französische Klassik* zu bezeichnen.

Periodisierung

Als Grobgliederung ergibt sich aus den genannten Faktoren eine Zweiteilung der Epoche. Die erste Phase reicht von 1598, dem Erlass des *Edit de Nantes,* durch das HEINRICH IV. die Religionskriege beendet, bis zum Jahre 1661, in dem LUDWIG XIV. persönlich die Regierung übernimmt. Die zweite Phase endet 1715 mit LUDWIGS Tod. Beide Perioden lassen sich ein weiteres Mal untergliedern: Demzufolge endet die erste, politisch noch extrem unruhige Pha-

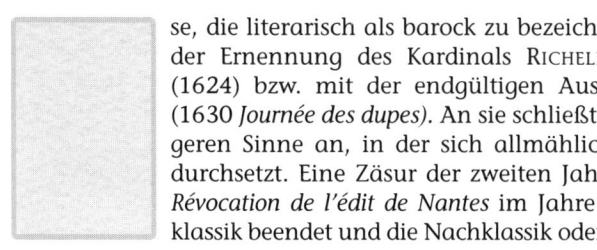

se, die literarisch als barock zu bezeichnen wäre, 1624/1630 mit der Ernennung des Kardinals RICHELIEU zum *premier ministre* (1624) bzw. mit der endgültigen Ausschaltung seiner Gegner (1630 *Journée des dupes*). An sie schließt sich die Vorklassik im engeren Sinne an, in der sich allmählich die klassische Ästhetik durchsetzt. Eine Zäsur der zweiten Jahrhunderthälfte bringt die *Révocation de l'édit de Nantes* im Jahre 1685, welche die Hochklassik beendet und die Nachklassik oder Frühaufklärung einleitet.

Literatur   Bury (1993); Chédozeau (1989); Gumbrecht in Nies/Stierle (1985: 441–449); Peyre (1965); Stenzel (1995).

2

■ Die Etablierung der absoluten Monarchie

1 Das *Ancien régime*

Definition

Mit dem Begriff des *Ancien régime* charakterisiert die französische Geschichtsschreibung heute die Gesamtheit der politischen und gesellschaftlichen Strukturen Frankreichs im 16., 17. und 18. Jh., die durch die Französische Revolution abgeschafft werden. Charakteristisch für das *Ancien régime* ist zum einen die Regierungsform der absoluten Monarchie, die auf dem Gottesgnadentum beruht und dem König die uneingeschränkte Souveränität zuerkennt; zum anderen die hierarchisch-korporative Gesellschaftsordnung, die sich am augenfälligsten in der ständischen Gliederung der Gesellschaft in Klerus, Adel und Dritten Stand *(tiers état)* manifestiert, darüber hinaus aber auch die Organisation in den unterschiedlichsten Korporationen und Zünften meint, die jeweils mit ganz bestimmten Freiheiten und Privilegien *(libertés et privilèges)* ausgestattet sind. So genießen Klerus und Adel das Privileg der Steuerfreiheit, hat der Klerus das Recht, die Zehntsteuer *(la dîme)* zu erheben, übt der adlige Grundherr auf seinem Territorium die Gerichtsbarkeit aus und verfügt über das Jagd- und Fischereirecht. Andererseits ist dem Adel die Ausübung eines bürgerlichen Berufes untersagt.

Noblesse d'épée – noblesse de robe

Die Stände formen im *Ancien régime* keine homogene soziale Einheit; zumal ökonomisch gibt es innerhalb jedes Standes große Unterschiede. Darüber hinaus sind die Standesgrenzen nicht unüberwindlich: Ein Adliger kann unter bestimmten Umständen seinen Rang verlieren, ein Bürgerlicher *(roturier, robin)* für seine Verdienste geadelt werden. Auch die Ausübung eines bestimmten Amtes *(office)* etwa in der gehobenen staatlichen Verwaltung *(plume)* oder in der Gerichtsbarkeit *(robe)* geht mit der Nobilitierung des Amtsinhabers einher. Neben dem Schwertadel *(noblesse d'épée)*, der seinen Rang vielfach bis ins Mittelalter zurückverfolgen kann, kommt daher dem Amtsadel *(noblesse de robe)* zunehmend eine wichtige Rolle zu. Die Ausbildung der absoluten Monarchie im 17. Jh. bewirkt durch die Neuordnung der Verwaltungsstrukturen auch eine Stärkung des Bürgertums gegenüber dem Adel.

2 Von Heinrich IV. zu Ludwig XIV.

Henri IV

Nach der Phase der Religions- und Bürgerkriege (1562–1598), die Frankreich innen- wie außenpolitisch geschwächt hatten, herrscht zu Beginn des 17. Jhs. der Wunsch nach innerem Frieden und Rückgewinnung äußerer Stärke. Voraussetzung dafür ist die Stärkung der königlichen Zentralgewalt, die die französischen Herrscher im 17. Jh. gegen alle Partikularinteressen, sowohl gegen den Widerstand des Schwert- als auch des Amtsadels, energisch verfolgen. Einen entscheidenden Schritt zur innenpolitischen Stabilisierung stellt die Regierungszeit HEINRICHS IV. (1553–1610) dar, der – ursprünglich ein Protestant – nach seiner Konversion zum Katholizismus 1589 zum französischen König gekrönt wird. Durch das *Edit de Nantes* (1598), das den Protestanten freie Religionsausübung und den Zugang zu allen Ämtern garantiert, sichert er fürs erste den inneren Frieden. Durch eine kluge Wirtschaftspolitik trägt er zur ökonomischen Erholung des Landes von den Kriegsfolgen bei. Seine Ermordung im Jahre 1610 durch den religiösen Fanatiker FRANÇOIS RAVAILLAC bereitet dieser Konsolidierungsphase jedoch ein jähes Ende.

Die *Régence* der Marie de Médicis

Da LUDWIG XIII. (1601–1643) noch nicht in der Lage ist, die Staatsgeschäfte zu führen, übernimmt seine Mutter, MARIE DE MÉDICIS (1573–1642), von 1610 bis 1617 die Regentschaft. Die Zeit der *Régence* bedeutet eine neue Phase heftiger Auseinandersetzungen zwischen verschiedenen Interessengruppen um die Macht im Staat und die „richtige" Politik, in der es sogar zu kriegerischen Begegnungen zwischen LUDWIG XIII. und seiner Mutter kommt.

Louis XIII und Richelieu

Eine Konsolidierung der Situation tritt ab 1624 ein, als ARMAND-JEAN DU PLESSIS, Cardinal de RICHELIEU (1585–1642), die Funktion des *premier ministre* im *Conseil du Roi* übernimmt. Zusammen mit LUDWIG XIII. wirkt er in den folgenden zwei Jahrzehnten mit aller Kraft an der innen- und außenpolitischen Stärkung Frankreichs: Entmachtung des Protestantismus als politischer Partei (1628 Einnahme der protestantischen Festung La Rochelle); Unterwerfung des Adels unter die staatlich-königliche Zentralgewalt (1627 Duellverbot; Hinrichtung aufständischer Adliger: 1632 des Herzogs von MONTMORENCY; 1642 von CINQ-MARS); Eintritt in den Dreißigjährigen Krieg (1635). Mit dem Tod RICHELIEUS im Dezember 1642 und dem LUDWIGS XIII. im Mai 1643 endet auch diese Periode abrupt.

Anne d'Autriche und Mazarin

Da LUDWIG XIV. (1638–1715) noch minderjährig ist, übernimmt erneut die Königin die Regentschaft. Unterstützt wird ANNE D'AUTRICHE (1601–1666) von Kardinal MAZARIN (1602–1661), der als Nachfolger RICHELIEUS in der Funktion des *premier ministre* des-

sen Politik fortsetzt. In der *Fronde* (1648–1653) versuchen die „Opfer" dieser Politik, die auf die Etablierung der absoluten Monarchie abzielt, ein letztes Mal, Widerstand zu leisten.

La Fronde parlementaire 1648–1649

Auslöser des Aufstandes in Paris und den Provinzen ist das *Parlement de Paris*, d. h. das oberste französische Gericht, das sich gegen die Beschneidung seiner Kompetenzen durch die Zentralgewalt zur Wehr setzen will. Unmittelbarer Anlass sind die enormen finanziellen Belastungen Frankreichs durch die Beteiligung am Dreißigjährigen Krieg, Hauptgegner ist MAZARIN, der nicht nur in der Propagandaliteratur der Zeit, den *Mazarinades,* zum Sündenbock gestempelt wird. Die Unruhen in Paris zwingen die Königin im Januar 1649 mit ihrem Sohn zur Flucht nach Saint-Germain-en-Laye.

La Fronde des princes 1650–1653

In einer zweiten Phase übernehmen herausragende Vertreter des Adels die Führung des Bürgerkriegs, darunter die Prinzen von CONDÉ und CONTI, der Herzog und die Herzogin von LONGUEVILLE, der zukünftige Herzog von LA ROCHEFOUCAULD, der zukünftige Kardinal von RETZ. Auch GASTON D'ORLÉANS (1608–1660), der Bruder LUDWIGS XIII. und Onkel des Königs, paktiert wieder mit den Rebellen. Die erfolgreiche Niederschlagung der *Fronde,* die für die aufständischen Prinzen zumindest zeitweise das Exil bedeutet, besiegelt den definitiven Sieg des absolutistischen Prinzips über alle zentrifugalen Bestrebungen. LUDWIG XIV. zieht aus dem für ihn traumatischen Erlebnis die Konsequenzen.

Louis XIV: 1661–1715

Nach dem Tod MAZARINS 1661 nimmt LUDWIG XIV., der 1654 zum König gesalbt worden war, persönlich die Regierungsgeschäfte in die Hand. Unter seiner Herrschaft erfährt die absolutistisch-zentralistische Politik seiner Vorgänger ihre Vollendung; Frankreich wird zur Hegemonialmacht in Europa.

2 Die Grundlegung des modernen Staates

1 Innenpolitik: Die Reform der Staatsverwaltung

Officiers

Das wichtigste Mittel zur Durchsetzung der Zentralgewalt besteht darin, Leitungsfunktionen nicht länger dem Adel vorzubehalten, sondern durch eine Leistungselite zu besetzen. Einen ersten Schritt in diese Richtung tut HEINRICH IV., indem er die Teilnahme der Hocharistokratie am Kronrat begrenzt und stattdessen Experten aus dem Amtsadel hinzuzieht, die aus der Justiz- und Finanzverwaltung stammen. Von einschneidender Bedeutung ist auch die *Paulette* (benannt nach dem Bankier Paulet). Dieses 1604 erlassene Gesetz verpflichtet die Inhaber von Ämtern *(offices)* zu einer jährlichen Abgabe *(droit annuel)*. Ursprünglich gedacht, um dem

hochverschuldeten Staat neue Einnahmequellen zu erschließen, wird durch diese Maßnahme die Käuflichkeit und Erblichkeit bestimmter Verwaltungsämter legalisiert und entsteht so neben dem Schwertadel eine neue staatstragende Schicht der *officiers*.

Intendanten

Von Nachteil für die Zentralgewalt ist, dass durch die Ämtererblichkeit auch die *officiers* auf die Dauer unabhängig werden. Das Verhalten der *noblesse de robe* in der *Fronde parlementaire* illustriert ihren Anspruch auf politisches Mitspracherecht. Als Kontrollorgan über die Provinzverwaltungen schafft RICHELIEU daher den Intendanten *(intendant)*, der unmittelbar dem König untersteht. Ein Ziel der *Fronde parlementaire* besteht in der Abschaffung der Intendanten.

Regierungs-spitze

Unter LUDWIG XIV. erreicht die absolutistische Zentralisierung der Macht und ihre Konzentration in den Händen des Monarchen ihren Höhepunkt. Die Funktion des *premier ministre* wird abgeschafft. Unübersehbar signalisiert LUDWIG XIV. damit seine Bereitschaft, die Regierung selbst auszuüben und jeder Usurpation der königlichen Souveränität zuvorzukommen. Im höchsten Entscheidungsgremium, dem *Conseil d'en-haut*, sind nur noch die Staatsminister zugelassen, von denen keiner mehr der alten Aristokratie entstammt; der König selbst übernimmt die Leitung. In besonders publikumswirksamer Form demonstriert der junge König schon 1661 seine Autorität mit der Gefangennahme des bisherigen *surintendant des finances*, NICOLAS FOUCQUET (1615–1680), dem ein Schauprozess gemacht wird. Als erfolgreicher und in Finanzkreisen angesehener Finanzminister hatte FOUCQUET eine Schlüsselstellung im Staat inne. Von den einen wird dieses Signal als Schlag gegen die verhasste Welt der *financiers* bejubelt; andere, Freunde und Anhänger FOUCQUETS wie LA FONTAINE und Mme de SÉVIGNÉ, sehen im Sturz des Finanzministers, der ein kultivierter Mann und bedeutender Mäzen war, einen Willkürakt des Königs und einen Hinweis auf die Gefahren des Absolutismus.

Provinz- und Justiz-verwaltung

Zur Überwachung der Beamtenschaft in der Provinz und zur effektiveren Durchsetzung staatlicher Maßnahmen dort setzt LUDWIG XIV. erneut ca. 30 Intendanten ein, die ihm als Kommissare direkt unterstehen, von ihm ernannt werden und jederzeit wieder abberufen werden können. Im Justizwesen wird die Souveränität des Königs dadurch gefestigt, dass die obersten Gerichtshöfe 1665 dazu verpflichtet werden, die vom König erlassenen Gesetze ohne Diskussion zu registrieren. 1673 wird ihnen das traditionelle Remonstrationsrecht *(droit de remontrance)* genommen.

Noblesse de cour	Charakteristisch für die von LUDWIG XIV. entwickelte Form der absoluten Monarchie ist zudem die Schaffung eines ausgeklügelten Repräsentationsapparates am Hof von Versailles, in dem dem alten Adel eine wichtige Funktion zukommt. Der *Hochadel* wird auf diese Weise zum *Hofadel*, der für den Verlust realer politischer Macht durch die Übernahme ehrenvoller Hofämter entschädigt wird. Die Kosten, die die Erfüllung derartiger Repräsentationsaufgaben mit sich bringt, kann der Adel vielfach nur dank finanzieller Unterstützung durch den König selbst aufbringen, was seine Abhängigkeit von diesem erhöht.

2 Die Außenpolitik

L'étreinte espagnole	Die französische Außenpolitik im 17. Jh. ist im wesentlichen darauf gerichtet, die Hegemonie des spanisch-habsburgischen Reiches zu brechen. Als Bedrohung wird die unmittelbare „Umklammerung" *(étreinte espagnole)* durch das spanische Herrschaftsgebiet empfunden, das von der iberischen Halbinsel über Sizilien und Süditalien, Mailand, die Franche-Comté bis zu den Spanischen Niederlanden im Norden reicht und Savoyen und das Elsass als Verbündete umfasst. Ungeachtet des Festhaltens der französischen Monarchie am katholischen Glauben ist Frankreichs Außenpolitik deshalb auf die Unterstützung der protestantischen Mächte ausgerichtet. So unterstützt HEINRICH IV. 1609 im Jülich-Clevischen Erbfolgekrieg die protestantischen Reichsfürsten. Seine Ermordung illustriert den Widerstand des *parti dévot* gegen diese Politik, der aus religiösen Gründen für eine Allianz mit dem katholischen Habsburg eintritt. Doch auch im Dreißigjährigen Krieg fördert Frankreich unter RICHELIEU die protestantische Seite: zunächst lediglich durch die Zahlung von Hilfsgeldern an Schweden, ab 1635 durch direktes militärisches Eingreifen. Der Westfälische Frieden (1648) rechtfertigt diese Politik, da er die Macht des Kaisers im Reich schwächt und Frankreich beträchtliche Gebietsgewinne bringt. Der 1659 mit Spanien geschlossene Pyrenäenfrieden lockert die *étreinte espagnole* weiter.
Militärische Großmacht	Für LUDWIG XIV. ist der Ausbau Frankreichs zur europäischen Großmacht auf diplomatischem wie militärischem Wege das Hauptziel. Sein eigener Ruhm als Feldherr ist dabei eins mit dem Frankreichs. Diese Akzentuierung militärischer *gloire* entspricht einem traditionellen aristokratischen Selbstverständnis; der militärische Glanz Frankreichs, seiner Armee und seiner Feldherrn entschädigt damit zugleich den Hochadel für verlorene politische Macht. Nach einem weiteren Sieg über Spanien im Devolutionskrieg (1668) zeigen sich die Großmachtambitionen Frankreichs erstmals im Krieg gegen die Vereinigten Niederlande

 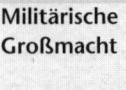

(1672–1679), der vornehmlich wirtschaftliche Interessen verfolgt. LUDWIGS militärische Anfangserfolge in diesem Krieg, so im Juni 1672 die Überquerung des Rheins *(Passage du Rhin)*, werden von Kunst und Literatur geradezu hymnisch gefeiert. Der Frieden von Nimwegen zeigt das Land und seinen Monarchen auf dem Höhepunkt der militärischen Macht.

Antifranzösische Koalition

Der europäische Widerstand gegen die Expansionspolitik LUDWIGS XIV., der ab 1679 systematisch Grenzgebiete annektiert (1681 Annexion Straßburgs), formiert sich 1686 in der Augsburger Allianz *(Ligue d'Augsbourg)* zwischen Österreich, Spanien, Savoyen und verschiedenen deutschen Reichsfürsten. Im Pfälzischen Krieg (1688–1697) wehrt die Allianz zusammen mit England und den Niederlanden die französischen Ansprüche ab und zwingt LUDWIG XIV. im Frieden von Rijswijk zur Rückgabe annektierter Gebiete. Und auch der Frieden von Utrecht, der den Spanischen Erbfolgekrieg (1701–1713) beendet, bringt LUDWIG XIV. keinen Sieg mehr. Als die neue Macht, die das europäische Gleichgewicht überwacht, hat sich endgültig England durchgesetzt. In Frankreich selbst hat die enorme Belastung durch die jahrzehntelange Kriegsführung die kritischen Stimmen vermehrt.

1600	Krieg gegen Savoyen
1601	Frieden von Lyon: Gebietsgewinne zwischen Rhône und Saône
1609	Jülisch-Clevischer Erbfolgekrieg
1635	Offizieller Eintritt in den Dreißigjährigen Krieg
1648	Westfälischer Frieden: Metz, Toul, Verdun und Teile des Elsass an Frankreich
1659	Pyrenäenfrieden mit Spanien: Roussillon sowie Teile des Artois, des Hennegau und Flanderns an Frankreich
1667–1668	Flandrischer oder Devolutionskrieg gegen Spanien
1668	Frieden von Aachen: Teile Flanderns an Frankreich
1672–1679	Krieg gegen Vereinigte Niederlande
1679	Frieden von Nimwegen: Franche-Comté an Frankreich
1679	Beginn der Reunionspolitik im Elsass
1681	Annexion der Reichsstadt Straßburg
1688–1697	Pfälzischer Krieg gegen Augsburger Allianz
1697	Frieden von Rijswijk: Rückgabe der annektierten Gebiete außer Straßburg
1701–1713	Spanischer Erbfolgekrieg
1713	Frieden von Utrecht

Frankreich im Krieg

3 Wirtschafts- und Steuerpolitik

Das Steuersystem

Die Kriege, in die Frankreich im 17. Jh. fast ununterbrochen verstrickt ist, stellen eine außerordentliche Belastung des Staatshaushaltes dar. Das Bemühen, das Steueraufkommen zu erhöhen, ist daher eine Konstante der Politik. Eine besondere Schwierigkeit besteht darin, dass Klerus und Adel von der wichtigsten direkten Steuer, der *taille*, befreit sind. Der Löwenanteil der Steuerlast ruht auf den Bauern. Ein für das *Ancien régime* charakteristischer Missstand ist daher der Verkauf von Ämtern zur Aufbesserung der Staatsfinanzen. Ein anderer ist die Abhängigkeit des Staates von privaten *financiers* im Steuersystem. Als „Steuerpächter" *(fermier, traitant)* schießen sie dem Staat die zu erwartende Steuersumme vor, manchmal zu Wucherzinsen. Zumal in den letzten drei Jahrzehnten der Regierungszeit LUDWIGS XIV. wird der *fermier général* zu einem Typ, der seinen Niederschlag auch in der schönen Literatur findet. Doch selbst in dieser Phase äußerster finanzieller Belastungen werden Vorschläge wie der des Marschalls VAUBAN *(La dîme royale,* 1707) zu einer grundlegenden Steuerreform mit größerer Steuergerechtigkeit nicht umgesetzt.

Merkantilismus

Sehr viel effektiver sind dagegen jene Maßnahmen, die das Einkommen der Steuerpflichtigen erhöhen. In Frankreich ist es der Finanzminister LUDWIGS XIV., JEAN-BAPTISTE COLBERT (1619–1683), der durch eine Reihe von staatlichen Eingriffen das Wirtschaftsleben anzukurbeln sucht. Da der landwirtschaftliche Ertrag nur schwer gesteigert werden kann, richten sich die Bemühungen COLBERTS auf die Belebung des Handels. In Übereinstimmung mit der allgemein verbreiteten Theorie des Merkantilismus strebt er eine positive Handelsbilanz durch die Erhöhung des Warenexports an. Die Einfuhr ausländischer Waren wird durch hohe Schutzzölle verhindert. Die Abschaffung von Binnenzöllen, die Verbesserung der Verkehrswege zu Lande und zu Wasser, die Einrichtung von Manufakturen erhöhen die inländische Produktion. Frankreich wird so zu einem wichtigen Produzenten von Luxusgütern. Doch gerade im höchst lukrativen Überseehandel mit Produkten wie Zucker, Pfeffer und Tabak gelingt es ihm nicht, seine schärfsten Konkurrenten, England und die Niederlande, auszuschalten. Der *Compagnie des Indes orientales* ist kein Erfolg beschieden.

4 Ein Jahrhundert der Krisen

Eine kleine Eiszeit

In wirtschaftlicher Hinsicht ist das 17. Jh. denn auch keineswegs ein *Grand Siècle*, sondern eine Zeit der Depression. Die finanziellen Belastungen durch die Kriegführung werden ab 1677 noch durch die enormen Kosten für den Bau des Schlosses von Versailles gesteigert. Insgesamt verschlingen die Arbeiten in Versailles unter LUDWIG XIV. 82 Millionen *livres*. Gleichzeitig ist das 17. Jh. klimatisch eine schwierige Zeit, die die neuere Geschichtsforschung daher „kleine Eiszeit" *(petit âge glaciaire)* getauft hat. Außergewöhnlich kalte Winter und feuchte Sommer vernichten die Ernten und haben Lebensmittelknappheit und Preissteigerungen zur Folge. Missernten, Hungersnöte und zwei bedeutende Pestepidemien (1628–1630; 1720) schaffen schwierigste Lebensbedingungen insbesondere für die unteren Bevölkerungsschichten. Immer wieder kommt es daher zu Revolten aufständischer Bauern, der sog. *croquants* (1624 im Quercy, 1637 im Périgord; 1639–1641 Aufstand der *nu-pieds* in der Normandie), die sich vor allem gegen die Erhebung von Steuern zur Wehr setzen. Doch auch der Adel, der seine Einkünfte aus seinem Landbesitz bezieht, ist von den Problemen der Landwirtschaft unmittelbar betroffen, da sie seine ökonomische Stellung dem handeltreibenden Bürgertum gegenüber verschlechtern und seine Abhängigkeit vom König erhöhen.

Demographie

Ungeachtet der schweren Krisen wächst Frankreichs Bevölkerung im 17. Jh. Mit 18 bis 21 Millionen Einwohnern stellt das Land bereits zu Beginn des Jhs. im Vergleich zu seinen Nachbarn einen „demographischen Riesen" dar; um die Jahrhundertmitte erreicht die Einwohnerzahl rund 23 Millionen. Auf diesem Niveau stagniert sie bis zum Tod LUDWIGS XIV.

Literatur

Cornette (1995); Cornette (1997); Elias (1969); Gaiffe (1924); Goubert (1966); Goubert/Roche (1984); Hinrichs (1994); Truchet (1992); Voss (1980).

3

❶ Die Gegenreformation

1 Das Schicksal des Protestantismus

Révocation de l'édit de Nantes

Ein wesentliches Ziel der französischen Gegenreformation *(contre–réforme)* besteht darin, Frankreich wieder zu einem „rein" katholischen Land zu machen. Die Entwicklung dahin verläuft in mehreren Etappen. Mit dem *Edit d'Alais* (1629), das den Protestanten zwar weiterhin die Ausübung ihrer Religion gestattet, aber die Schleifung aller ihrer Festungen verlangt, ist der Protestantismus als politisch-militärische Macht besiegt. In der Folge nehmen zahlreiche Hugenotten insbesondere adliger Herkunft wieder den katholischen Glauben an. Bis 1660 besteht jedoch eine friedliche Koexistenz zwischen der katholischen Bevölkerungsmehrheit und der protestantischen Minderheit (6 %). Erst unter LUDWIG XIV., der die Durchsetzung des Prinzips *Cujus regio, ejus religio* anstrebt, nehmen die Repressionen zu und werden ab 1679 mit Gewalt Zwangsbekehrungen durchgeführt *(dragonnades)*. 1685 wird das *Edit de Nantes* förmlich widerrufen: Die protestantischen Pastoren werden verbannt, Schulen und Kirchen geschlossen bzw. zerstört, den Neukonvertierten wird verboten, das Land zu verlassen. Trotzdem suchen 150 000 bis 200 000 Personen Zuflucht *(refuge)* im Ausland. Zwar erweist sich LUDWIG XIV. mit dieser Maßnahme wieder als treuer Sohn der katholischen Kirche, im protestantischen Europa aber schadet sie seinem Ruf. Der Exodus qualifizierter Arbeitskräfte fügt der Wirtschaft schweren Schaden zu. Vor allem in Holland wird nun eine französischsprachige Exilliteratur *(littérature du Refuge s. S. 141 ff.)* gedruckt, die frühaufklärerisches Gedankengut nach Frankreich gelangen lässt.

2 Die katholische Reform

Réforme catholique

Neben dem Kampf gegen den Protestantismus ist das Hauptanliegen der Gegenreformation eine tiefgreifende Reform des Katholizismus selbst. Im Frankreich des 17. Jhs. umfasst diese *réforme catholique* zwei wesentliche Aspekte: zum einen die Reform der kirchlichen Institutionen, zum anderen die Erneuerung der katholischen Frömmigkeit und Spiritualität. Eine wesentliche Rolle spielen in diesem Prozess die sog. *dévots*, die Jesuiten und die Jansenisten. Literarisch bedeutsam ist die geistliche Erneuerungsbe-

 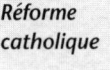

wegung in mehrfacher Hinsicht: durch die Hervorbringung eines religiösen Schrifttums von z. T. hohem literarischen Rang; durch die Verfeinerung der psychologischen Analyse, zu der Gewissenserforschung und Introspektion führen; durch den kulturpolitischen Einfluss bestimmter religiöser Gruppierungen.

Clergé séculier

Vorrangiges Ziel der katholischen Reformbewegung ist die Umsetzung der Maßnahmen, die das Konzil von Trient (Tridentinum 1545–1563) beschlossen hatte, um die gravierendsten Missstände in der katholischen Kirche zu beheben. Durch eine Reihe von Maßnahmen im Hinblick auf das weltliche Priestertum (Residenzpflicht der Bischöfe und Pfarrer; bischöfliche Inspektion der Diözesen; Einrichtung von Priesterseminaren) versucht man, die Effektivität der seelsorgerischen Arbeit „vor Ort" zu verbessern und so ein vertieftes Verständnis der Glaubensinhalte in der Bevölkerung zu erreichen. Erstmals erhält nun auch der niedere Klerus eine gewisse theologische Ausbildung.

Clergé régulier

Diese Reform „von innen", die sowohl beim hohen als auch beim niederen Klerus auf ein neues, genuin religiöses Verständnis des Priesterberufes setzt, wäre zum Scheitern verurteilt gewesen, wenn nicht generell das Bedürfnis nach einer spirituellen Erneuerung nach der Glaubenskrise des 16. Jhs. vorhanden gewesen wäre. Dass eine breite Basis für diesen *renouveau chrétien*, etwa beim städtischen Bürgertum, vorhanden ist, beweist insbesondere der Boom des Ordenswesen bis etwa 1640/50. Im Zuge der Gegenreformation in Italien und Spanien gegründete Reformorden (Kapuziner, Jesuiten, Karmeliten) erfreuen sich jetzt großen Zulaufs. Neue Kongregationen entstehen, die sich edukativen und karitativen Aufgaben widmen, so die Ursulinen der Mädchenerziehung. BÉRULLE gründet die Oratorianer, Saint VINCENT DE PAUL die *Sœurs de la charité*, JEANNE DE CHANTAL und FRANÇOIS DE SALES die Visitandinnen. Diese neuen Orden sehen ihre besondere Aufgabe darin, in der Welt der Laien für eine neue Religiosität zu sorgen.

François de Sales

Von besonderer Bedeutung für die Konzeption einer „weltlichen" Frömmigkeit ist das Werk des Bischofs von Genf und Annecy, FRANÇOIS DE SALES (1567–1622), der 1665 heilig gesprochen wird. In seiner *Introduction à la vie dévote* (1608) gibt er eine Anleitung für ein wahrhaft christliches Leben außerhalb des Klosters. Der salesianische Humanismus, für den Sanftmut, Herzlichkeit, Freundschaft und Liebe zentrale Werte darstellen, leistet einen wichtigen Beitrag zur Versittlichung der französischen Gesellschaft nach den Religionskriegen und zur Verbreitung einer erneuerten christlichen Moral.

Pierre de Bérulle	Sehr viel strenger und pessimistischer ist die augustinisch inspirierte Frömmigkeit des Kardinals PIERRE DE BÉRULLE (1575–1629), dessen *Discours des grandeurs de Jésus* (1622) ebenfalls großen Einfluss auf die Entwicklung der Spiritualität ausübt. Im Gegensatz zu FRANÇOIS DE SALES betont er vor allem die Niedrigkeit und Erbärmlichkeit der menschlichen Existenz und bereitet damit den Weg für den Jansenismus. Gemeinsam ist beiden Formen die Nähe zur Mystik, deren Weltabgewandtheit sie jedoch nicht teilen. Eine authentische mystische Bewegung taucht erst am Ende des Jahrhunderts mit dem von Mme GUYON begründeten Quietismus auf.
Les dévots	Doch auch außerhalb der Kirche selbst spielt die Suche nach einer neuen Spiritualität und Lebensführung unter den sog. *dévots*, den Frommen, eine wichtige Rolle. Ihr Anliegen ist ein gottgefälliges Leben in der Welt. Dieser Wille zum Wirken in der Welt kann sich auch politisch äußern. So formiert sich in der Tradition der katholischen Liga der Religionskriege der *parti dévot*, der für die Allianz Frankreichs mit den katholischen Mächten eintritt und aktiv, allerdings erfolglos, gegen die von HEINRICH IV. begonnene und von RICHELIEU fortgesetzte anti-habsburgische Politik intrigiert. Trotzdem bleibt der *parti dévot* eine wichtige Kraft im politischen Leben Frankreichs im 17. Jh.
Compagnie du Saint-Sacrement	Durchaus zwiespältig in ihrem Wirken ist auch die von devoten Kreisen 1630 gegründete, 1660 offiziell verbotene *Compagnie du Saint-Sacrement*, deren erklärtes Ziel neben karitativen Zwecken vor allem die Bewahrung des „rechten" katholischen Glaubens ist. Da sie über Mitglieder in einflussreichen Kreisen der Gesellschaft verfügt, ist sie mit realer Macht ausgestattet; diese wird benutzt, um massiven Druck gegen missliebige Tendenzen und Personen auszuüben. Die Compagnie trägt auf diese Weise dazu bei, dass ein Klima falscher Frömmigkeit und bigotter Heuchelei entsteht, wie MOLIÈRE es im *Tartuffe* anprangert.
Die Compagnie de Jésus	Ziel des von IGNATIUS VON LOYOLA 1540 gegründeten Ordens ist die Verbreitung des katholischen Glaubens durch die Unterweisung der Laien. Neben Predigt und Mission spielt daher für die Jesuiten die Erziehung eine besondere Rolle. Nach ihrer Wiederzulassung in Frankreich (1603) tragen sie durch die Gründung zahlreicher *collèges* zur Reform des Schulwesens bei. Grundlage ihres modernen, humanistisch inspirierten Menschenbildes ist die molinistische Lehre vom freien Willen *(libre arbitre)*, die dem Menschen entscheidenden Anteil an der Gewinnung des Heils zuspricht (so genannt nach dem spanischen Jesuiten LUIS MOLINA). Die jesuitische Erziehung folgt dem Ziel, die Forderungen christlicher Moral mit jenen zu verbinden, die das Leben in der Gesellschaft und die

soziale Rolle an das Individuum stellen. Damit treffen sie auf ein Bedürfnis der Zeit. Die von den Jesuiten in der Moraltheologie angewandte Kasuistik hat ihnen allerdings auch den Vorwurf eingetragen, eine leere, rein oberflächliche Frömmigkeit zu befördern. Aus ihren Reihen gehen zahlreiche *directeurs de conscience* hervor, jene geistlichen Berater, die nicht zuletzt hochgestellten Personen in Entscheidungssituationen geistliche Entscheidungshilfe geben.

Jansénisme

Die entschiedensten Gegner der Jesuiten sind die Jansenisten. Der Jansenismus ist eine religiös-sittliche Reformbewegung, die auf den Niederländer KORNELIUS JANSEN (1585–1638), Bischof von Ypern, zurückgeht. Er nimmt in der Gnadenfrage den gegenteiligen Standpunkt zum Molinismus ein. JANSEN, der in seiner Schrift *Augustinus* (postum 1640) die Lehre des Heiligen AUGUSTINUS kommentiert, geht von der grundsätzlichen Verderbtheit des Menschen durch die Erbsünde aus, von der er einzig und allein durch die göttliche Gnade errettet werden kann. Diese Gnade *(grâce efficace)* aber wird nur wenigen Auserwählten zuteil (Prädestinationslehre). Die Jesuiten gehen dagegen von der *grâce suffisante* aus, die eine Art Angebot an den Menschen darstellt, das dieser annehmen oder ablehnen kann.

Port-Royal

Diese fatalistische, anti-humanistische Sicht, die dem Menschen jede Freiheit abspricht und die Möglichkeit nimmt, aus eigener Kraft sein Heil zu erwirken, findet in Frankreich durch den Abbé de SAINT-CYRAN (1581–1643) im Zisterzienserinnenkloster von Port-Royal Aufnahme. Nach seiner Reform durch die Äbtissin ANGÉLIQUE ARNAULD (1591–1661) wird das nahe bei Paris gelegene Kloster zu einem Zentrum für jene, die ohne feste Bindung an einen Orden in einem dem Gebet und der Meditation gewidmeten Leben ihr Seelenheil suchen. Abkehr von der Welt, Leben in der Zurückgezogenheit, freiwilliger Verzicht auf Reichtum und überflüssigen Luxus (Restitution unrechtmäßig erworbenen Vermögens), Kampf gegen Sittenverfall (Verurteilung von Vergnügungen wie Theater, Tanz) und Mildtätigkeit charakterisieren die jansenistische Moral. Die Sorge um das individuelle Heil bedingt schonungslose Gewissenserforschung und die Analyse der eigenen Gefühle und Leidenschaften. Der Ausbildung dienen die von Port-Royal gegründeten *Petites-Ecoles*.

Verfolgung

Mit der Verhaftung des Abbé de SAINT-CYRAN 1638 beginnt die staatliche und kirchliche Verfolgung der Jansenisten, die Gegner von RICHELIEUS anti-habsburgischer Politik sind. 1653 werden die *cinq propositions*, die angeblich die Quintessenz der jansenistischen Lehre enthalten, von Papst INNOZENZ X. als häretisch verurteilt. 1656 wird ANTOINE ARNAULD (1612–1694), der Bruder

Angéliques und wichtigste Vertreter des Jansenismus, aus der Sorbonne ausgeschlossen. In diesem Moment nimmt PASCAL mit den *Lettres écrites à un provincial* (1657) die Verteidigung von Port-Royal gegen die Angriffe der Jesuiten auf. Doch die Anziehung, die Port-Royal auf Mitglieder des Adels wie des gehobenen Bürgertums ausübt, darunter ehemalige Frondeure wie die Herzogin von LONGUEVILLE, bringen das Kloster auch bei LUDWIG XIV. in den Verdacht, ein Zentrum des geistigen Widerstandes zu sein. Die *Petites-Ecoles* werden aufgelöst, die Aufnahme von Novizinnen untersagt. 1710 wird das Kloster zerstört, 1713 der Jansenismus in der päpstlichen Bulle *Unigenitus* endgültig verurteilt.

Literarische Bedeutung

Die Bedeutung des Jansenismus für die Literatur des 17. Jhs. ist eminent. PASCALS literarisch-philosophisches Werk verdankt sich seiner Verteidigung. Doch auch bedeutende Werke der Hochklassik (RACINE, LA ROCHEFOUCAULD, Mme de LA FAYETTE) sind in Auseinandersetzung mit dem negativen Menschenbild des Jansenismus entstanden.

Literatur

Calvet (1938); Cognet (1964); Fumaroli (1980); Garrisson (1985); Le Goff/Rémond (1988); Timmermans (1993); Truchet (1992).

2 Der Libertinismus

Definition

Eine präzise Definition des Phänomens Libertinismus ist schwierig. Das 17. Jh. selbst fasst unter dem schillernden Begriff *libertinage* alles das zusammen, was orthodoxer christlicher Lehre widerspricht, sei es im Bereich der Dogmen, des wissenschaftlichen Weltbildes oder des sittlichen Verhaltens. In der neueren Forschung wird der Begriff *libertinage* daher auch als ein Kampfbegriff der gegenreformatorischen Propaganda aufgefasst, dazu bestimmt, all jene Denkansätze und Verhaltensweisen zu diskreditieren, die auf die eine oder andere Weise von der offiziellen kirchlichen Lehre und Moral abweichen (Godard de Donville 1989). Positiv gewendet, bezeichnet Libertinismus eine kritische Haltung religiöser Dogmatik gegenüber, die jedoch (noch) nicht notwendig mit Atheismus gleichzusetzen ist; sie entspringt dem Anspruch des modernen Individuums auf geistige Unabhängigkeit von Autoritäten und auf das Recht zum selbstständigen Denken und Urteilen. Am Ende des Jahrhunderts wird der Begriff *libertins* durch *esprits-forts* ersetzt.

Libertinage de mœurs

Um die verschiedenen Fassetten des Begriffs zu erfassen, unterscheidet man zwischen *libertinage de mœurs* und *libertinage d'idées*. Unter *libertinage de mœurs* fasst man jene „lockeren Sitten" zusammen, in denen eine mangelnde Anpassung an die von der

Gegenreformation propagierte lustfeindlich-asketische Moral zum Ausdruck kommt: Sexuelle Freizügigkeit und eine hedonistische, auf Genuss abzielende Lebensweise, wie sie insbesondere Vertreter des Adels praktizieren, werden ebenso darunter subsumiert wie frech satirische oder derb obszöne Gedichte. Ist der aristokratische Libertinismus, der sich der Unterordnung unter einen anderen als den adligen Normenkodex verweigert, Ausdruck eines (politischen) Anspruchs auf Selbstbestimmung und Autonomie, so ist auch im literarischen Bereich der Libertinismus verbunden mit Individualismus in der Form und der Weigerung, sich einer allgemeinen „Regel" zu unterwerfen.

Libertinage d'idées

Unter *libertinage d'idées* oder *libertinage érudit* versteht man jene philosophische Bewegung des 17. Jhs., die sich kritisch mit den überlieferten Dogmen auseinandersetzt. Ihre Hauptvertreter sind der Philosoph und Gelehrte PIERRE GASSENDI (1592–1655), der *homme de lettres* FRANÇOIS DE LA MOTHE LE VAYER (1588–1672) und der Arzt und Bibliothekar der *Bibliothèque Mazarine* GABRIEL NAUDÉ (1600–1653), die ihrerseits in enger Verbindung mit anderen gelehrten Kreisen (PEIRESC, Père MERSENNE, Brüder DUPUY s. S. 30 f.) stehen. Die Grundlage ihres Denkens bildet der philosophische Skeptizismus oder Pyrrhonismus *(pyrrhonisme)*, der die Möglichkeit gesicherter Erkenntnis in Zweifel zieht und systematisch jeden dogmatischen Wahrheitsanspruch widerlegt. Dies gilt auch für das Wissen von der Existenz Gottes. So kritisiert LA MOTHE LE VAYER in seinen unter einem Decknamen veröffentlichten *Dialogues faits à l'imitation des Anciens* (1630/31) die traditionellen Gottesbeweise; in der Nachfolge MICHEL DE MONTAIGNES (1533–1592) und PIERRE CHARRONS (1541–1603) vertritt er eine Position, die den Glauben nicht rational zu begründen versucht, sondern allein auf die freie Willensentscheidung zurückführt. In aufklärerischer Absicht setzt sich auch NAUDÉ mit den verbreitetsten Formen des Aberglaubens auseinander: dem Glauben an Wunder, an Magie und an das Schicksal.

Gassendisme

Auch das philosophische System des Priesters und Gelehrten GASSENDI basiert auf dem Skeptizismus. Die Erkenntnis des „Wesens" der Dinge mittels des Verstandes hält er – im Gegensatz zu DESCARTES – für unmöglich; möglich ist dem Menschen nur eine Erkenntnis, die auf der sinnlichen Wahrnehmung, der Erfahrung, basiert. Zur einzig sinnvollen Aufgabe wird unter diesen Umständen die Erforschung der sinnlich wahrnehmbaren Phänomene und ihres Funktionierens. Mit dieser erkenntnistheoretischen Position, die man als materialistisch, sensualistisch und empiristisch bezeichnen kann, leistet GASSENDI einen entscheidenden Beitrag dazu, die metaphysische Spekulation über die Welt allmählich durch die naturwissenschaftliche Forschung abzulösen.

Mit seinen empirischen Arbeiten zur Astronomie und seinen Schriften zur Mechanik, in denen er sich vor allem mit den Theorien GALILEIS auseinandersetzt, mit dem er in engem Kontakt steht, trägt GASSENDI selbst zum naturwissenschaftlichen Fortschritt bei (s. S. 28 ff.).

Epikureismus

Das Modell, auf das GASSENDI in seiner naturwissenschaftlichen Theorie zurückgreift, ist die antike Atomlehre des griechischen Philosophen EPIKUR (341–271 v. Chr.), die von dem lateinischen Dichter LUKREZ (99/94–55 v. Chr.) in seinem naturphilosophischen Epos *De natura rerum* überliefert worden ist. Mit seinen Arbeiten zu EPIKUR *(De vita et moribus Epicuri,* 1647; *Syntagma philosophicum,* 1658) trägt GASSENDI entscheidend zu dessen Rehabilitierung bei. EPIKUR vertritt einen radikalen Materialismus, der die Existenz der Götter, der unsterblichen Seele, der Vorsehung und einer vernünftigen Ordnung verneint und alles Bestehende auf die zufällige Bewegung der Atome zurückführt. Wichtig für den Libertinismus ist des weiteren EPIKURS Ethik, wonach die Glückseligkeit das höchste Gut des Menschen ist, auf deren Erreichung daher sein ganzes Streben gerichtet ist; die höchste Form der Glückseligkeit ist die „Seelenruhe", deren wesentliche Voraussetzung die Freiheit von Leidenschaften sowie von Angst und Schmerz ist. Diese setzt voraus, dass sich der Mensch mit Hilfe seines Verstandes von „Vorurteilen", d. h. von falschen Vorstellungen wie etwa der Angst vor dem Tode und der Hölle, frei gemacht hat. Eine solche Befreiung von den „Vorurteilen" der Masse, des *vulgus,* ist allerdings nur einer geistigen Elite möglich; Epikureismus wie Libertinismus tragen denn auch deutlich elitäre Züge (s. Schema S. 28).

Wirkung

Der *libertinage d'idées* oder *érudit* übt seine primäre Wirkung im engen Kreis der Wissenschaftler, Gelehrten und Philosophen aus, in dem er die Abwendung von der Schulphilosophie und -theologie (Aristotelismus) und die Hinwendung zur modernen wissenschaftlichen Forschung fördert. Schon in der ersten Jahrhunderthälfte ist die Rezeption des Epikureismus aber auch unübersehbar in den Schriften libertinistischer Autoren wie THÉOPHILE DE VIAU und CHARLES SOREL (s. dort). GASSENDI, zu dessen Schülern CYRANO DE BERGERAC, SAINT-EVREMOND und eventuell auch MOLIÈRE zählen (s. dort), legt durch seine umfassende wissenschaftliche Beschäftigung mit EPIKUR dann auch den Grundstein für die weitere Verbreitung einer libertinistisch-hedonistischen Ethik in der zweiten Jahrhunderthälfte. Nicht zuletzt die zahlreichen LUKREZ-Übersetzungen – die erste stammt vom Abbé MICHEL DE MAROLLES: *Le poète Lucrèce, latin et françois,* 1650 – ermöglichen jetzt die Ausbildung eines sog. mondänen Epikureismus in den Salons gelehrter Frauen wie Mme DESHOULIÈRES

(1638–1694) und Mme de LA SABLIÈRE (s. S. 52). Fruchtbar werden die Ansätze des *libertinage érudit* insbesondere bei den Vertretern der Frühaufklärung (FONTENELLE, BAYLE), die zum *siècle des lumières* überleiten.

Verfolgung

Die verschiedenen Formen des Libertinismus sind dem Bemühen um eine Restauration des Katholizismus im 17. Jh. diametral entgegengesetzt. Ihre Unterdrückung gehört daher zu den besonderen Anliegen der Kirche. Das inquisitorische Interesse der Kirche erstreckt sich dabei nicht nur auf religiöses und wissenschaftliches Schrifttum, sondern auch auf fiktionale Werke. 1623 veröffentlicht der Jesuitenpater FRANÇOIS GARASSE seine Schrift *La doctrine curieuse des beaux-esprits de ce temps*, in der er neben Denkern wie CHARRON und VANINI auch den jungen erfolgreichen Dichter THÉOPHILE DE VIAU des Libertinismus beschuldigt. Eine 1622 erschienene satirische Gedichtsammlung, *Le Parnasse des poètes satyriques*, zu deren Mitarbeitern THÉOPHILE DE VIAU gezählt wird, liefert den Vorwand, Anklage gegen ihn zu erheben. Minutiös werden seine Schriften vom Generalstaatsanwalt des Pariser Parlaments unter Mithilfe des Père GARASSE auf häretische Inhalte hin untersucht. Im August 1623 wird er in Abwesenheit zum Tode verurteilt; nach seiner Festnahme noch im selben Jahr wird der Prozess wieder aufgenommen; er endet 1625 mit THÉOPHILES Verurteilung zu lebenslänglicher Verbannung.

Konsequenzen

In der Geschichte des Libertinismus stellt der Prozess gegen THÉOPHILE DE VIAU einen Einschnitt dar. Er beweist den Willen der Kirche, aber auch des Staates, gegen jede Form der Dissidenz vorzugehen, und beendet damit die Phase des *libertinage flamboyant*, in der eine libertinistische Gesinnung auch literarisch sehr frei und vehement geäußert werden kann. Auch in politischer Hinsicht ist er ein deutliches Signal für die Rückkehr zu „geordneten" politischen Verhältnissen unter RICHELIEU und LUDWIG XIII. Ein Beispiel für die Vorsicht, die die Literaten von nun an walten lassen, liefert die *Histoire comique de Francion* (1623) des libertinistischen Autors CHARLES SOREL; die zweite Auflage erscheint 1626 in einer stark bearbeiteten Fassung (s. S. 76 f.). Die *libertins* beherzigen jetzt den Ratschlag EPIKURS, „im Verborgenen zu leben". Untergründig bleibt der Libertinismus jedoch eine zentrale geistige Strömung im gesamten 17. Jh.

Literatur

Adam (1935); Ueberweg (1993: I, 201–230); Godard de Donville (1989); Pintard (1943); Spink (1966).

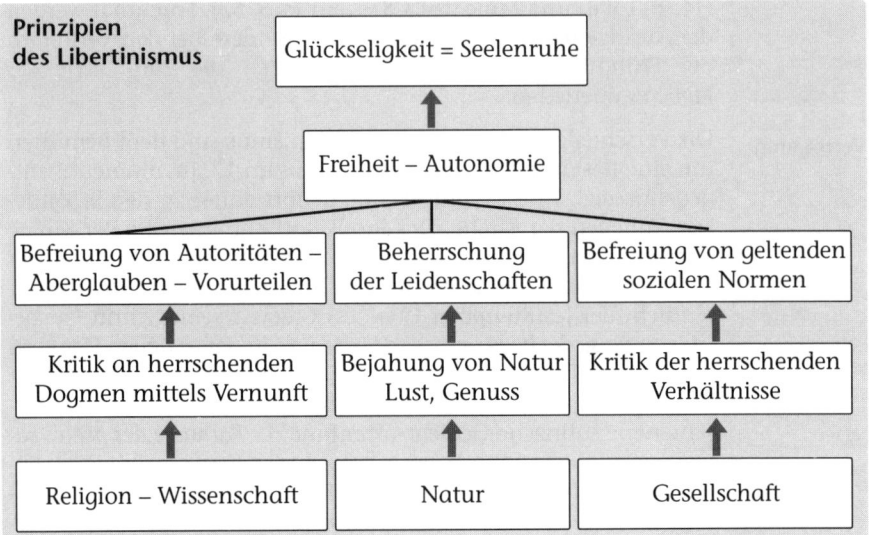

Prinzipien des Libertinismus

Glückseligkeit = Seelenruhe

↑

Freiheit – Autonomie

Befreiung von Autoritäten – Aberglauben – Vorurteilen	Beherrschung der Leidenschaften	Befreiung von geltenden sozialen Normen
↑	↑	↑
Kritik an herrschenden Dogmen mittels Vernunft	Bejahung von Natur Lust, Genuss	Kritik der herrschenden Verhältnisse
↑	↑	↑
Religion – Wissenschaft	Natur	Gesellschaft

3 Die neue Wissenschaft

Koperni-kanische Wende

Das 17. Jh. ist das Zeitalter einer wissenschaftlichen Revolution, deren Wirkungen auch in der Literatur zu spüren sind: Definitiv wird jetzt das in der Antike von dem griechischen Astronomen PTOLEMAIOS (90–168) entwickelte geozentrische Weltbild durch das heliozentrische abgelöst. Eingeleitet wird dieser Prozess im 16. Jh. durch den Astronomen und Mathematiker NIKOLAUS KOPERNIKUS (1473–1543), der in seinem 1543 veröffentlichten Hauptwerk, *De revolutionibus orbium coelestium libri VI (Über die Kreisbewegungen der Weltkörper)*, die These vertritt, dass die Erde nicht im Mittelpunkt des Universums stillsteht, sondern um die Sonne kreist. Die epochalen Entwicklungen und Erfindungen des 17. Jhs. in Physik und Mathematik erlauben es, die Richtigkeit dieser These theoretisch und empirisch zu beweisen.

Astronomie

Es ist insbesondere der italienische Gelehrte GALILEO GALILEI (1564–1642), der, aufbauend auf den von JOHANNES KEPLER (1571–1630) formulierten Gesetzen über die Planetenbewegung (1609/1619), die Annahmen des KOPERNIKUS bestätigt. Mit Hilfe eines technisch verbesserten Fernrohres gelingen ihm wichtige astronomische Entdeckungen, die er in seiner Schrift *Sidereus Nuncius* (1610) beschreibt. Ausgehend von diesen Beobachtungen, tritt er in seinem Hauptwerk, dem auf Italienisch verfassten *Dialogo sopra i due massimi sistemi del mondo tolemaico e copernico* (1632), für das heliozentrische System ein.

GALILEIS Leistungen im Bereich der beschreibenden Astronomie geht eine eingehende Beschäftigung mit Fragen der Mechanik voraus, d. h. mit jenen physikalischen Gesetzen, welche die Bewegung von Körpern im Raum regeln (Fallgesetze, Trägheitsgesetz, Pendelgesetz). Ihre Vollendung erfährt die mechanische Physik durch den englischen Physiker und Mathematiker ISAAC NEWTON (1643–1727). In seinem Hauptwerk, *Philosophiae naturalis principia mathematica (Mathematische Grundlagen der Naturphilosophie)* (1687) stellt er die grundlegenden Bewegungsaxiome dar und formuliert das universelle Gravitationsgesetz über die Anziehung zwischen Körpern, das sowohl die Planetenbewegung als auch die auf der Erde herrschende Schwerkraft und das Phänomen von Ebbe und Flut erklärt. PASCAL trägt mit seinen Experimenten zur Erforschung des Luftdrucks bei. In der Optik entwickelt der niederländische Physiker, Mathematiker und Astronom CHRISTIAAN HUYGENS (1629–1695) 1678 die Wellentheorie des Lichts *(Traité de la lumière, 1690)*.

Einen wesentlichen Anteil am naturwissenschaftlichen Fortschritt hat zum einen die Erfindung verbesserter Mess- und Beobachtungsgeräte wie Fernrohr, Mikroskop, Barometer und Thermometer. Von entscheidender Bedeutung aber ist zum anderen der Fortschritt der Mathematik, ohne den die mathematische Beschreibung von Bewegungsgesetzmäßigkeiten unmöglich wäre. Entscheidende Etappen sind die Entwicklung der analytischen Geometrie durch den französischen Philosophen und Mathematiker DESCARTES im Anhang zum *Discours de la méthode* (1637; s. S. 32 ff.), die Entwicklung der Wahrscheinlichkeitsrechung durch PASCAL, PIERRE DE FERMAT (1601–1665) sowie HUYGENS und schließlich der Infinitesimalrechnung durch NEWTON und den deutschen Philosophen und Gelehrten WILHELM GOTTFRIED LEIBNIZ (1646–1716).

Von epochaler Bedeutung ist auch die Entdeckung des Blutkreislaufs 1628 durch den englischen Arzt WILLIAM HARVEY (1578–1657). Doch ist das Gewicht der traditionellen hippokratisch-galenischen Medizin, die auf der Lehre von den vier Körpersäften beruht, noch zu stark, um eine Veränderung der Heilmethoden zu bewirken. Weiterhin stellt neben der Diätetik der Aderlass, der den Körper von verdorbenen Säften reinigen soll, die – für den von der Krankheit geschwächten Patienten oftmals fatale – Hauptbehandlungsmethode dar. MOLIÈRE greift diese Praxis im *Malade imaginaire* heftig an.

Mit den genannten Entwicklungen in Astronomie, Physik und Mathematik ist die Hinwendung zur modernen, auf Empirie beruhenden naturwissenschaftlichen Forschung vollzogen. Die Natur präsentiert sich den Menschen jetzt nicht mehr als ein undurchschaubares, von rätselhaften metaphysischen Kräften auf wunderbare Weise gelenktes Universum, sondern als ein „einfacher" Mechanismus (DESCARTES spricht von einem „Uhrwerk"), dessen Bewegungen nach bestimmten unveränderlichen Gesetzen verlaufen und also erkannt und berechnet werden können. Diese Mechanisierung und Mathematisierung der Natur bewirkt eine Entmystifizierung, die einen tiefen mentalitätsgeschichtlichen Bruch zur Folge hat. Eine „abergläubische" Einstellung der Welt gegenüber wird nun durch eine „rationale" ersetzt. Die moderne Mentalitätsforschung illustriert diesen Prozess am Beispiel der Haltung der Menschen gegenüber dem Phänomen des Kometen: Während das Erscheinen eines Kometen 1680 noch als ein böses Vorzeichen gedeutet wird, interessiert dasselbe Phänomen 40 Jahre später nur noch die Astronomen. Das Werk der wissenschaftlichen Vulgarisatoren zeitigt erste Wirkungen; den Himmelserscheinungen wird kein Einfluss mehr auf das menschliche Leben zugesprochen.

Die Reaktion der Kirche

Die katholische Kirche tritt den neuen wissenschaftlichen Erkenntnissen, die im Widerspruch zu ihrem hierarchisch geordneten, anthropozentrischen Weltbild stehen, mit aller Macht entgegen. Ihr Anspruch darauf, die einzige Instanz in Sachen Welterklärung zu sein, führt zur Verfolgung abweichender naturwissenschaftlicher Lehren, unabhängig davon, ob die jeweiligen Wissenschaftler gläubige Katholiken sind oder nicht. Die Verbrennung des italienischen Philosophen GIORDANO BRUNO (1548–1600), der ein Anhänger des KOPERNIKUS ist und die These von der Unendlichkeit des Universums und der Pluralität der Welten vertritt, die Indizierung des Hauptwerkes von KOPERNIKUS im Jahre 1616, die Verbrennung des italienischen Priesters und Gelehrten GIULIO CESARE VANINI (1585–1619), der für die Freiheit der Forschung eintritt, 1619 in Toulouse und schließlich 1633 die Verurteilung GALILEIS durch die Inquisition, die diesen zum Widerruf zwingt: dies sind Etappen im Kampf der katholischen Kirche gegen das neue Weltbild. Dazu gehören auch die Gerichtsentscheide von 1624 und 1671, die die Professoren der Pariser Universität verpflichten, ausschließlich die aristotelische Physik zu lehren.

Die „scientific community"

Die wissenschaftliche Forschung und die Verbreitung der neuesten Erkenntnisse findet demgemäß außerhalb der traditionellen universitären Bildungsinstitutionen statt, die der Kirche unterstehen. (In den von den Jesuiten und Jansenisten neugegründeten collèges sowie in den protestantischen Akademien ist die Haltung gegenüber der neuen Wissenschaft unterschiedlich.) In Fortsetzung der humanistischen Kultur des 16. Jhs. existieren in der ersten Hälfte des 17. Jhs. zahlreiche private Zirkel in Paris und der

Provinz, in denen die neuesten Forschungsergebnisse ausgetauscht und diskutiert werden und, wenn möglich, sogar Experimente durchgeführt werden: so das *Cabinet* der Brüder PIERRE (1582–1651) und JACQUES (1591–1656) DUPUY, in dem GASSENDI und LA MOTHE LE VAYER verkehren. Darüber hinaus herrscht ein reger schriftlicher Kontakt zwischen den Gelehrten. So unterhält der provenzalische Gelehrte NICOLAS-CLAUDE FABRI DE PEIRESC (1580–1637) eine Korrespondenz mit französischen und ausländischen Wissenschaftlern, die zur Verbreitung der Lehren GALILEIS, HARVEYS und GASSENDIS beiträgt. Eine wichtige Rolle als Vermittler spielt auch der Pater MARIN MERSENNE (1588–1648): Durch seine Korrespondenz mit interessierten Laien und Wissenschaftlern in ganz Europa wird er zum *„secrétaire de l'Europe savante"* und trägt entscheidend zum Gedankenaustausch innerhalb dieser *scientific community avant la lettre* wie auch zur Popularisierung und Verbreitung der neuen wissenschaftlichen Erkenntnisse bei.

Die Académie royale des sciences

Die Aktivitäten der zahlreichen privaten Zirkel kulminieren 1666 in der von COLBERT unterstützten Gründung der *Académie royale des sciences*. Mit ihr wird die wissenschaftliche Forschung in Frankreich institutionell etabliert. Das Ziel der Akademie ist zum einen die Effektivierung der Forschung durch eine straffere Organisation und gesicherte finanzielle Unterstützung, zum anderen die Erzielung praktischer, unmittelbar verwertbarer Ergebnisse. Ihr bedeutendstes Mitglied im 17. Jh. ist HUYGENS, der von 1665 bis zur Aufhebung des Edikts von Nantes in Paris arbeitet. Von 1697 bis 1740 ist der Schriftsteller und Philosoph FONTENELLE Sekretär der Akademie, der in dieser Funktion einen wichtigen Beitrag zur Verbreitung des Wissens leistet (s. S. 139 ff.).

Breitenwirkung

Die naturwissenschaftliche Forschung des 17. Jhs. kennt noch keine strenge Spezialisierung. Einerseits sind die Gelehrten selbst zumeist Physiker und Mathematiker, darüber hinaus aber auch Philosophen (DESCARTES), ja sogar Theologen (GASSENDI). Andererseits besteht ein starkes Interesse an den neuen Erkenntnissen auch bei den Intellektuellen und in den gebildeten Kreisen überhaupt. Zunehmend werden in der zweiten Hälfte des Jhs. wissenschaftliche Texte daher in französischer Sprache abgefasst. Ein Echo der wissenschaftlichen Forschungen und Diskussionen, etwa die Entdeckung der Sonnenflecken, die Erklärung von Ebbe und Flut, die Frage, ob die Tiere eine Seele haben, findet sich auch in literarischen Texten. Insbesondere die libertinistischen Autoren sind für die neuen Formen der wissenschaftlichen Welterklärung aufgeschlossen und tragen – mehr oder weniger offen – zu ihrer Verbreitung bei.

Literatur   Eco (1995); Koyré (1973); Ueberweg (1993: II, 593–621); Truchet (1992).

❹ Der Kartesianismus

Kritik der Scholastik

Die wissenschaftliche Revolution des 17. Jhs. geht einher mit einer methodologischen Reflexion über die Prinzipien und Verfahren der modernen (Natur-)Wissenschaft. Wesentlichen Anteil daran hat der Philosoph und Mathematiker RENÉ DESCARTES (1596–1650), der wie viele seiner Zeitgenossen die herrschende scholastische Philosophie kritisiert, deren Inhalte und Methoden den universitären Unterricht noch immer bestimmen. Der Scholastik, der man vorwirft, sich auf die spitzfindige Diskussion von Meinungen zu beschränken und unselbstständig lediglich die Schriften anderer auszulegen und zu kommentieren (Bibel, ARISTOTELES, Kirchenväter), setzt DESCARTES programmatisch eine Wissenschaft entgegen, die auf „gewisser und unzweifelhafter Erkenntnis" beruht *(Regulae ad directionem ingenii,* postum 1701).

Die wichtigsten philosophischen Schriften

DESCARTES beschreibt seinen „Weg" (griech. methodos = Weg) zur Wahrheitsfindung zunächst in einem auf Französisch abgefassten Werk in Form einer Autobiographie: dem *Discours de la méthode pour bien conduire sa raison, et chercher la vérité dans les sciences* (1637), dem drei naturwissenschaftliche Essais folgen *(La dioptrique, Les météores, La géométrie);* sodann in ausführlicherer Form in lateinischer Sprache in den *Meditationes de prima philosophia. In qua Dei existentia et Animae Immortalitas demonstratur* (1641); schließlich noch einmal in den *Principia philosophiae* (1644).

Die „Methode"

DESCARTES' Ansatz besteht darin, dass er die Skepsis an der Erkenntnisfähigkeit des Menschen, wie sie etwa die Sinnestäuschungen hervorrufen, zum Prinzip erhebt und alles das zunächst einmal verwirft, an dessen Wahrheit Zweifel möglich sind. Als „wahr" darf nur das gelten, was klar und deutlich erkannt werden kann. Das einzige Faktum, das sich dann dem universellen Zweifel entzieht, ist das Denken selbst *(res cogitans).* Selbst wenn die Inhalte der Verstandestätigkeit auf Täuschung beruhen sollten, so ist doch die Tatsache, dass gedacht wird, nicht zu bezweifeln, sondern „evident". In DESCARTES' Formulierung: *„Je pense, donc je suis." (Discours)* oder *„Cogito, ergo sum." (Principia philosophiae).* Weitere gesicherte Erkenntnisse sind dadurch zu gewinnen, dass sie aus dieser oder einer anderen unbezweifelbaren Gewissheit (eingeborene Ideen) systematisch Schritt für Schritt abgeleitet (deduziert) werden. Exemplarisch verkörpert die Mathematik diese wissenschaftliche Methodik.

 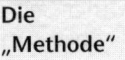

Dualismus von Geist und Materie	Die Evidenz des „*cogito*" betrifft jedoch nur die *res cogitans* (Geist, Verstand, Vernunft, Seele des Menschen), nicht aber den Körper: Seiner selbst gewiss ist der Mensch nur, insofern er denkt. Daraus folgt, dass der Geist bzw. die Seele vom Körper, der Materie, zu unterscheiden ist (Voraussetzung für die Unsterblichkeit der Seele). Der *res cogitans* stellt Descartes daher die *res extensa* gegenüber, also das, was durch Ausdehnung im Raum gekennzeichnet ist: die Materie. Sie funktioniert nach rein mechanischen Gesetzen. So betrachtet Descartes auch die „seelenlosen" Tiere als Automaten.
Gottesbeweis	Im Gegensatz zu Skeptikern wie Gassendi ist Descartes der Auffassung, dass es auch im Bereich der materiellen Welt absolute Wahrheiten gibt, deren Erkenntnis dem Menschen möglich ist. Den Nachweis darüber führt er mit Hilfe des Gottesbeweises. Aus der Idee der Vollkommenheit, über die der Mensch verfügt, ohne selbst vollkommen zu sein, schließt Descartes auf die Existenz eines vollkommenen Wesens (Gott), das die Idee der Vollkommenheit im Menschen verursacht hat. Die Absicht dieses vollkommenen Wesens kann es nicht sein, den Menschen zu betrügen. Seine Existenz bietet vielmehr die Gewähr dafür, dass auch die Erforschung der Phänomene der materiellen Welt dem Menschen möglich ist. Der Gottesbeweis liefert damit die metaphysische Begründung der modernen Naturwissenschaft.
Ethik	Der rationalistische Charakter der kartesianischen Philosophie zeigt sich nicht zuletzt in der Morallehre, die Descartes in seinen Briefen an Elisabeth von Böhmen und die Königin Christine von Schweden entwickelt (vgl. auch *Les passions de l'âme*, 1649). Er ist davon überzeugt, dass die verstandesmäßige Erkenntnis dessen, was gut ist, automatisch zu einem entsprechenden Verhalten führt: „*Il suffit de bien juger pour bien faire, et de juger le mieux qu'on puisse, pour faire aussi tout son mieux.*" Als gleichsam „kategorischer Imperativ" ergibt sich daraus die Verpflichtung: „*Avancer, autant que je le pourrai, en la connaissance de la vérité.*"
Wirkung	Descartes' ontologische Unterscheidung von Geist und Materie schreibt den für das abendländische Denken (Platonismus, Christentum) charakteristischen Dualismus weiter fest. Von den Gassendisten wird ihm denn auch die Vernachlässigung des Körpers vorgeworfen. Descartes' Rationalismus, der nur die „Evidenz der Vernunft" gelten lässt, macht ihn andererseits unbestreitbar zu einem Wegbereiter der Aufklärung. Dies müssen selbst diejenigen anerkennen, die seine Metaphysik kritisieren (Malebranche, Fontenelle, Leibniz). Zur Grundlegung der modernen Wissenschaft trägt er darüber hinaus durch die Formulierung der deduktiven Methode bei, die eine schlüssige, ununterbrochene Beweiskette

verlangt. Von Naturwissenschaftlern wie Huygens wird ihm andererseits sein weitgehender Verzicht auf empirische Forschung vorgeworfen.

Literatur   Rodis-Lewis (1970); Ueberweg (1993: I, 273–348).

❶ Die *Académie française*

**Standar-
disierung**

Im sprachlichen wie im literarischen Bereich ist das 17. Jh. eine Zeit der Normierung. Intensiv bemüht man sich darum, eine standardisierte Hoch- und Literatursprache zu schaffen und einen Kanon von Regeln für die Abfassung literarischer Werke aufzustellen. Es entwickeln sich auf diese Weise das moderne Französisch, das das Mittelfranzösische ablöst, und eine Poetik, d. h. eine „Lehre von der Dichtkunst", die sog. *doctrine classique*, die bis ins 19. Jh. hinein die Literaturproduktion beeinflusst.

**Hercule
gaulois**

Grundlage dieses sprachpflegerischen Interesses ist die Überzeugung, dass sich die politisch-militärische Bedeutung eines Landes in seinen geistigen und künstlerischen Leistungen spiegelt. Der politische Hegemonieanspruch Frankreichs im 17. Jh. beinhaltet damit automatisch auch den Anspruch auf eine geistige und künstlerische Führungsrolle. Im Mythos des *Hercule gaulois*, des gallischen Herkules, der die anderen Völker nicht durch physische Kraft, sondern durch die Macht seiner „Zunge" beherrscht, an welche jene angekettet sind, kommt dieser Anspruch bildlich zum Ausdruck. Die Kultivierung des Französischen zu einer Sprache, die dem Lateinischen und den anderen romanischen Sprachen (Italienisch, Spanisch) ebenbürtig, wenn nicht sogar überlegen ist, stellt daher ein zentrales politisches Anliegen dar. Dabei ist die Sprachenfrage auch innenpolitisch ein wichtiges Thema: Die Existenz einer relativ einheitlichen, von Regionalismen gereinigten Hochsprache stellt einen wichtigen Beitrag zur politischen Einigung des Landes dar.

**Die Sprache
der Gelehr-
samkeit**

Die Aufwertung des Französischen hat außerdem eine bildungspolitische Funktion. Sie schafft die Voraussetzung dafür, dass das Lateinische als Sprache von Theologie, Philosophie und Wissenschaft durch die Volkssprache abgelöst und neuen Kreisen der Zugang zu den Bildungsgütern eröffnet werden kann. Die pädagogische Aktion der Gegenreformation wie die Verbreitung der „neuen" Wissenschaft stehen in unmittelbarem Zusammenhang mit der Ausbildung eines sprachlichen Instrumentariums, das die Vermittlung bestimmter Inhalte erlaubt. Theologische Werke wie die *Introduction à la vie dévote* von FRANÇOIS DE SALES und PASCALS *Provinciales* oder DESCARTES' *Discours de la méthode*, das erste philosophische Werk in der Volkssprache überhaupt, tragen ihrerseits praktisch zur Entwicklung der französischen Hochsprache bei.

Die Vor-geschichte der *Académie française*	Seit dem Ende des 16. Jhs. gibt es eine intensive Diskussion darüber, wie das neue Französisch auszusehen habe, das die Macht des Landes und seines Monarchen angemessen repräsentiert. Es erscheinen gelehrte Traktate wie *De l'éloquence française* (1594) des Juristen und Philosophen GUILLAUME DU VAIR (1556–1621). In literarischen Zirkeln wie dem Kreis um den Dichter FRANÇOIS DE MALHERBE (s. S. 59 ff.), aber auch im mondänen Hôtel de Rambouillet (s. S. 51 ff.) sind Sprache und Literatur Gesprächsgegenstand. GUEZ DE BALZACS *Lettres,* die von einigen als Modell moderner französischer Prosa gefeiert werden, lösen 1624 eine heftige Kontroverse aus.
Gründung	Die politische Dimension der Sprachdiskussion steht also von Anfang an außer Frage. Doch erst RICHELIEU zieht daraus die Konsequenzen. Zu den privaten Gruppierungen, in denen über Sprache und Literatur diskutiert wird, gehört auch der Freundeskreis, der sich seit 1629 im Haus von VALENTIN CONRART (1603–1675) trifft. 1634 schlägt RICHELIEU vor, diese privaten Zusammenkünfte zu institutionalisieren und eine offizielle Akademie unter seiner Protektion zu gründen. 1635 wird das königliche Patent für die *Académie française* erteilt, das jedoch erst 1637 nach anfänglichem Widerstand vom Pariser Parlament registriert und rechtskräftig wird.
Organisation	Die Akademie umfasst seit 1639 40 Mitglieder bzw. „Sessel" *(fauteuils).* Erst wenn ein Akademiemitglied stirbt, kann ein neues gewählt werden. Nach RICHELIEUS Tod (1642) wird der Kanzler PIERRE SÉGUIER (1588–1672) Protektor der Akademie, bevor 1672 LUDWIG XIV. selbst die Schirmherrschaft übernimmt. In der ersten Generation prägen die Theoretiker das Profil: neben CONRART, der vor allem als Anreger und Vermittler eine wichtige Rolle spielt, der „Literaturtheoretiker" *avant la lettre* JEAN CHAPELAIN (1595–1674), der Lexikograf und Grammatiker CLAUDE FAVRE DE VAUGELAS (1585–1650), der Literaturkritiker JEAN-LOUIS GUEZ DE BALZAC (1597–1654), der Übersetzer NICOLAS PERROT D'ABLANCOURT (1606–1664) und NICOLAS FARET (1596–1646), ein Günstling RICHELIEUS, der 1634 das *Projet de l'Académie pour servir à ses statuts* verfasst. In der nächsten Generation dominieren die großen Autoren: CORNEILLE, RACINE, LA FONTAINE (gewählt gegen den Widerstand LUDWIGS XIV.), BOILEAU, BOSSUET, FÉNELON, LA BRUYÈRE. Nur MOLIÈRE wird nicht aufgenommen. Doch auch Gelehrte wie PIERRE-DANIEL HUET (1630–1721) und FONTENELLE, Politiker wie COLBERT und „Funktionäre" wie CHARLES PERRAULT gehören der Akademie an. Die Mitgliedschaft stellt jetzt eine Auszeichnung für literarische und andere Leistungen dar, die zudem mit einer materiellen Anerkennung verbunden ist *(gratifications, pensions).*

In den Statuten wird die Sprachpflege als die primäre Aufgabe der Akademie beschrieben: *„La principale fonction de l'Académie sera de travailler avec tout le soin et toute la diligence possible à donner des règles à notre langue, et à la rendre pure, éloquente et capable de traiter les arts et les sciences."* Zu diesem Zweck erhält sie den Auftrag, ein Wörterbuch, eine Grammatik, eine Rhetorik und eine Poetik zu erstellen. Von diesen Projekten wird jedoch nur das Wörterbuch nach jahrzehntelanger Arbeit fertiggestellt: 1694 erscheint *Le Grand Dictionnaire de l'Académie Française.* Sein puristisches, normatives Programm sieht vor, dass nur das aufgenommen wird, *„qui peut servir à la Noblesse & et à l'Elégance du discours."* Zum Richter über die Literatur wirft sich die Akademie lediglich einmal auf, nämlich im Streit um CORNEILLES Tragikomödie *Le Cid.* Auf Wunsch RICHELIEUS verfasst CHAPELAIN die *Sentiments de l'Académie sur la tragi-comédie le Cid* (1637), in denen CORNEILLES Verstöße gegen die Regeln kritisiert werden. Als praktisches Beispiel vorbildhafter Rhetorik dient dagegen der *discours de réception,* den ein neugewähltes Mitglied bei seiner Aufnahme in einer öffentlichen Sitzung vorzutragen hat und der anschließend publiziert wird. Eine stimulierende Wirkung auf die literarische Produktion übt die Akademie außerdem durch die Stiftung von Literaturpreisen aus.

Schon bei den Zeitgenossen stößt die Initiative des Kardinals keineswegs nur auf einhellige Zustimmung. Besonders krass bringt GUEZ DE BALZAC in den Briefen an seinen Freund CHAPELAIN die Befürchtung zum Ausdruck, „dass die Institutionalisierung der Literatur ihre Indienstnahme bedeutet" (Stenzel 1995: 96). Die *Querelle du Cid,* in die RICHELIEU sicherlich nicht aus primär poetologischen Gründen eingreift, sondern um einen allzu selbstbewussten Autor in seine Schranken zu weisen, belegt die der Akademie von ihrem Schöpfer zugedachte Kontrollfunktion. Ihre weitere Entwicklung unter LUDWIG XIV. und COLBERT verstärkt diese Tendenz noch. 1662 erhält CHAPELAIN von COLBERT den Auftrag, eine Liste jener Autoren zu erstellen, die für würdig erachtet werden, eine *gratification* (einmalige Belohnung) bzw. *pension* (Gehalt im Zusammenhang mit einem Amt) vom König zu erhalten. Gleichzeitig trägt das Interesse, das der Literatur jetzt von höchster Stelle zuteil wird, auch entscheidend zu ihrer sozialen Aufwertung bei, wie die neuere Forschung hervorhebt (Viala 1985; Stenzel 1995): Literaten und Literatur (in französischer Sprache) werden damit nicht nur salonfähig – das sind sie bereits –, sondern sie erhalten jetzt akademische Weihen, wie sie eigentlich nur Gelehrten zustehen. Die institutionalisierte Indienstnahme für den Staat beinhaltet zudem einen Gewinn an Autonomie, da die

Literatur nun in den Dienst „öffentlicher", „überindividueller" Interessen gestellt wird und nicht mehr ausschließlich dem *plaisir* eines einzelnen Gönners unterworfen ist. Die Literatur wird so zu einer fest etablierten Größe, einem relativ autonomen, in sich wiederum differenzierten Feld innerhalb des modernen Staatswesens. Soziale Anerkennung, materielle Absicherung, Reflexion der Aufgabe des Schriftstellers: Durch diese Leistungen trägt die *Académie française* entscheidend zur Ausbildung des Schriftstellerberufes im modernen Sinne bei.

Die im folgenden beschriebenen Formen der sprachlichen und literarischen Normierung gehen nicht allein auf die Tätigkeit der *Académie française* zurück. Mitglieder der Akademie spielen jedoch als Theoretiker dieser Prozesse stets eine wichtige Rolle.

Literatur   Caput (1986); Fumaroli (1980); Stenzel (1995); Viala (1985).

2 Prinzipien der Sprachnormierung

Purismus   Die Frage nach dem Verhältnis zwischen dem Französischen und dem Lateinischen wird bereits im 16. Jh. viel diskutiert. So in der 1549 veröffentlichten Schrift *Défense et illustration de la langue française* des Dichters JOACHIM DU BELLAY (1522–1560). Im 17. Jh. schließt man an diese Überlegungen an, kehrt jedoch die Vorzeichen der Reform um. Während die Renaissance die Bereicherung *(illustration)* der Volkssprache propagiert, steht die Entwicklung im 17. Jh. im Zeichen des Purismus. Gestützt auf die Forderungen der klassischen Rhetorik (Klarheit und grammatische Korrektheit), verbietet MALHERBE, Hofdichter HEINRICHS IV. und engagierter Vertreter des Purismus, genau das, was DU BELLAY empfohlen hatte: den Gebrauch von Fremdwörtern, Archaismen, Neologismen, Regionalismen und fachsprachlichem Vokabular. Bestimmte „unedle" Wörter dürfen nur noch in den niederen literarischen Gattungen benutzt werden, die sog. *mots sales* überhaupt nicht mehr. Ziel dieses Normierungs- und Reinigungsprozesses, der neben dem Wortschatz auch die Morphologie und Syntax erfasst, ist eine Sprache, die sich durch logische Klarheit *(clarté)* und stilistische Einfachheit *(pureté)* auszeichnet und sowohl dem kommunikativen Ideal der universellen Verständlichkeit als auch dem ästhetischen der klassischen Einfachheit (Attizismus) entspricht. Marksteine in diesem Prozess sind die Kommentare MALHERBES zu den Dichtungen RONSARDS und DESPORTES', die Arbeiten des Lexikografen und Grammatikers VAUGELAS *(Remarques sur la langue française*, 1647), die von CLAUDE LANCELOT und ANTOINE ARNAULD konzipierte *Grammaire générale et raisonnée* (1660), die sog. *Grammaire de Port-Royal*, schließlich die Reflexionen des Jesuitenpaters

DOMINIQUE BOUHOURS (1628–1702) in *Les entretiens d'Ariste et d'Eugène* (1671). (s. Schema S. 40).

Le bon usage

Für MALHERBE, VAUGELAS und in ihrer Nachfolge den Père BOUHOURS ist die Instanz, die die sprachliche Norm liefert, der *bon usage*. Die revolutionäre Neuerung in der sprachlichen Kodifizierung des 17. Jhs. besteht darin, dass nicht mehr die geschriebene Sprache der großen Autoren der Vergangenheit als Referenz für den *bon usage* dient, sondern die gesprochene Sprache der Gegenwart. Freilich nicht die gesprochene Sprache insgesamt: Als *bon usage* definiert VAUGELAS restriktiv *„la façon de parler de la plus saine partie de la Cour, conformément à la façon d'écrire de la plus saine partie des auteurs du temps."* *(Remarques)* Zur Norm wird damit nicht der Soziolekt einer bestimmten Gruppe erhoben, sondern der Sprachgebrauch der sozialen Elite insgesamt, die sich aus verschiedenen heterogenen Milieus (Politik, Verwaltung, Kirche, Aristokratie, gehobenes Bürgertum, Intellektuelle, Künstler) zusammensetzt und in der auch die Frauen eine wichtige Rolle spielen. Damit ist die Voraussetzung dafür erfüllt, dass diese Sprache einerseits „allgemeinverständlich" ist und zur Stärkung der politischen Einheit beiträgt und dass sie andererseits gewissen ästhetischen Anforderungen genügt, wie sie nicht nur die Literatur, sondern auch die Konversation im Salon stellt. VAUGELAS, der 1639 mit der Redaktion des Akademiewörterbuchs betraut wird, passt dessen Konzeption diesem Begriff des *bon usage* an.

Raison

Von Anfang an zielen die Bestrebungen der Sprachtheoretiker auf die Schaffung einer „Idealsprache". Ihre Tätigkeit erschöpft sich daher nicht in der Beschreibung des *bon usage,* sondern sie greifen ihrerseits korrigierend ein: in Zweifelsfällen oder um gewisse Modeeffekte der gesprochenen Sprache zu beseitigen. Die *Grammaire de Port-Royal,* aber auch die gelehrten Arbeiten GILLES MÉNAGES (1613–1692) *(Origines de la langue française,* 1650; *Observations sur la langue française,* 1672) beweisen die gleichsam wissenschaftliche Begründung des Sprachgebrauchs, die sich neben dem *usage* vor allem auf die *raison* beruft. Die außerordentliche Verbreitung des Französischen im 18. Jh., das überall wegen seiner Klarheit und Logik gepriesen wird, belegt den Erfolg dieses Kodifizierungsprozesses.

Literatur

Berschin / Felixberger / Goebl (1978); Brunot (1891); Trudeau (1992); Weinrich (1960).

16. Jahrhundert	17. Jahrhundert
Tendenz: Individuelle Freiheit im Sprachgebrauch	Tendenz: Normierung des Sprachgebrauchs
Ziel: Steigerung der Ausdrucksfähigkeit	Ziel: Allgemeinverständlichkeit
Mittel: Vergrößerung des Wortschatzes	Mittel: Reinigung des Wortschatzes
Gebrauch von Fremdwörtern, Archaismen, Neologismen, Regionalismen, Fachvokabular	Verbot von Fremdwörtern, Archaismen, Neologismen, Regionalismen, Fachvokabular
Modelle: Große Autoren der Vergangenheit; alte Sprachen	Normierungsinstanzen: Sprachgebrauch der Zeitgenossen (bon usage); Vernunft

Die Prinzipien der Sprachreform

3 Das Verhaltensideal der *Honnêteté*

L'honnête homme

Parallel zur Ausbildung einer neuen Hochsprache entwickelt sich im 17. Jh. auch ein neues Verhaltensideal, das sich sowohl von den traditionellen Werten des Adels als auch des Bürgertums unterscheidet: der *honnête homme*. Es ist die Antwort auf die Auflösung aller sozialen Ordnungen und Bindungen im Zuge der Religions- und Bürgerkriege und begleitet die Pazifizierung der Gesellschaft unter LUDWIG XIII. und RICHELIEU. Es entsteht an Orten wie dem Salon der Marquise de RAMBOUILLET, an denen man sich bemüht, jene Kultur der Geselligkeit wiederzubeleben, die in der Renaissance am Hofe der Valois herrschte. Zu den wichtigsten Theoretikern der *honnêteté* gehören NICOLAS FARET und ANTOINE GOMBEAU, Chevalier de MÉRÉ (1607–1684). In seinem Traktat *L'honnête homme ou L'art de plaire à la cour* (1630), der sich eng an *Il libro del cortegiano* (1528) des italienischen Humanisten BALDASSARE CASTIGLIONE (1478–1529) anlehnt, entwirft FARET eine Morallehre, die zugleich eine Benimm- und Anstandslehre ist. Der Chevalier de MÉRÉ fasst in seinen *Conversations* (1668), *Discours* (1677) und *Lettres* (1682) am Ende des Jhs. die Theorie der *honnêteté* noch einmal zusammen. Schon zu Beginn des Jahrhunderts stellt bereits der Schäferroman *L'Astrée* von HONORÉ D'URFÉ ein wahres „*bréviaire de l'honnêteté*" dar (s. S. 72 f.).

L'art de plaire

Oberste Verhaltensrichtschnur des *honnête homme* ist das *plaire*. Wichtig ist für ihn alles das, was ihn seinen Mitmenschen angenehm macht. Dazu gehören neben einem gepflegten Äußeren und guten Manieren die Kenntnis des *bon usage* sowie eine gute Allgemeinbildung. Sie erlauben es dem *honnête homme*, an der Hauptbeschäftigung der guten Gesellschaft, der *conversation*, teilzunehmen. Mit dem *honnêteté*-Ideal ist damit auch ein neues Bildungsideal verbunden: nicht gelehrtes bürgerliches Spezialwissen

 KAPITEL 4 Kulturelle Normierungsprozesse

zählt, sondern eine gleichsam natürliche Kultiviertheit, die man nicht theoretisch – aus Büchern –, sondern nur in der Praxis erwerben kann. Seine „Ausbildung" erhält der *honnête homme* daher in erster Linie in den Salons selbst, und zwar im Verkehr mit jenen *honnêtes femmes,* die gleichsam von Natur aus wissen, was sich ziemt.

Bewertung

Die Theorie der *honnêteté* formuliert damit in säkularisierter Form bestimmte moralische Grundsätze, um deren Popularisierung sich auch die Gegenreformation bemüht. Indem sie den Respekt vor dem anderen lehrt, verbreitet sie den Gedanken der Toleranz, der im Verkehr zwischen Frauen und Männern wie politischen Gegnern einen zivilisierten Umgang möglich macht. Darüber hinaus ist das Ideal der *honnêteté* auch ein Symptom für die Entstehung einer neuen Gesellschaft, der höfischen Gesellschaft, in der die traditionellen ständischen Wertordnungen (aristokratisch vs. bürgerlich) überwunden sind und alles Partikularistische und „Eigensinnige" verurteilt wird. Charakteristisch für diese neue Gesellschaft ist ein Bildungsideal, das zwar oberflächlicher ist als das alte humanistische, dafür aber neue Schichten (Adel, Frauen) erreicht.

Kritik

Die Verabsolutierung des *plaire* birgt auch Gefahren. So fördert sie die gesellschaftliche Verstellung *(hypocrisie),* die von den Moralisten analysiert wird. Außerdem führt die totale Vergesellschaftung der Menschen in der höfischen Gesellschaft, zumal in der zweiten Jahrhunderthälfte, zu einem nahezu unerträglichen Anpassungsdruck. Zunehmend wird daher eine Moral populär, die den Rückzug aus der Gesellschaft, die *retraite,* preist. In exemplarischer Weise spiegelt das Theater Molières die Leistungen und die Gefahren der *honnêteté* (s. S. 101, insbesondere *Le misanthrope).*

Literatur

Elias (1969); Magendie (1925); Mesnard (1991); Strosetzki (1978); Ueberweg (1993: I, 154–166).

4 Die *Doctrine classique*

Die gesellschaftliche Funktion der Literatur

Wie Sprache und Verhalten erfährt auch die Literatur eine Kodifizierung. Ein wichtiger Grund dafür ist die Rolle, die der Literatur bei der Herausbildung einer neuen sprachlichen Norm und eines neuen Verhaltenskodexes zukommt. Einerseits kann sie zur Verbreitung der neuen Standards beitragen, andererseits kann sie ihre Entstehung aber auch initiieren und stimulieren. Bei der Überwindung der tiefen politischen wie geistigen Krise Frankreichs zu Beginn des 17. Jhs. wird ihr daher von den Zeitgenossen eine zentrale Aufgabe zugewiesen. Ihren deutlichsten

Ausdruck findet diese Funktionalisierung in der Gründung der *Académie française*, mit deren Hilfe RICHELIEU die bewusstseinsbildendende, „pädagogische" Leistung der Literatur in den Dienst des Staates stellen will. Theoretisch reflektiert wird diese Indienstnahme von den Zeitgenossen in zahlreichen poetologischen Schriften, die definieren, was Literatur ist und sein soll, und Regeln für eine in ihrer Wirkung möglichst „effiziente" Literatur aufstellen.

Geschichte der *doctrine classique*

Die Geschichte der modernen französischen Poetik beginnt im 16. Jh. mit der Wiederentdeckung der griechischen Originalfassung von ARISTOTELES' Schrift *Von der Dichtkunst* (Druck 1508). Ihre Übersetzungen, Kommentare (FRANCESCO ROBORTELLO, LODOVICO CASTELVETRO) und vor allem die große Synthese des italienischen Humanisten JULIUS CAESAR SCALIGER *(Poetices libri septem,* 1561) üben im 17. Jh. großen Einfluss auf die französischen Theoretiker und die Entstehung der normativen Poetik aus. Wichtige Etappen in der Ausarbeitung der *doctrine classique* sind: die Schriften JEAN CHAPELAINS *(Lettre ou discours à Monsieur Favereau,* 1623; *Lettre sur la règle des vingt-quatre heures,* 1630); die *Querelle du Cid* (1637); die Schrift *La poétique* (1640) von HIPPOLYTE JULES PILET DE LA MÉNARDIÈRE (1610–1663); *La pratique du théâtre* (1657) des Abbé D'AUBIGNAC (1604–1676); CORNEILLES *Trois discours sur le poème dramatique* (1660); die von MOLIÈRES Stück *L'école des femmes* ausgelöste *Querelle* (1663); die *Réflexions sur la Poétique d'Aristote* (1674) des Jesuitenpaters RENÉ RAPIN (1621–1687); schließlich fasst NICOLAS BOILEAU in seinem *Art poétique* (1674) die im Lauf der Diskussion erarbeiteten Prinzipien der *doctrine classique* noch einmal allgemein verständlich zusammen.

Prinzipien

Die klassische Regelpoetik in der Tradition des ARISTOTELES basiert auf der Überzeugung, dass die Dichtkunst primär eine Technik, ein Handwerk *(ars)* ist, dessen Regeln erlernt werden können. Das beste Mittel dazu ist die *imitatio,* d. h. die Nachahmung der als vorbildhaft geltenden klassischen Modelle, die allerdings im 17. Jh. nicht nur als reine Nachahmung der Alten *(imitation des Anciens)* verstanden wird, sondern eher als Wettstreit *(aemulatio; émulation).* Vorbilder für die französische Literatur des 17. Jhs. liefern neben der griech.-röm. Antike vor allem Italien und Spanien. Gemäß der erzieherischen Funktion, die die Literatur in der Gesellschaft zu erfüllen hat, ist ihr oberstes Ziel die Belehrung, die allerdings mit dem Mittel der Unterhaltung erreicht wird: *plaire et instruire.* Zu diesem Zweck muss die Dichtung eine Reihe von Regeln befolgen: Den Gegenstand der Literatur bildet die Nachahmung der Wirklichkeit *(Mimesis; imitation de la nature).* Ihre Darstellung darf, wenn sie überzeugen will, weder gegen den gesunden Menschenverstand *(bon sens)* noch gegen die Vernunft

(raison) verstoßen, vielmehr muss sie der Wahrscheinlichkeit *(vrai-semblance)* und den Gesetzen der gesellschaftlichen Schicklichkeit *(bienséances)* entsprechen. Das Mimesisgebot der *doctrine classique* intendiert also keinen kruden Realismus, sondern basiert auf einer idealistischen, vom Neuplatonismus der Renaissance inspirierten Konzeption: Die wichtige erzieherische Aufgabe der Kunst besteht darin, die verborgene „wahre" Natur der Dinge darzustellen, die als prinzipiell vernünftig, gut und schön gedacht wird (s. Schema S. 44).

La dramaturgie classique

Besonders deutlich sichtbar werden die Zwänge der normativen Poetik in den Regeln für das Theater, das die beliebteste und am intensivsten diskutierte Gattung der Zeit ist. Aus der Forderung nach *vraisemblance* der dargestellten Handlung folgt auf der dramaturgischen Ebene die „Regel der drei Einheiten", die die Einheit der Handlung, des Ortes und der Zeit verlangt *(l'unité de l'action, du lieu et du temps)*. Auf der inhaltlichen Ebene erzwingt die Wahrscheinlichkeit, dass nur das dargestellt wird, was der Schicklichkeit entspricht. So verbieten die *bienséances externes,* dass auf der Bühne gegessen, geprügelt und gestorben wird. Die *bienséances internes* fordern die psychologische Glaubwürdigkeit der Figuren und ihrer Handlungen.

Stiltrennung und Ständeklausel

Aus der Rhetorik werden außerdem die Regel der Stiltrennung und die Ständeklausel übernommen. Diese legen fest, welche Art von Personen (adlig vs. bürgerlich) in welcher literarischen Gattung (Tragödie vs. Komödie) auftreten darf, welcher Art die Handlung zu sein hat und in welchem Stil (niederer, mittlerer, erhabener Stil) ein Werk dieser Art geschrieben sein muss.

Modifikationen

Die verschiedenen *Querelles* entzünden sich an den Verstößen der Autoren gegen diese Regeln. Zu ihrer Rechtfertigung berufen sich die kritisierten Autoren wie CORNEILLE *(Trois discours sur le poème dramatique)*, MOLIÈRE *(La critique de L'école des femmes; L'impromptu de Versailles)* und LA FONTAINE auf das Prinzip des *plaire*, das durch die Befolgung der Regeln keineswegs automatisch zu erreichen ist, sondern sich dem besonderen *ingenium* der Autoren verdankt. In Anknüpfung an den lateinischen Traktat *De sublimitate* des PSEUDO-LONGINOS (1. Jh. n. Chr.) führen GUEZ DE BALZAC und BOILEAU, der diese Schrift übersetzt, den Begriff des Sublimen *(le sublime)* und des *je ne sais quoi* in die klassische Ästhetik ein. Er bezeichnet genau jenen von den Regeln nicht erfassbaren genialen Überschuss, der die große Dichtung auszeichnet. Neben der *raison* wird damit auch der *goût*, das Organ für das rational nicht Definierbare, zu einem ästhetischen Kriterium. Nicht die Regeln der *doctes* entscheiden damit letzten Endes über die Bewertung der Kunst, sondern der Geschmack der *honnêtes gens*.

Literatur Bray (1927); Brody (1958); Fumaroli (1977); Fumaroli (1980); Peyre (1965); Scherer (1950); Schober (1970).

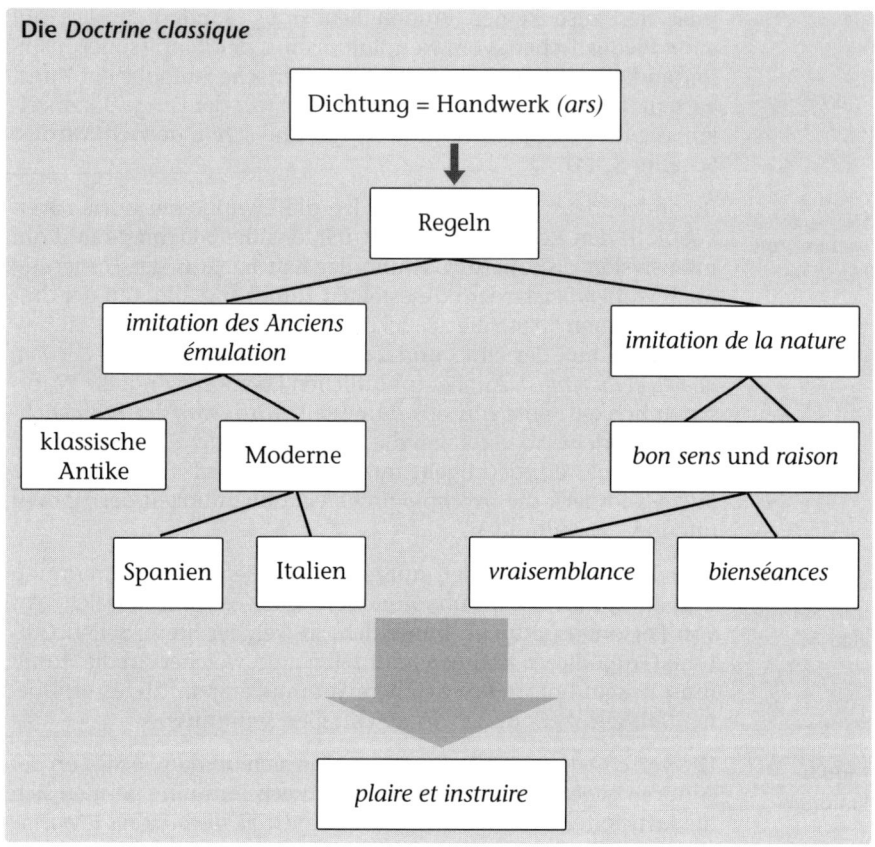

Die *Doctrine classique*

Dichtung = Handwerk *(ars)*

↓

Regeln

imitation des Anciens émulation — *imitation de la nature*

klassische Antike — Moderne — *bon sens* und *raison*

Spanien — Italien — *vraisemblance* — *bienséances*

plaire et instruire

5 Die Institutionalisierung des Theaters

Aufbau des Theaterwesens

Das 17. Jh. stellt eine Glanzzeit des Theaters in Frankreich dar. Die entscheidende Voraussetzung dafür ist seine Förderung von offizieller Seite. Diese verdankt sich dem Umstand, dass das Theater die „öffentlichste" aller literarischen Gattungen ist und sein Erziehungs- und Propagandawert von RICHELIEU dementsprechend hoch veranschlagt wird. Ab 1629 ergreift der Kardinal gezielt Maßnahmen zum Aufbau des Pariser Theaterwesens.

Schauspieler

Ungeachtet der Polemik bestimmter kirchlicher Kreise gegen den Schauspielerstand (Jansenisten), steigt das soziale Ansehen der Schauspieler kontinuierlich. Wesentlichen Anteil daran hat die Gesetzgebung: So bestätigt LUDWIG XIII. 1641 offiziell die Ehrbarkeit des Schauspielerberufes unter der Voraussetzung, dass auf der Bühne keine unanständigen Handlungen ausgeführt und keine obszönen oder doppeldeutigen Wörter benutzt werden. 1668 dekretiert der *Conseil du Roi*, dass ein Adliger den Beruf des Schauspielers ausüben darf, ohne seinen Titel zu verlieren. Zur Zeit MOLIÈRES sind die erfolgreichen Schauspieler denn auch keine sozialen Außenseiter mehr, sondern haben ihren festen Platz in der guten Gesellschaft.

Publikum

Eine ähnliche soziale „Veredlung" erfährt auch das Theaterpublikum seit den Dreißigerjahren, wenn es auch insgesamt heterogen bleibt. Indiz dafür sind die Eintrittspreise, die sich von 1630 bis 1660 verdreifachen. Der Adel sowie das Großbürgertum aus Verwaltung und Finanz nehmen auf der Bühne und in den Logen auf den Seiten Platz. Hier lässt sich auch das weibliche Publikum nieder. Die Stehplätze des *parterre* in der Raummitte vor der Bühne okkupiert dagegen eine sehr heterogene Publikumsschicht aus Angehörigen des mittleren und niederen Bürgertums (Kaufleute, Mitglieder freier Berufe, Intellektuelle) sowie aus Soldaten und Bediensteten der Adligen, die allerdings im Lauf der Zeit aus dem Theater verdrängt werden. Eine verschärfte polizeiliche Kontrolle führt in Verbindung mit der finanziellen Selektion zur „Reinigung" des Publikums und lässt das Theater zu einem „anständigen" Ort werden.

Die Autoren

Von zentraler Bedeutung für den Aufschwung des Theaters ist darüber hinaus die Aufwertung des dramatischen Textes gegenüber der Aufführung. In der poetologischen Diskussion der dramatischen Regeln schlägt sich diese Neuorientierung ebenso nieder wie in der Anerkennung des Dramatikers selbst, der jetzt aufhört, ein von einer Truppe abhängiger *auteur à gages* zu sein, und sich allmählich zumindest minimale Autorenrechte gegenüber den Theatertruppen wie den Verlegern erkämpft. RICHELIEU fördert diese Entwicklung durch die Gründung der *Société des cinq auteurs* (BOISROBERT, COLLETET, L'ESTOILE, ROTROU, CORNEILLE), die auf seinen Vorschlag hin gemeinsam Stücke erarbeiten soll, sowie durch die finanzielle Unterstützung zahlreicher Dramatiker (darunter MAIRET, ROTROU, TRISTAN L'HERMITE, CORNEILLE). Als echter Theaterfan lässt er außerdem ab 1637 in seinem Palais einen prächtigen Theatersaal einrichten, der zunächst unter dem Namen *Théâtre du Palais-Cardinal*, später unter dem Namen *Théâtre du Palais-Royal* firmiert.

Bühnen	Zu Beginn des 17. Jhs. gibt es in Paris nur eine einzige reguläre Spielstätte: das *Hôtel de Bourgogne*. Sie gehört den *Confrères de la Passion*, die sie gegen Entgelt Wandertruppen für Aufführungen überlassen. Diese unbefriedigende Situation ändert sich 1629: Auf Befehl des Königs darf sich jetzt die Truppe des Schauspielers GROS-GUILLAUME fest im *Hôtel de Bourgogne* installieren und den Titel *Troupe royale* führen. Das Repertoire der vom König subventionierten *Grands comédiens* besteht zunächst aus Farcen, später spezialisieren sie sich auf Tragödien. Das Werk RACINES wird hier gespielt. 1629 trifft noch eine zweite Truppe in Paris ein, die von dem Schauspieler MONDORY geleitet wird und mit CORNEILLES ersten Stücken reüssiert. 1634 lässt sie sich in einem Ballspielhaus *(jeu de paume)* im Marais nieder und führt als zweite vom König subventionierte Truppe den Titel *Troupe du roi*. Neben diesen beiden französischsprachigen Truppen existiert ab 1639 auch ein italienischsprachiges Theater in Paris, das im Stil der *commedia dell'arte* spielt. MAZARIN weist den *Comédiens italiens* 1653 als Spielstätte den Saal des *Petit-Bourbon*, im Louvre gelegen, zu. 1658 schließlich kehrt MOLIÈRE mit seiner Truppe, die unter dem Schutz des Bruders des Königs steht und sich daher *Troupe de Monsieur* nennen darf, nach Paris zurück. Nach einem ersten erfolgreichen Auftritt vor dem König dürfen sie sich mit den *Comédiens italiens* das *Petit-Bourbon* teilen. Von 1661 bis 1673 bespielen die beiden Truppen das *Théâtre du Palais-Royal*. Es ist zweifellos die glanzvollste und intensivste Phase des Pariser Theaterlebens im 17. Jh., in der nicht weniger als vier feste Truppen um die Gunst des Publikums kämpfen. Darüber hinaus geben diese Truppen auch gut bezahlte Privatvorstellungen und gastieren am Hofe des jungen theaterbegeisterten LUDWIG XIV.
Zentrali-sierungs-tendenzen	Zu Beginn der Siebzigerjahre verändert sich die Situation. 1672 übernimmt der italienische Musiker LULLI die Leitung der 1669 gegründeten *Académie royale de musique,* die nun das Monopol für alle von Musik begleiteten Stücke erhält. Dies bedeutet einen schweren Schlag nicht nur für MOLIÈRES Theater und seine *pièces à machines* und *comédies-ballets,* sondern auch für das *Théâtre du Marais*. Nach MOLIÈRES Tod 1673 werden die beiden Truppen daher auf Geheiß COLBERTS zusammengelegt. Ihre neue Spielstätte ist ein Ballspielhaus in der rue Guénégaud. 1680 schließlich müssen auf Befehl des Königs das *Théâtre Guénégaud* und das *Hôtel de Bourgogne* fusionieren. Die auf diese Weise entstandene *Comédie-Française* erhält das Monopol für die Aufführung französischsprachiger Stücke in und um Paris. Die Indienstnahme des Theaters durch den Staat zeigt jetzt ihre Kehrseite. Das nachlassende Interesse des Königs am Sprechtheater, verbunden mit dem Wunsch nach Kontrolle, führt zu einer Einschränkung des Thea-

Die Entwicklung des Pariser Theaterwesens

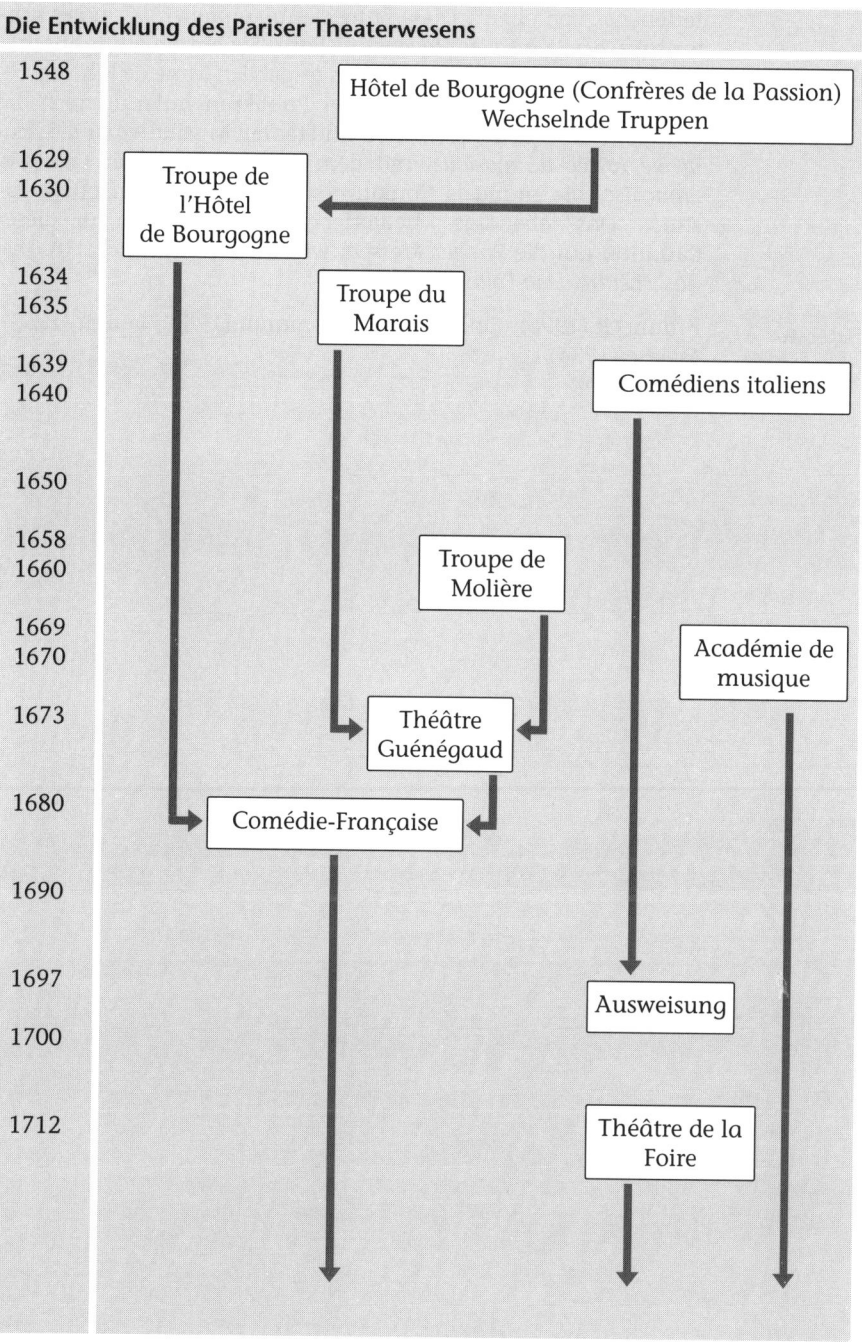

1548	Hôtel de Bourgogne (Confrères de la Passion) Wechselnde Truppen
1629 1630	Troupe de l'Hôtel de Bourgogne
1634 1635	Troupe du Marais
1639 1640	Comédiens italiens
1650	
1658 1660	Troupe de Molière
1669 1670	Académie de musique
1673	Théâtre Guénégaud
1680	Comédie-Française
1690	
1697	Ausweisung
1700	
1712	Théâtre de la Foire

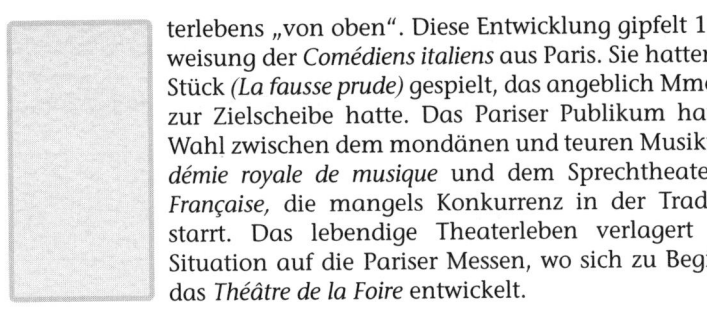

terlebens „von oben". Diese Entwicklung gipfelt 1697 in der Ausweisung der *Comédiens italiens* aus Paris. Sie hatten ein satirisches Stück *(La fausse prude)* gespielt, das angeblich Mme de MAINTENON zur Zielscheibe hatte. Das Pariser Publikum hat nur noch die Wahl zwischen dem mondänen und teuren Musiktheater der *Académie royale de musique* und dem Sprechtheater der *Comédie-Française,* die mangels Konkurrenz in der Traditionspflege erstarrt. Das lebendige Theaterleben verlagert sich in dieser Situation auf die Pariser Messen, wo sich zu Beginn des 18. Jhs. das *Théâtre de la Foire* entwickelt.

Literatur Brauneck (1996); Couton (1986); Jomaron (1988); Lough (1957); Mélèse (1934).

KAPITEL 5

Die Autoren und ihr Publikum

1 Die materielle Lage

Das *privilège*

Das 17. Jh. erlebt eine grundlegende Veränderung des Buchmarktes. Wird der Buchmarkt in der ersten Jahrhunderthälfte noch von religiöser und wissenschaftlicher Literatur beherrscht, so spielt in der zweiten Jahrhunderthälfte die schöngeistige Literatur in französischer Sprache eine immer größere Rolle. Trotzdem ist es selbst den erfolgreichsten Schriftstellern der Zeit nicht möglich, allein vom Verkauf ihrer Werke zu leben. Nicht ohne Grund ist der arme Poet, der *poète crotté*, eine beliebte literarische Figur der Epoche. Das *droit d'auteur* existiert noch nicht. Lediglich der Buchhändler-Verleger erhält ein sog. *privilège*, das ihn vor der Konkurrenz durch Raubdrucke schützt. Dazu aber muss er das zu druckende Werk zunächst der staatlich-kirchlichen Zensur vorlegen. Der Autor überlässt mit dem Verkauf seines Manuskripts dem Buchhändler-Verleger alle Rechte. Besonders problematisch ist die Lage der Theaterautoren, die lediglich an der Uraufführung eines Stückes und der ersten Aufführungsserie finanziell beteiligt werden. Ist der Stücktext erst einmal gedruckt, kann jede Theatertruppe ihn nachspielen, ohne den Verfasser am Gewinn zu beteiligen. Erst der außerordentliche Erfolg bestimmter Dramatiker gibt diesen Mittel an die Hand, das geistige Urheberrecht auch materiell zu nutzen. Corneille etwa lässt das *privilège* auf seinen eigenen Namen ausstellen.

Die Autoren müssen ihre Existenz denn auch noch auf anderem Wege sichern. Zahlreiche Schriftsteller bekleiden ein geistliches Amt *(clergé séculier)*, mit dem ein regelmäßiges Einkommen verbunden ist. Eine zweite Möglichkeit schafft das Mäzenatentum, das der Adel bzw. das vermögende (Finanz-)Bürgertum in der Tradition der Renaissancefürsten ausübt. Zahlreiche Schriftsteller des 17. Jhs., die über keine anderen Einkünfte verfügen, stehen so im Dienst eines „Großen", zu dessen „Haus" sie gehören.

2 Das Mäzenatentum

Aristokratisches Mäzenatentum

Das Mäzenatentum gehört zur wahren aristokratischen Lebensführung. In ihm manifestiert sich die alte adlige Tugend der *largesse*, der Freigebigkeit und Fürsorge für andere; dann das Verständnis des Kenners für künstlerische wie intellektuelle Leistungen; und schließlich das Bedürfnis, die Größe des eigenen Geschlechts in außerordentlichen Hervorbringungen künstlerischer Art repräsentiert zu sehen. Die Formen der Förderung sind vielfältig. Die herausragende Rolle des staatlichen Mäzenatentums zunächst unter RICHELIEU, später dann unter LUDWIG XIV. und COLBERT ist charakteristisch für das 17. Jh. Doch in der ersten Jahrhunderthälfte spielt auch das aristokratische Mäzenatentum noch eine gewichtige Rolle, denn neben dem König unterhalten auch andere Vertreter des Hochadels einen eigenen Hof: GASTON D'ORLÉANS, der Bruder LUDWIGS XIII.; der Große CONDÉ (1621–1686) und seine Schwester ANNE DE BOURBON (1619–1679), die spätere Herzogin von LONGUEVILLE; der Herzog von MONTMORENCY (1595–1632), der dem verfolgten THÉOPHILE de VIAU Schutz gewährt; PAUL DE GONDI, der spätere Kardinal von RETZ; und schließlich, bis zu seiner Bekehrung, der Prince de CONTI (1629–1666), der eine Zeit lang MOLIÈRES Truppe unterhält. Von besonderer Bedeutung ist daneben NICOLAS FOUCQUET, der *surintendant des finances,* der ab 1656 der bedeutendste und großzügigste Mäzen ist. Er ist es, der bei der Anlage seines Schlosses in Vaux-le-Vicomte die späteren Erbauer von Versailles entdeckt: den Architekten LOUIS LE VAU, den Maler CHARLES LE BRUN und den Gartenarchitekten ANDRÉ LE NÔTRE. Zu den Autoren, die FOUCQUET fördert, gehören neben vielen anderen die Brüder PIERRE und THOMAS CORNEILLE, SCARRON, PELLISSON, Mlle de SCUDÉRY, DONNEAU DE VISÉ, vor allem aber der junge LA FONTAINE, den FOUCQUET entdeckt und der ihm dafür sein Leben lang die Treue halten wird. Bei dem großen Fest, das FOUCQUET 1661 zu Ehren LUDWIGS XIV. in Vaux-le-Vicomte veranstaltet, wird MOLIÈRES Stück *Les fâcheux* uraufgeführt.

Staatliches Mäzenatentum

Der Prozess, den LUDWIG XIV., tief beeindruckt und zugleich alarmiert vom Glanz der Hofhaltung in Vaux-le-Vicomte, FOUCQUET macht, signalisiert das Ende des privaten Mäzenatentums einer bestimmten Größenordnung. Mit dem Beginn der persönlichen Herrschaft LUDWIGS XIV. wird der König, d. h. der Staat, zum Supermäzen, der alle kreativen Kräfte (Literatur, Musik, bildende Kunst, Architektur, Wissenschaft) an sich zu binden und allein zu seinem Ruhm einzusetzen sucht. In Fortführung der Kulturpolitik RICHELIEUS (*Académie française,* Theaterförderung) arbeitet COLBERT an einer „Organisierung der Kultur" (Burke 1993). Gestützt auf Fachleute wie CHAPELAIN (Literatur), CHARLES PERRAULT (Architektur) und LE BRUN (Malerei), schafft er ein dichtes Netz offizieller Institutionen, die eine vom Staat kontrollierte Kulturpolitik großen Stils zum Ziel haben. Eineinhalb Jahrzehnte lang führt diese gezielte Kulturförderung in der Tat zu einem blühenden kulturellen Leben, zu dem das persönliche Interesse des jungen le-

benslustigen Monarchen an Theater, Musik und Tanz noch beiträgt. Prachtvolle *fêtes de cour* wie *Les plaisirs de l'Ile enchantée* (1664) charakterisieren das sinnenfrohe Klima am Hof LUDWIGS XIV. im ersten Jahrzehnt seiner Regierung. Beträchtliche Mittel für die Literaturförderung machen die Schriftsteller bis Mitte der Siebzigerjahre weitgehend unabhängig von privaten Förderern.

Nachteile   Doch das staatliche Mäzenatentum unter LUDWIG XIV. kennt auch schon die Nachteile moderner Kulturpolitik. Die wachsenden Finanzprobleme nach dem Tod COLBERTS (1683) wirken sich auf den Kulturetat aus. Die befohlene Fusionierung der Pariser Bühnen zeugt ebenso davon wie die Streichung der meisten Schriftstellerpensionen im Jahre 1690. Hinzu kommt das veränderte Interesse des Monarchen selbst, dessen ganze Aufmerksamkeit von den Arbeiten in Versailles beansprucht wird und der in den Achtzigerjahren nach seiner heimlichen Eheschließung mit Mme de MAINTENON zunehmend unter den Einfluss devoter, kunst- und theaterfeindlicher Kreise gerät. Doch am Ende des 17. Jhs. hat sich die Situation geändert. Zwar existiert auch das private Mäzenatentum noch – LA BRUYÈRE ist Hauslehrer und Bibliothekar im Hause CONDÉ; Mme de LA SABLIÈRE gewährt LA FONTAINE zwanzig Jahre lang ihre Gastfreundschaft –, doch jetzt gibt es auch einen echten Markt für die französische Literatur: ALAIN-RENÉ LESAGE, Romanschriftsteller und Erfolgsautor des *Théâtre de la Foire*, wird der erste Schriftsteller sein, der von seiner Feder leben kann (s. S. 143 f.).

Literatur   Burke (1993); Martin (1969); Mesnard/Mousnier (1985); Viala (1985).

3 Die weibliche Salonkultur

1 Die Geschichte der Salons

La chambre bleue   Mittelpunkte des gesellschaftlichen Lebens, die einerseits aktiv an der Ausbildung neuer sozialer wie ästhetischer Normen beteiligt sind und andererseits zahlreichen Schriftstellern den Zugang zur guten Gesellschaft öffnen, stellen im 17. Jh. außerdem die *salons* dar, die vor allem in der ersten Jahrhunderthälfte in deutlicher Konkurrenz zum Hof stehen. Einer der einflussreichsten unter ihnen ist das Hôtel de Rambouillet, in dem CATHERINE DE VIVONNE, Marquise de RAMBOUILLET (1588–1665), genannt Arthénice, ab den Zwanzigerjahren bis ungefähr 1648 Gäste aus dem Adel und der Welt der Kultur und Gelehrsamkeit empfängt. Ihre *chambre bleue* ist eine der Keimzellen jener Erneuerung und „Reinigung", die die Sprache *(bon usage)* und die gesellschaftlichen Umgangsformen *(honnêteté)* erfahren; in ihrem und anderen Salons bildet sich nach dem Ende der Bürgerkriege jene neue literarische und gesellige Kultur aus, deren „Gesetze" anschließend von den Theoretikern der Akademie formuliert werden. Mitglieder des Hochadels wie der Grand CONDÉ und seine Schwester ANNE DE BOURBON, der Herzog von LONGUEVILLE und Mlle de MONTPENSIER treffen hier mit Kritikern und Theoretikern wie VAUGELAS, CHAPELAIN, CONRART und GUEZ DE BALZAC zusammen; hier verkehren Dichter wie GEORGES und MADELEINE DE SCUDÉRY, ANTOINE GODEAU, ISAAC DE BENSERADE, CLAUDE MALLEVILLE und VINCENT VOITURE, die in der galanten Dichtung und bei literarischen Spielen brillieren (s. S. 68 f.). Ihnen gemeinsam ist die Ablehnung der traditionellen humanistischen Gelehrtenkultur und die Vorliebe für eine „moderne" Literatur in französischer Sprache.

Die *samedis* der Mlle de Scudéry

Ihren (quantitativen) Höhepunkt erlebt die Salonkultur zwischen 1650 und 1665. Insbesondere nach der Fronde sucht und findet der Schwertadel im gesellschaftlichen Leben der Salons mit seinen vielfältigen künstlerisch-literarischen Aktivitäten einen Ersatz für die gescheiterte politische Betätigung. In diesem Milieu bereitet sich seine Verwandlung von einer kriegerischen Kaste zum Hofadel vor. Literarisch bedeutsam sind vor allem der Kreis um Mlle de MONTPENSIER (1627–1693), die Tochter von GASTON D'ORLÉANS, genannt Grande Mademoiselle, in dem das literarische Porträt gepflegt wird; sodann der Salon der Marquise de SABLÉ, in der die mondäne Kleingattung der Maximen entwickelt wird; und schließlich die *samedis* der Mlle de SCUDÉRY. MADELEINE DE SCUDÉRY, die wie ihr Bruder Georges im Kreis der Marquise de RAMBOUILLET verkehrte und auch bei der Marquise de SABLÉ zuhause ist, schreibt mit ihren umfangreichen (Schlüssel-)Romanen die Chronik dieser Kreise und der Gesell; die man in ihnen pflegt (s. S. 74 f.).

Ab 1665 geht die Bedeutung der Salons für ungefähr zwei Jahrzehnte zurück, als der Hof des jungen Königs zum Mittelpunkt des gesellschaftlichen Lebens wird. Erst im letzten Viertel des Jhs. mit der allmählichen Sklerotisierung des Lebens in Versailles entwickeln sich wieder einflussreiche Salons: der Salon der Marquise de LA SABLIÈRE, Repräsentantin des neuen Typs der *femme savante,* die nicht nur LA FONTAINE in entscheidender Weise unterstützt, sondern in ihrem Haus auch bedeutende Wissenschaftler empfängt; der Hof der Herzogin von MAINE in Sceaux, an dem Schriftsteller und Philosophen verkehren; schließlich der Salon von Mme de LAMBERT (1647–1733), der ein Zentrum der Frühaufklärung ist und zur Salonkultur des 18. Jhs. überleitet.

In dreierlei Hinsicht üben die Salons des 17. Jhs. tiefen Einfluss aus: 1. durch ihre Mitwirkung an der Ausbildung einer neuen kulturellen Norm, die die Sprache, die Umgangsformen und das Bildungsideal betrifft; im Salon bildet sich das Publikum der „modernen" französischen Literatur; 2. durch die Entwicklung einer eigenen, spezifisch aristokratischen Ästhetik, einer *esthétique de la négligence,* die auf einer mündlichen Kultur der *conversation* und des *divertissement* (im Gegensatz zur Lesekultur der Gelehrten) beruht und die neue, dem geselligen Verkehr angepasste literarische Kleinformen hervorbringt; Literatur wird hier als Zeitvertreib betrieben, nicht als Beruf; sie basiert auf *esprit,* nicht auf „Handwerk"; 3. dadurch, dass im Salon die Frau die Möglichkeit erhält, am kulturellen Leben teilzunehmen, sich selbst dadurch zu bilden – bis hin zur eigenen schriftstellerischen Tätigkeit – und ihrerseits Einfluss auf die kulturelle Entwicklung auszuüben. Die Salons haben einen wesentlichen Anteil daran, dass die Frauen aktiv wie passiv Zugang zur Kultur erhalten und die Literatur des 17. Jhs. nicht zuletzt eine „weibliche" ist, angepasst an die Wünsche und Bedürfnisse eines weiblichen Publikums.

2 Voraussetzungen der weiblichen Salonkultur

Voraussetzung für die kulturelle Emanzipation der Frau im 17. Jh. ist die Durchsetzung eines neuen Frauenbildes, das dem traditionellen misogynen Frauenbild entgegengesetzt ist. Seit dem Beginn des 15. Jhs., als sich die französische Schriftstellerin CHRISTINE DE PIZAN (1365–1430) in einer Kontroverse um den frauen- und ehefeindlichen *Roman de la Rose* (1235/1270) von JEAN DE LORRIS und JEAN DE MEUN erstmals kritisch mit jenem Frauenbild auseinandersetzt, kommt es immer wieder zu den sog. *Querelles des femmes,* in denen weibliche wie männliche „Feministen" *avant la lettre* für die Rechte der Frauen, insbesondere das Recht auf Bildung, eintreten (vgl. auch MARTIN LE FRANC, *Le champion des dames,* 1440–1442). Die zahlreichen frauenfreundlichen Traktate, die in den Dreißiger- und Vierzigerjahren des 17. Jhs. erscheinen, bezeugen die besondere Aktualität der Geschlechterdebatte zu dieser Zeit, deren neue Qualität insbesondere die Schriften von MARIE DE GOURNAY *(Egalité des hommes et des femmes,* 1622) und FRANÇOIS POULLAIN DE LA BARRE *(De l'égalité des deux sexes,* 1673; *De l'éducation des dames,* 1675) dokumentieren; in ihnen wird aus der Gleichheit der Geschlechter die Forderung nach gleicher Bildung und Erziehung für Frauen und Männer abgeleitet. Verschiedene Faktoren begünstigen diese Entwicklung eines neuen Frauenbildes.

Neuplato-nismus	Einen wesentlichen Impuls für die Neubewertung von Weiblich-keit liefert das neuplatonische Denken der Renaissance mit seiner Idealisierung der Frau und seiner Neudefinition des Geschlechter-verhältnisses. Statt als Instrument der Versuchung wird die sinn-liche weibliche Schönheit jetzt als irdisches Abbild der himmli-schen Schönheit verstanden; die durch sie geweckte – rein platonisch bleibende – Liebe ist das Mittel, durch das sich der Mann der Erkenntnis des Absoluten nähern kann. Literarisch wird die neuplatonische Liebeskonzeption zu Beginn des 17. Jhs. vor allem in der Schäferdichtung wirksam (s. S. 71 ff.); die aus ihr sich ergebende strenge Kodifizierung des Geschlechterverhältnis-ses ist jedoch auch modellhaft für den Verkehr zwischen Mann und Frau in der Gesellschaft.
Gegen-reformation	Angesichts der Bedeutung, die der Frau als Ehefrau und Mutter für die Bewahrung der „Ordnung" zukommt, entwickelt auch die katholische Kirche im Zuge der Gegenreformation ein neues weibliches Leitbild, das nicht länger die angeborene Sündhaftig-keit der Frau, sondern ihre Befähigung zur Tugend, ja zur Heilig-keit betont. Zu den einflussreichen frauenfreundlichen Traktaten der Zeit gehören daher auch die Schriften des Paters JACQUES DU BOSC (L'honnête femme, 1635) und des Paters PIERRE LE MOYNE (La galerie des femmes fortes, 1647), in denen das Ideal der weiblichen Tugendheldin entworfen wird. Der generelle Bildungsimpuls, der von der Gegenreformation ausgeht, wirkt sich auch auf die Mädchenbildung aus, der sich der neue Orden der Ursulinen wid-met.
La femme forte	Zur Veränderung des Frauenbildes trägt darüber hinaus die Tatsache bei, dass innerhalb der ersten Jahrhunderthälfte mit MARIE DE MÉDICIS und ANNE D'AUTRICHE zweimal für längere Zeit eine Frau als *régente* die Herrschaft über Frankreich ausüben muss. Nicht wenige der „gynophilen" Traktate der Zeit dienen mit ihren Katalogen oder Galerien vorbildlicher starker Frauen aus Geschichte und Mythologie dem propagandistischen Ziel, die Be-fähigung der Frau, besser gesagt der Aristokratin, zur Herrschaft zu beweisen und zu propagieren. Es entwickelt sich auf diese Wei-se das Bild der amazonenhaften, dem Mann körperlich wie gei-stig ebenbürtigen *femme forte,* dem sich vor allem die aktiv in die Fronde eingreifenden Vertreterinnen der Hocharistokratie wie die Grande Mademoiselle und die Herzogin von LONGUEVILLE ver-pflichtet fühlen. Mit dem Scheitern der Fronde büßt dieses spezi-fisch aristokratische und ausgesprochen „männliche" Frauen-ideal in der zweiten Jahrhunderthälfte jedoch an Geltung ein. Der Gewinn an weiblichem Selbstbewusstsein ist jedoch nicht wieder rückgängig zu machen.

Alle diese Faktoren ermöglichen es, dass sich ein neues Frauenbild und -ideal, vor allem aber auch ein neues weibliches Selbstverständnis und -bewusstsein entwickelt, das sich in der aktiven Beteiligung der Frauen am kulturellen (und politischen) Leben niederschlägt. Ihren äußeren Höhepunkt erreicht diese weibliche Selbstbewusstwerdung zwischen 1643 (Regentschaft der Anne d'Autriche) und 1661 (persönliche Regierung Ludwigs XIV.) in der Bewegung der *précieuses,* die die Elite der damaligen Frauenbewegung darstellt. Gemeinsam ist den *précieuses,* die sich vornehmlich aus den Salons der Marquise de Rambouillet, der Grande Mademoiselle und der Mlle de Scudéry rekrutieren, ein ausgeprägtes, letztlich genuin aristokratisches Bewusstsein vom besonderen Wert *(prix –> précieux)* ihrer Person, das mit der Verpflichtung verbunden ist, sich diesem Wert entsprechend zu verhalten und sich vor anderen auszuzeichnen *(se distinguer).* Dies kann wie im Fall der Grande Mademoiselle auf politischem Gebiet geschehen, hauptsächlich geschieht es jedoch, wie im Fall der Mlle de Scudéry, im kulturellem Bereich, im Salon. Neben ihrer betont modernen und puristischen Haltung in Sprach- und Literaturfragen ist die *précieuse* vor allem durch ihr radikales feministisches Bewusstsein gekennzeichnet: Ablehnung der Rolle der *mulier domestica,* Kritik der Institution Ehe, Konzeption einer auf *amitié tendre* basierenden Geschlechterbeziehung. Das Aufsehen (und Missfallen), das die Preziösen bei den Zeitgenossen erregen, belegen nicht nur kritisch-satirische Reaktionen wie Molières *Les précieuses ridicules* (1659), sondern auch jene Werke, die den Anspruch erheben, über die Welt der Preziösen zu informieren wie das *Grand dictionnaire historique des prétieuses* (1661) von Baudeau de Somaize und der Roman *La prétieuse ou Le mystère des ruelles* (1656-1658) des Abbé Michel de Pure. Über den „wahren" Geist des Preziösentums informieren jedoch letzten Endes am besten die Werke der großen Preziösen selbst.

Literatur

Baader (1986); Baader (1995); Baumgärtel/Naysters (1995); Kroll (1995); Lathuillère (1966); Magendie (1925); Magne (1929/30); Pelous (1980); Strosetzki (1978); Timmermans (1996); Zimmermann (1995).

4 *La cour et la ville*

Betrachtet man die verschiedenen kulturellen Zentren des 17. Jhs., so scheint die Kultur dieser Zeit extrem heterogen zu sein: Welten scheinen die aristokratischen Mäzene vom Staatsmäzenatentum des absolutistischen Herrschers zu trennen, die gelehrten Kreise der wissenschaftlichen und literarisch-künstlerischen

Akademien von den weiblichen *salons,* die *libertins* von den *pré-cieuses.* Diese Diversität ist zweifellos ein charakteristisches Merkmal der Epoche. Doch es gibt auch zahlreiche Berührungspunkte zwischen den verschiedenen Kreisen, wie die Gestalt CHAPELAINS illustriert: Vom Gast des Hôtel de Rambouillet avanciert er zum Mitglied der *Académie française* und schließlich zum unmittelbaren Ratgeber COLBERTS in Sachen Literaturförderung. In ähnlicher Weise gibt es Schnittmengen zwischen den ästhetischen Auffassungen der verschiedenen Gruppierungen. Dies kommt besonders deutlich in jenem Begriffspaar zum Ausdruck, das vor allem in der zweiten Hälfte des 17. Jhs. zur gängigen Bezeichnung für das Publikum der Zeit wird: *La cour et la ville.* Es bezeichnet die Gesamtheit der *honnêtes gens,* d. h. jene höfischen und städtischen Eliten, die zumindest während der kurzen Phase der Hochklassik eine Einheit formen. Diesem in sich differenzierten Publikum zu gefallen, ist die Herausforderung an die Literatur. Es kennzeichnet die Werke der Hochklassik, dass es ihnen gelingt, eine Synthese zu schaffen, in der die unterschiedlichen ästhetischen Vorlieben zum Ausgleich gelangen.

Literatur Auerbach (1951); Krauss (1949).

Die Vorklassik

(1598–1660)

Préclassicisme

Die erste Hälfte des 17. Jhs., die Vorklassik *(préclassicisme)*, stellt in vielerlei Hinsicht eine Zeit der Instabilität und Krise dar (s. S. 13 f.). Zumal die erste Phase dieser Periode (1598–1624/1630) ist noch stark von der tiefen Erschütterung der traditionellen Ordnungs- und Wertesysteme im Gefolge der Religions- und Bürgerkriege geprägt. Das Bewusstsein für die Vergänglichkeit des Daseins und die Vergeblichkeit allen Tuns ist in ihr besonders ausgeprägt. Es ist eine Zeit, die sich selbst als eine „kranke", eine „melancholische" begreift. Zynismus oder aber totale Abkehr von der Welt sind mögliche Reaktionen. Eine andere Antwort auf diese Krisenerfahrung besteht in der Suche nach einer neuen verbindlichen Ordnung. Die Literatur der Epoche – und zwar in allen Gattungen – spiegelt einerseits das komplizierte, krisenhafte Zeitgefühl wider; andererseits übernimmt sie aber auch eine aktive Rolle bei der Bewältigung der Krise: durch eine kritische, manchmal satirische Darstellung der Verhältnisse oder durch die idealisierende Evokation einer besseren Welt.

1 Die lyrischen Gattungen

1 Überblick

Tendenzen

Die Lyrik, die sicherlich die „subjektivste" der drei Großgattungen ist, spiegelt die existenzielle Verunsicherung des Individuums am deutlichsten wider. In vielfältigen Formen kommt in ihr das vorherrschende Zeitgefühl der Instabilität zum Ausdruck, etwa in der Besessenheit durch die Todes- und Vergänglichkeitsthematik. Zugleich drückt sich in ihr aber auch die Suche nach neuen Orientierungen, neuen Werten und Sicherheiten aus.

Poésie religieuse

Eine besondere Rolle kommt daher der religiösen Lyrik zu. In typisch barocker Weise wird in ihr vielfach mit schockierenden Bildern die Sterblichkeit des Menschen und die Vergeblichkeit seines irdischen Strebens evoziert (Motiv des *Memento mori*). Gleichzeitig aber vermittelt sie dem Menschen mit der Aufforderung, sich Gott und dem ewigen Leben zuzuwenden, einen metaphysischen Halt und auch ein neues innerweltliches Wertesystem. Eine wichtige Subgattung der religiösen Dichtung formen die Psalmenparaphrasen *(paraphrases des psaumes)*, freie Übersetzungen der biblischen Psalmen, die zunächst im 16. Jh. von den Protestanten verfasst wurden.

Poésie officielle

Die Aufgabe der sog. *poésie officielle* ist es, Ereignisse von nationaler Bedeutung zu feiern. Die Formierung des zentralistischen Staates zu Beginn des 17. Jhs. liefert die Voraussetzung dafür, dass wieder eine bedeutende Lyrik dieser Art entstehen kann. Die panegyrische Dichtung (Lobgedichte) stellt sich bewusst in den Dienst des Staates bzw. seines Herrschers, dessen Größe und Leistungen sie preist.

L'épopée

Größter Wertschätzung erfreut sich weiterhin das Epos oder *poème héroïque* in der Tradition der antiken (HOMER, VERGIL) sowie der modernen italienischen Vorbilder (BOIARDO, ARIOST, TASSO). Der Stoff dieser langen, in Alexandrinern abgefassten Verserzählungen entstammt entweder dem antiken Mythos, der Bibel oder der (christlichen) Nationalgeschichte.

Natur- und Liebeslyrik

Neben diesen quasi offiziellen Formen, die ein allgemeines, überindividuelles Wertesystem propagieren, spielt auch eine eher privat-subjektive Lyrik eine große Rolle, die im Rückzug auf das Individuum, das Ich, nach Orientierungspunkten sucht, weil sie den allgemeinen (transzendenten) Wahrheiten misstraut. In einer libertinistisch inspirierten Mischung aus Skeptizismus, Epikureismus und Stoizismus, die auf MONTAIGNE zurückgeht, tröstet sich diese Lyrik über die Bedrohtheit der menschlichen Existenz mit der Bejahung des Augenblicks und dem Genuss des irdischen Lebens hinweg (Motiv des *Carpe diem*). Ihren adäquaten Ausdruck finden der Rückzug aus der Gesellschaft und die Konzentration auf das Ich vor allem in der Natur- und Liebeslyrik.

Komische Formen

Diesen in Ton und Gegenstand eher „ernsten" Gattungen steht in der gesamten ersten Jahrhunderthälfte auch eine „unernste" Lyrik gegenüber, die niedere Gegenstände in scherzhaftem Ton besingt. Das Spektrum reicht dabei von der derb-erotischen, ja obszönen Poesie *(poésie licencieuse)* über die inhaltlich anspruchsvolle Satire bis zur burlesken Dichtung.

Poésie mondaine

Mit anderen sprachlichen Mitteln arbeitet dagegen die *poésie mondaine*, die im Salon angesiedelt ist und den Gesetzen der *bienséance* unterliegt. Es handelt sich bei ihr hauptsächlich um galante Liebesdichtung, die mit dem Sprach- und Formenmaterial des Petrarkismus arbeitet und auf spielerische Weise die Schönheit einer unerreichbaren Dame preist.

2 François de Malherbe

Biografie

FRANÇOIS DE MALHERBE (1555–1628) entstammt einer wenig begüterten Familie des normannischen Schwertadels. Jurastudium an den protestantischen Universitäten Basel und Heidelberg. 1577–1586 als Sekretär im Dienst des Gouverneurs der Provence, HENRI D'ANGOULÊME, dessen Hof in Aix ein Zentrum des literarisch–künstlerischen Lebens ist. 1586–1605 wechselnde Aufenthalte in Caen und Aix. Wichtige Freundschaften: mit dem Humanisten und Gelehrten CLAUDE FABRI DE PEIRESC (s. S. 31) und dem Juristen und Philosophen GUILLAUME DU VAIR. 1605 Übersiedlung nach Paris: *poète de cour* am Hofe HEINRICHS IV., MARIAS VON MEDICI und LUDWIGS XIII. Gast im Salon der Marquise de RAMBOUILLET. Sein Schüler ANTOINE GODEAU gibt 1630 postum die erste Gesamtausgabe seiner Werke heraus, die bis 1659 sieben Neuauflagen erlebt.

Malherbes Doktrin

Unter den Dichtern und Intellektuellen seiner Epoche gehört MALHERBE (wie sein Freund GUILLAUME DU VAIR) zu den Befürwortern einer grundlegenden Reform der französischen Literatursprache (s. S. 38 f.). Ziel dieser Reform, die sich gegen die manieristisch überladene, bisweilen „dunkle" Sprache der Spätrenaissance und des Barock wendet, ist eine „natürliche", „einfache" und „klare" Sprache, die allgemeinverständlich, einprägsam und „majestätisch" sein soll. Alles, was dieser Allgemeinverständlichkeit schadet, wird daher von MALHERBE verurteilt: komplizierte und dunkle Metaphern und Bilder, übermäßig lange Perioden, „Fehler" im Satzbau, schwer verständliche mythologische Anspielungen, Spezialvokabular. Dahinter verbirgt sich eine gewandelte Auffassung von Aufgabe und Wirkweise der Dichtung: MALHERBE zielt nicht auf intellektuelle Überraschung oder emotionalen Schock, auf die Überwältigung des Lesers durch das Exorbitante, sondern auf die Stiftung von Gemeinschaft, die Einbindung des Einzelnen in eine höhere Ordnung. Diesem Ziel gilt einerseits, auf semantischer Ebene, ein auf Klarheit und Verständlichkeit abzielender Sprachgebrauch, andererseits, auf der phonischen Ebene, eine klangliche und rhythmische Gestaltung der Verse, die höchste Harmonie erzeugt. MALHERBES Vorschriften zur Metrik stimmen daher Inhalt und Form so aufeinander ab, dass ein Höchstmaß an Klarheit und Wohlklang entsteht: Verbot von Hiat und Enjambement, regelmäßiger Wechsel von weiblichem und männlichem Reim, rhythmische Gliederung von Vers- und Strophenformen *(césure)*, Harmonisierung von Satz- und Versbau. Grundlage des Dichtens ist damit nicht mehr der *furor poeticus*, die Überwältigung des Dichters durch die (göttliche) Inspiration, sondern die Beherrschung der „Regeln der Kunst", d. h.

vor allem der Rhetorik. MALHERBE hat seine „Doktrin" nicht in einem Traktat niedergelegt, sondern lediglich implizit formuliert: in einem kritischen Kommentar zum Werk von PHILIPPE DESPORTES (1546–1606), einem am Hofe HEINRICHS III. hochgeschätzten Dichter.

Das Werk Die Dichtung ist für MALHERBE kein Mittel zum Ausdruck privater Gefühle, sondern ein politisches Medium, das die Belange der Gesellschaft, des Staates und die zentralen Fragen der menschlichen Existenz thematisiert. Seine Liebeslyrik ist daher großenteils Auftragsdichtung. Die hauptsächlich von ihm gepflegten Gattungen sind die *poésie officielle* und die *poésie religieuse*, die ihre Gegenstände in einem hohen, feierlichen Stil in der Form der Ode, der Stanze *(stances)* oder des Sonetts behandeln.

MALHERBE gehört zu jener Generation von Intellektuellen, Politikern und Künstlern, deren Leben von den Religions- und Bürgerkriegen geprägt ist und die auf die Durchsetzung des Friedens und die Errichtung einer neuen stabilen Ordnung in Frankreich zielen. Seine Dichtung stellt er daher ab 1605 ganz in den Dienst des Staates und seines Monarchen HEINRICH IV., in dem er den einzigen Garanten von Frieden und Sicherheit sieht. In zahlreichen Oden und Stanzen feiert er die Taten des Königs und anderer Großer, in denen sich die nationale Geschichte kristallisiert: die Ankunft MARIAS VON MEDICI in Frankreich *(A la reine sur sa bienvenue en France*, 1600); den Feldzug HEINRICHS IV. gegen die Aufständischen im Limousin *(Prière pour le roi allant en Limousin*, 1605); die Leistungen MARIAS VON MEDICI als Regentin *(A la reine sur les heureux succès de sa régence*, 1610); die Eroberung La Rochelles durch LUDWIG XIII. und RICHELIEU *(Pour le roi allant châtier la rébellion des Rochellois*, 1628). Es ist die Dichtung, die diese Taten dem drohenden Vergessen entreißt und sie dem Gedächtnis der Nachwelt überliefert. Selbstbewusst formuliert MALHERBE diese Leistung der Dichtung und speziell seiner Arbeit in einem LUDWIG XIII. gewidmeten Sonett: *„Tous vous savent louer, mais non également:/ Les ouvrages communs vivent quelques années:/ Ce que Malherbe écrit dure éternellement."*

Themen MALHERBES zentrales Thema ist die Beendigung der Religions- und Bürgerkriege; diese evoziert er in zahlreichen Texten im Bild des vielköpfigen Ungeheuers des antiken Mythos, der Hydra *(„Hydre de la France")*, die ein neuer Herkules, HEINRICH IV., im Begriff ist zu besiegen. Er folgt damit dem Vorbild der lateinischen Dichter HORAZ (um 65–8 v. Chr.; Odenbücher) und VERGIL (um 70–9 v. Chr.), die den römischen Kaiser Augustus als Friedensbringer preisen. Ähnlich wie VERGIL in seiner vierten Ekloge beschwört er in der *Prière pour le roi allant en Limousin* die Wiederkehr eines Goldenen Zeitalters, in dem Frieden, Gerechtigkeit und materieller

Überfluss herrschen. MALHERBES politische Dichtung leistet damit mehr als nur das überschwengliche Lob der Herrschenden in der Tradition der Panegyrik: Durch die Überhöhung der Realität und die Mythisierung der französischen Geschichte wird sie zur Beschwörung einer besseren Welt, zum Entwurf einer Utopie, zu deren Verwirklichung sie die Verantwortlichen verpflichtet.

Wie in seiner politischen Dichtung, die die Gegner des Friedensprozesses kritisiert, propagiert MALHERBE auch in seiner religiösen Lyrik die Einordnung des Einzelnen in eine höhere Ordnung. Beeinflusst von der stoischen Philosophie SENECAS (um 4–65 n. Chr.), dessen Briefe er aus dem Lateinischen übersetzt hat, verurteilt er in seinen Trostgedichten *(Consolation à M. du Périer*, 1607) das Aufbegehren gegen das Schicksal und predigt die Ergebung in den Willen Gottes. Charakteristisch für die barocke Mentalität ist besonders das Thema der Vergeblichkeit *(vanité)* menschlichen Tuns, das MALHERBE exemplarisch in der Paraphrase des Psalms 145 zum Ausdruck bringt:

N'espérons plus mon âme, aux promesses du monde,
Sa lumière est un verre, et sa faveur une onde,
Que toujours quelque vent empêche de calmer,
Quittons ses vanités, lassons-nous de les suivre:
C'est Dieu qui nous fait vivre
C'est Dieu qu'il faut aimer.

Wirkung MALHERBES puristische Sprach- und Literaturauffassung wird keineswegs von allen seinen Zeitgenossen geteilt. Der Zeitgeschmack entspricht eher dem Ungestüm eines THÉOPHILE DE VIAU oder einem Manierismus, wie ihn der auch in Frankreich erfolgreiche italienische Dichter GIAMBATTISTA MARINO (1569–1625) mit seinem Epos *Adone* (1623) verkörpert. Doch durch den Kreis seiner Schüler (RACAN, FRANÇOIS MAYNARD, ANTOINE GODEAU) und seine Wirkung auf Theoretiker wie CHAPELAIN und VAUGELAS, die er im Hôtel de Rambouillet trifft, übt MALHERBE starken Einfluss aus. Die Präsenz seiner Gedichte in den Anthologien der Zeit illustriert seine allmähliche Anerkennung und den allgemeinen Geschmackswandel hin zum puristischen Stilideal. Offiziell besiegelt wird MALHERBES Erhebung zum Klassiker von BOILEAU, der 1674 in seinem *Art poétique* schreibt: „*Enfin Malherbe vint et le premier en France/ Fit sentir dans les vers une juste cadence.*"

3 Théophile de Viau

Biografie

THÉOPHILE DE VIAU (1590–1626) entstammt einer protestantischen Familie der *noblesse de robe* aus Südwestfrankreich. 1611–1615 Studien an wechselnden Universitäten (Bordeaux, Saumur, Leiden), zeitweise *auteur à gages* einer wandernden Schauspieltruppe (1611–1613). 1615–1619 Haushofmeister des Comte de CANDALE; in Paris Einführung in die Hocharistokratie und bei Hofe. Verwicklung in die Machtkämpfe zwischen MARIE DE MÉDICIS und LUDWIG XIII. 1619–1620 Verbannung. 1620–1622 Rückkehr nach Paris; im Gefolge des Königs Teilnahme an den Feldzügen gegen die Protestanten in Südwestfrankreich; Erhalt einer königlichen Pension für seine literarische Tätigkeit. 1622 Konversion zum Katholizismus. 1623–1626 im Dienst des Herzogs von MONTMORENCY, Gouverneur des Languedoc und bedeutender Mäzen. Literarische Freundschaften: SAINT-AMANT, BOISROBERT, TRISTAN L'HERMITE, GEORGES DE SCUDÉRY, MAIRET. 1623 Prozess gegen die vermeintlichen Autoren der Anthologie *Le Parnasse des poètes satyriques* (1622), darunter auch THÉOPHILE; in Abwesenheit Verurteilung zum Tode wegen Gotteslästerung. Festnahme auf der Flucht und Inhaftierung in der Conciergerie in Paris. 1625 Verbannung auf Lebenszeit. THÉOPHILE stirbt 1626, von der zweijährigen Haft geschwächt, in Paris im Haus des Herzogs von MONTMORENCY.

Das Werk

Den äußeren Anlass für den Prozess gegen THÉOPHILE (s. S. 27) liefert ein unter seinem Namen veröffentlichtes obszönes Sonett (*„Phyllis, tout est foutu..."*), das in drastischer Form von Geschlechtskrankheiten und (der von der Kirche verbotenen) Homosexualität handelt. Dieser für die lizenziöse Lyrik der Zeit nicht unübliche Ton ist für THÉOPHILE jedoch keineswegs charakteristisch. Den Kern seines Libertinismus bildet ein ausgeprägter Individualismus, der seiner Dichtung eine stark persönliche Note verleiht. Während sich MALHERBE gleichsam zum Sprecher der Nation macht, betont Théophile programmatisch die Subjektivität seines Schreibens. Auf politischer Ebene korrespondiert seine Position der des (rebellischen) Adels, der allen Zentralisierungsbestrebungen gegenüber auf seiner Autonomie beharrt (THÉOPHILES Wohltäter, der Herzog von MONTMORENCY, wird 1632 wegen seiner Unterstützung des rebellierenden GASTON D'ORLÉANS hingerichtet).

Philosophischer Hintergrund

Den Hintergrund von THÉOPHILES Schreiben liefert der philosophische Libertinismus (s. S. 24 ff.). Wie EPIKUR betrachtet THÉOPHILE die Glückseligkeit, d. h. die wahre Seelenruhe, als das höchste Ziel des Menschen. In seiner Lyrik reflektiert er über das, was diese Glückseligkeit verhindert und wovon sich der Mensch daher befreien muss. Dazu gehören irrationale Vorstellungen (Aberglauben) und unbegründete Ängste wie die vor dem Tode (vgl. die Stanzen *„La frayeur de la mort ébranle le plus ferme"*) sowie die gesellschaftlichen Zwänge, die die freie Entfaltung des Individuums verhindern. Das Leiden an der Gesellschaft führt einerseits zu einer kritisch-satirischen Darstellung der Gegenwart (Zeitklage in der *Elégie à une dame*), andererseits zur „Flucht" in die Natur, die THÉOPHILE als „herrschaftsfreien" Raum preist und dem Leben in der Gesellschaft (Paris, Hof) vorzieht (vgl. die Elegie *„Dans ce climat barbare où le destin me range"* aus der Zeit des ersten Exils und die im Gefängnis entstandene *Lettre à son frère*). Besonders scharf arbeitet er den Konflikt zwischen Individuum und Gesellschaft in der Tragödie *Les amours tragiques de Pyrame et Thisbé* (1623) heraus. Schädlich für die Seelenruhe sind schließlich auch die Leidenschaften, die, wenn sie unerfüllbar sind, den Menschen ebenfalls unglücklich machen. Paradoxerweise plädiert der „Sinnenmensch" THÉOPHILE daher sogar für den Verzicht auf die Liebe, sofern sie der inneren Freiheit entgegensteht (*„Cloris, lorsque je songe, en te voyant si belle"*). Die skeptisch-materialistische Sicht der Einheit von Körper und Geist (Zweifel am Dogma der Unsterblichkeit der Seele) führt den Dichter gleichzeitig dazu, dem Körper und der sinnlichen Wahrnehmung in seiner Lyrik einen besonderen Stellenwert zuzuweisen.

Formen

Neben der Ode in der Naturlyrik und dem Sonett in der Liebeslyrik pflegt THÉOPHILE vor allem die Elegie, die als eine relativ einfache Form (beliebige Länge, unstrophisch, Alexandriner, Paarreim) dem meditativ-reflexiven Charakter seiner Dichtung entgegenkommt.

Poetik

Besonders deutlich artikuliert sich THÉOPHILES Individualismus in seinen poetologischen Texten. Kategorisch lehnt er die von MALHERBE entwickelten Regeln ab: *„Je ne veux point unir le fil de mon sujet,/ Diversement je laisse et reprends mon objet,/ Mon âme imaginant n'a point la patience/ De bien polir les vers et ranger la science:/ La règle me déplaît, j'écris confusément."* (*Elégie à une dame*) Nachdrücklich verurteilt er die Nachahmung der Alten: *„Imite qui voudra les merveilles d'autrui;/ Malherbe a très bien fait, mais il a fait pour lui;/.../ J'approuve que chacun écrive à sa façon."* Wie MALHERBE will auch THÉOPHILE etwas „Neues" schaffen: *„Il faudrait inventer quelque nouveau langage,/ Prendre un esprit nouveau, penser et dire mieux/ Que n'ont jamais pensé les hommes et les dieux."* Doch wählt er einen anderen Weg als MALHERBE und die übrigen Sprachreformer: Durch verschiedene stilistische Mittel (assoziativer Gedankengang, syntaktische Brüche, Briefcharakter) verleiht er seinen Versen den Charakter der gesprochenen Sprache, des Spontanen und Authentischen.

Furor poeticus

Auch Théophiles Auffassung vom Dichter unterscheidet sich grundlegend von der Malherbes. In Anlehnung an die von der Renaissance weiterentwickelte antike Enthusiasmuslehre ist der Dichter für ihn ein „Inspirierter", ein von seinen Eingebungen Überwältigter, der vom *furor poeticus*, von einem poetischen Feuer, mitgerissen wird. Der scheinbar ungeordnete Gedankengang zahlreicher Gedichte Théophiles, ihre bewegte Sprache, verdeutlicht das Wirken dieses der Ratio nicht unterworfenen *furor poeticus*. Das von Théophile vielfach beschriebene Schwanken zwischen der dichterischen Begeisterung und dem Nachlassen der Inspiration, das Verzweiflung zur Folge hat, weist zudem auf die von der Renaissance entwickelte Konzeption vom Dichter als dem melancholischen Genie hin. Im Gegensatz zu Malherbe stellt sich Théophile damit in die Tradition der Renaissance.

Wirkung

Von seinen Zeitgenossen wird Théophile hoch geschätzt. Bereits zu seinen Lebzeiten erscheinen drei Ausgaben seiner Œuvres (1621, 1622, 1625). In seiner Nachfolge steht vor allem Tristan l'Hermite (1601–1655), der in den Dreißiger- und Vierzigerjahren eine nachdenklich-klagende, subjektiv gefärbte Lyrik im Stil Théophiles verfasst. Der Sieg des Malherbeschen Klassizismus in der zweiten Jahrhunderthälfte lässt allerdings auch Théophile in Vergessenheit geraten. Sein tragisches Schicksal wie seine antiklassische Haltung begünstigen jedoch seine Wiederentdeckung durch die Romantik (Théophile Gautier: *Les grotesques*, 1844). Im 20. Jh. erregt vor allem der *prince des libertins* die Aufmerksamkeit der Forschung (Adam 1935).

4 Die epische Dichtung

Das Epos

In der Gattungshierarchie der Regelpoetik steht das Epos *(épopée; poème héroïque)* ganz oben. Seine Aufgabe – darin der *poésie officielle* und der *poésie religieuse* verwandt – besteht darin, im erhabenen Stil das Wirken göttlicher Mächte und die Taten menschlicher Helden zu preisen. Wie im antiken Epos Homers *(Ilias, Odyssee)* und Vergils *(Aeneis)* geht es dabei meist um die Darstellung einer entscheidenden Phase der nationalen Geschichte, einen nationalen Gründungsmythos. Im Wettstreit mit den erfolgreichen italienischen Ependichtungen der Renaissance (Boiardo, *L'Orlando innamorato*, 1486; Ariosto, *Orlando furioso*, 1516; Tasso, *La Gerusalemme liberata*, 1581) bemüht man sich auch in Frankreich im 16. und 17. Jh., das repräsentative Nationalepos zu schaffen.

In den Dreißigerjahren (RICHELIEU, Dreißigjähriger Krieg) beginnen einige Autoren mit der Arbeit an einem Epos. Bezeichnenderweise erscheinen diese Werke jedoch erst nach fast dreißigjähriger „Inkubationszeit" im Jahrzehnt nach der Fronde. Die wichtigsten sind: *Saint-Louis ou Le héros chrétien* (1653) des Paters PIERRE LE MOYNE (1602–1671); *Saint-Paul* (1654) von ANTOINE GODEAU (1605–1672); *Alaric ou Rome vaincue* (1654) von GEORGES DE SCUDÉRY; *La pucelle ou La France délivrée* (1656) von CHAPELAIN; schließlich *Clovis ou La France chrétienne* (1658) von JEAN DESMARETS DE SAINT-SORLIN (1595–1676). Mit wenigen Ausnahmen stehen christliche Protagonisten im Mittelpunkt, die zugleich Nationalhelden sind und so Frankreich als christliches Königreich legitimieren. Einen Sonderplatz nimmt SAINT-AMANTS *idylle héroïque Moyse sauvé* (1653) ein, da der Autor auf die Darstellung kriegerischen Heldentums verzichtet und damit gegen die Gattungsgesetze verstößt. Doch weder diesem noch den anderen Werken ist Erfolg beim Publikum und der Kritik beschieden. Daran können auch die zahlreichen theoretischen Traktate nichts ändern, die zumeist aus der Hand der Ependichter selbst stammen.

Der Grund für den Misserfolg der Gattung liegt unter anderem in der Verwendung des „Wunderbaren" *(merveilleux)*; zwar wird das Übernatürliche und Zauberhafte als konstitutives Element der Gattung betrachtet, seine Legitimierung bereitet aber in der Zeit des beginnenden Rationalismus und philosophischer Kritik am Wunderglauben zunehmend Probleme. Dies stellt indirekt die *Querelle du merveilleux chrétien* unter Beweis, die 1673 zwischen BOILEAU und DESMARETS DE SAINT-SORLIN ausbricht: In ihr geht es um die Frage, ob in einem fiktiven Werk die Wunder des christlichen Glaubens darstellbar sind oder nicht. BOILEAU plädiert dafür, die Stoffe aus der antiken Mythologie zu wählen. Seine Position ist charakteristisch für eine säkularisierte Auffassung von Literatur, die zwischen Religion und (schöner) Literatur scharf trennt und nur die innerweltlichen Belange des Menschen als Gegenstand der Literatur akzeptiert. Der Erfolg der neuen Prosagattung Roman, der Geschichte als Menschenwerk präsentiert, bestätigt dies (s. S. 69 ff.).

5 Satirische und burleske Dichtung

Neben der „ernsten" Dichtung spielen in der ersten Jahrhunderthälfte auch verschiedene Formen der „komischen" Dichtung eine wichtige Rolle. Und zwar vor allem die Verssatire und die burleske Dichtung. Beide stellen sowohl eine Gegenbewegung gegen den Purismus als auch gegen bestimmte idealisierende Tendenzen der *poésie officielle* und der mondänen Liebeslyrik dar.

Verssatire	Die Verssatire ist eine bereits in der klassischen Antike gepflegte Gattung, deren Kennzeichen die kritische Auseinandersetzung mit dem Normwidrigen ist (menschliche Schwächen und Laster; gesellschaftliche Missstände). Nach der Vehemenz der Kritik wird zwischen einer versöhnlicheren Variante (lachende Satire), die mit dem Namen des HORAZ verbunden wird, und einer aggressiveren Variante (strafende Satire) unterschieden, für die der römische Dichter JUVENAL (um 55–140) steht. Die französische Verssatire des 17. Jhs. geht auf diese antiken Vorbilder zurück. Ihre Form ist relativ frei: keine strophische Gliederung, beliebige Länge bis zu 200, ja 300 Versen, Alexandriner, Paarreim. Satirische Inhalte finden sich daneben natürlich auch in anderen literarischen Gattungen (Fabel, Roman).
Mathurin Régnier	Der herausragende Vertreter der Verssatire zu Jahrhundertbeginn ist MATHURIN RÉGNIER (1573–1613). Er ist ein Neffe des von MALHERBE geschmähten Dichters DESPORTES und bezieht seinerseits entschieden gegen MALHERBE und die puristischen Tendenzen Stellung (vgl. *Satire IX*). Wie THÉOPHILE und SAINT-AMANT hält auch RÉGNIER an der Theorie der dichterischen Inspiration *(furor poeticus)* fest und plädiert für eine reiche dichterische Sprache. Seine Satiren präsentieren eine Galerie lächerlicher Typen aus den unterschiedlichsten Gesellschaftsschichten: die *gens de cour,* den falschen Gelehrten, den armen Dichter, Kupplerinnen und Prostituierte. Ein Meisterwerk ist die Beschreibung und Entlarvung der Heuchlerin Macette in der *Satire XIII*, von der sich noch MOLIÈRE im *Misanthrope* inspirieren lassen wird.
Poésie satyrique	Neben der von RÉGNIER gepflegten „regelmäßigen" Satire ist in den ersten beiden Jahrzehnten des 17. Jhs. noch eine andere Form der *poésie satyrique* populär, die in Sammlungen wie *Muse folâtre* (1600), *Muses gaillardes* (1609) und *Le cabinet satyrique* (1618) erscheint. Mit der gesellschaftskritischen Satire teilt sie das Interesse an der „niederen" Realität und ihrer unverblümten Darstellung, doch fehlt ihr jeglicher moralische Anspruch. Der Reiz dieser hauptsächlich derb-erotischen Lyrik, der auch ernsthafte Dichter wie MALHERBE und THÉOPHILE huldigen, besteht im Tabubruch und Verstoß gegen die *bienséances*. Der Prozess gegen THÉOPHILE bewirkt den Rückgang dieser Form des Libertinismus ab 1623.
Poésie burlesque	Den Rahmen der burlesken Dichtung liefert die für die *doctrine classique* konstitutive Regel der Stiltrennung, die besagt, dass der Stil einer sprachlichen Äußerung dem behandelten Gegenstand angemessen sein muss (rhetorische Forderung des *aptum*). Unterschieden wird zwischen dem hohen, dem mittleren und dem nie-

deren Stil, die jeweils bestimmten Wirklichkeitsbereichen und Gattungen korrespondieren (s. S. 43). Die burleske Dichtung bricht mit dieser Regel. So definiert Furetière in seinem *Dictionnaire* den Begriff burlesk, der ursprünglich „Spaß", „Scherz" bedeutet, als eine Art zu schreiben, die darin besteht, *„[de] traiter en ridicule les sujets sérieux."* Die komische Wirkung ergibt sich aus dem Kontrast zwischen dem „hohen", „ernsten" Gegenstand und dem niederen sprachlichen Stil, in dem er behandelt wird. Um diesen Stilbruch zu erzeugen, rekurriert die burleske Dichtung bevorzugt auf einen Wortschatz, der mit der Norm kontrastiert: obszöne und veraltete Wörter, Fremdwörter und Neologismen, Fachvokabular und Argot. Damit stellt sie einen entschiedenen Gegenpol zum Purismus dar. Ihr unmittelbares Vorbild ist die *poesia bernesca* im Stil des italienischen Dichters FRANCESCO BERNI (1497–1535), die ihrerseits eine Reaktion auf den italienischen Manierismus und Petrarkismus ist. Vor allem aber knüpft die burleske Dichtung in Frankreich mit ihrer Lust am schöpferischen Spiel mit der Sprache an die einheimische Tradition CLÉMENT MAROTS (1496–1544) und FRANÇOIS RABELAIS' (1494–1553) an.

Saint-Amant

Die Welle der burlesken Dichtung beginnt 1643 mit SCARRONS erstem *Recueil de quelques vers burlesques* und endet in den Fünfzigerjahren. Doch burleske Elemente finden sich bereits bei MARC-ANTOINE GIRARD, Sieur de SAINT-AMANT (1594–1661), der in seiner Dichtung auf vielfältige Weise mit dem Stilbruch arbeitet: Sei es im übertriebenen Lobgesang auf einen Käse oder eine Melone *(Le fromage; Le melon)*, sei es in der scherzhaften Behandlung einer militärischen Aktion im *poème héroï-comique Le passage de Gibraltar* oder der respektlosen Beschreibung Roms *(La Rome ridicule)*. Wie RÉGNIER evoziert auch SAINT-AMANT Szenen der „niederen" Realität *(La débauche; Les goinfres; Le poète crotté)*, doch ist seine Satire nicht primär kritisch gemeint, sondern zielt auf Belustigung ab. Dem Lachen allerdings kommt eine ernste Funktion zu. Wie RABELAIS ist auch SAINT-AMANT überzeugt, *„[que] le rire est le propre de l'homme"*. Es steht im Dienst der psychischen Gesundheit und ist das beste Gegenmittel gegen die Ängste, Schrecken und melancholischen Gemütsverfinsterungen, die im Hintergrund zahlreicher Gedichte SAINT-AMANTS aufschimmern und das Lebensgefühl der Zeit kennzeichnen.

Paul Scarron

Der Hauptvertreter der burlesken Dichtung ist PAUL SCARRON (1610–1660), der mit zwei langen Verserzählungen die bekannteste Form burlesker Dichtung, die Mythentravestie, in Frankreich popularisiert. In *Le Typhon ou La gigantomachie* (1644) greift er ein Motiv der antiken Mythologie auf, den Kampf zwischen Zeus und den Giganten, behandelt es jedoch nicht im hohen Stil der epischen Dichtung, sondern im niederen Stil. In *Le Virgile travesti*

(1648–1652) formt er nach demselben Muster VERGILS *Aeneis* um. Die zeitliche Nähe dieser Dichtungen zur Fronde (s. S. 14) hat die Forschung veranlasst zu vermuten, dass die Demystifizierung der antiken Götter- und Heroenwelt im burlesken Epos eine aktuelle politische Dimension hat. Die Blüte, die die Mythentravestie gerade zur Zeit der Fronde erlebt – neben SCARRONS Werken erscheinen *Le jugement de Pâris* (1648) und *Ovide en belle humeur* (1650) von CHARLES D'ASSOUCY (1605–1677) –, sowie ihr Ende in den Fünfzigerjahren stützen diese Vermutung.

6 Die galante Lyrik

Literatur als Gesellschaftsspiel

Einen deutlichen Gegenpol zur satirisch-burlesken Dichtung bildet die galante Lyrik, die in den Salons gepflegt wird und sich in erster Linie an ein weibliches Publikum wendet, das eine strenge Beachtung der *bienséances* erwartet. Von den harten Kontrasten, den ästhetischen Brüchen und der Vorliebe für „niedere" Gegenstände der satirisch-burlesken Dichtung unterscheidet sie sich grundlegend. Eine Parallele besteht nichtsdestoweniger darin, dass auch der *poésie mondaine* ein „unernster", freier, spielerischer und phantasievoller Umgang mit der Sprache eigen ist, der die Erfindung zahlreicher neuer Kleinformen ermöglicht. Formen wie das *énigme* (Rätsel) oder die *bouts-rimés* (ein Gedicht auf vorgegebene Reimwörter) zeigen, dass die Literatur in den Salons zum Gesellschaftsspiel wird, das primär der Unterhaltung dient; Gattungen wie die *épître en vers* (Versepistel) erheben die Nachahmung der mündlichen Konversation geradezu zum Stilprinzip. Die künstlerische Stilisierung der mündlichen Rede illustriert andererseits das Bemühen dieser Kreise um Verfeinerung und Ästhetisierung des Umgangs.

Le badinage élégant

Im wesentlichen ist die galante Lyrik Liebeslyrik in der Tradition des Petrarkismus (Idealisierung der Geliebten; unerfüllbare Liebe; Liebe als Krieg, Krankheit, Martyrium). Doch werden die traditionellen hyperbolischen Bilder ihres existenziellen Ernstes entkleidet und mit einer gewissen ironischen Distanz gebraucht, die dieser Dichtung ihre Leichtigkeit und den spielerisch-scherzhaften Unterton des *badinage élégant* verleiht. LA FONTAINE wird genau diesen heiter-ironischen Ton perfektionieren, um in ihm auf indirekte, „verhüllte" Art sehr ernste Dinge zum Ausdruck zu bringen.

Vincent Voiture

Entscheidenden Anteil an der Entwicklung der *poésie mondaine* hat VINCENT VOITURE (1597–1648), Sohn eines reichen Weinhändlers, der 1625 in den Salon der Marquise de RAMBOUILLET eingeführt wird. VOITURE, der die moderne spanische Literatur, aber auch die französische Literatur des Mittelalters gut kennt, führt vergessene (liedhafte) Gattungen wie das Rondeau, die Ballade und das Chanson wieder ein und verfertigt sogar Texte „*en vieux langage*". Neben dem Spaß am formalen Spiel zeigt sich darin die Faszination durch eine vergangene ritterlich-höfische Kultur, deren Geist die Marquise de RAMBOUILLET wiederbeleben möchte. VOITURES schärfster Rivale ist CLAUDE MALLEVILLE (1596–1647), der 1635 in der sog. *Querelle de la Belle Matineuse* mit ihm in einen literarischen Wettstreit tritt. Die Frage ist, welcher von beiden das Motiv der geliebten Frau, deren Erscheinen am Morgen die Sonne verblassen lässt, besser gestaltet hat. In der *Querelle de Job et d'Uranie* (1649) ist es ISAAC DE BENSERADE (1612–1691), der in seinem unregelmäßigen Sonett *Sur Job* mit VOITURE darum wetteifert, wer den Liebesqualen einen stärkeren Ausdruck zu verleihen versteht. Die überraschende gedankliche Zuspitzung *(pointe)*, die es dem Gedankengang am Schluss zu geben gilt, ist dabei besonders wichtig.

La guirlande de Julie

Ein Beispiel für den galanten und phantasievollen Geist dieser Poesie ist *La guirlande de Julie* (1634), eine umfangreiche Sammlung von Madrigalen verschiedener Autoren, die JULIE D'ANGENNES (1607–1671), der Tochter der Marquise de RAMBOUILLET, gewidmet ist. Jedes Gedicht „ist" eine Blume, die Julie ihren Tribut darbringt. So auch das bescheidene Veilchen von DESMARETS DE SAINT-SORLIN, das seine Huldigung in die beliebten Figur der Antithese kleidet:

Franche d'ambition je me cache sous l'herbe,
Modeste en ma couleur, modeste en mon séjour;
Mais si sur votre front je me puis voir un jour,
La plus humble des fleurs sera la plus superbe.

Literatur

Adam (1935); Bailbé (1995); Bar (1960); Brunot (1891); Fromilhague (1954); Fukui (1964); Génetiot (1990); Génetiot (1997); Guichemerre (1991); Kroll (1996); Krüger (1986); Magne (1929/30); Pelous (1980); Rubin (1986); Saba (1997).

2 Roman und Novelle

Roman

Die Stellung des Romans im 17. Jh. ist ambivalent. Einerseits ist er beim Publikum außerordentlich beliebt, andererseits wird er von den gelehrten Kritikern erst allmählich als literarische Gattung mit eigenen Gesetzen anerkannt. Unter dem Einfluss der sich wandelnden literarischen Normen verändert er sich stark. In der ersten Jahrhunderthälfte erfreuen sich vor allem die Liebes- und Abenteuerromane in der Tradition des Ritterromans besonderer Beliebtheit. Modelle hierfür liefert einmal das italienische

Renaissance-Epos (Boiardo, Ariost, Tasso), dann der hellenistische Roman (Heliodor, *Äthiopische Geschichten*, ca. 232–250 n. Chr.) und vor allem der in Prosa verfasste Roman *Amadís de Gaula* (1508) des Spaniers Garci Rodríguez de Montalvo, der 1540–1548 ins Französische übersetzt wird und bis zum Beginn des 17. Jhs. immer neue Bearbeitungen und Erweiterungen erfährt. Auf formaler Ebene charakterisieren den Roman der ersten Jahrhunderthälfte seine außerordentliche Länge sowie die Verbindung der Haupthandlung (die Wiedervereinigung der durch ein böses Schicksal getrennten Liebenden nach zahllosen Abenteuern) mit zahlreichen Nebenhandlungen. Der Beginn *medias in res* bewirkt, dass die Vorgeschichte in zahlreichen eingeschobenen Erzählungen nachgeliefert werden muss.

Romankritik

Die Kritik des Romans erfolgt aus zwei Richtungen. Die Vertreter der Kirche werfen dem typischen Liebes- und Abenteuerroman vor, die (jugendlichen) Leser zu verderben. Die gelehrten Literaturkritiker und -theoretiker kritisieren die Verstöße gegen die Regeln der *doctrine classique:* die Unwahrscheinlichkeit des Geschehens, die als unnatürlich empfundene, artifiziell überhöhende Sprache sowie die Kombination der Haupthandlung mit Nebenhandlungen, die gegen die Forderung nach Einheitlichkeit verstößt. Die Entwicklung des Romans im 17. Jh. ist daher durch das Bemühen um größeren moralischen Nutzen und einen höheren Grad an Wahrscheinlichkeit gekennzeichnet. Ihren Niederschlag findet die Romandiskussion in der zweiten Jahrhunderthälfte in verschiedenen literaturkritischen Abhandlungen, die zugleich von der allmählichen Aufwertung der Gattung zeugen: so in Sorels *La bibliothèque française* (1664) und *De la connaissance des bons livres* (1671), in Boileaus *Dialogue des héros de roman* (entst. 1665) und schließlich in Pierre-Daniel Huets *Traité de l'origine des romans* (1670), der als Vorwort zu Mme de La Fayettes erstem Roman, *Zaïde*, erscheint und eine Darstellung der Gattungsgeschichte enthält.

Romanformen

Die Romanproduktion der ersten Jahrhunderhälfte lässt sich grob in zwei Richtungen unterteilen. Die erste steht in der Nachfolge des Ritterromans und ist dem aristokratischen Idealismus verpflichtet, der auf eine überhöhende Darstellung der Wirklichkeit abzielt; die zweite hat eine satirische Entlarvung der Wirklichkeit zum Ziel und setzt die Tradition der komischen Literatur des Mittelalters fort *(fabliaux, contes à rire)*. Die Romane der ersten Richtung, zu denen der Schäferroman *(roman pastoral)* und der heroische Roman *(roman héroïque)* gehören, stellen in gehobenem Stil die mit historischen Ereignissen verbundenen Liebesabenteuer edler Personen in einem zeitlich und räumlich weit entfernten Land dar; die Romane der zweiten Richtung, die sog. *histoires* und *romans comiques,* berichten wie in der Komödie vom Alltags-schicksal sozial niedriger gestellter Figuren. Trotz der größeren zeitlichen und räumlichen Nähe dieser Werke zum realen Leben ihrer Leser handelt es sich jedoch auch bei ihnen nicht um realistische Romane. Insofern sie in kritischer Absicht den traditionellen „hohen" Roman thematisieren, ja parodieren, handelt es sich eher um *Antiromane,* die Form und Ideologie des hohen Romans umkehren.

Gattung	Soziale Herkunft der Figuren	Ort	Zeit	Art der Handlung
Schäferroman	Schäfer	Arkadien	mythische Vergangenheit	Liebes-geschichten
Heroisch-galanter Roman	Adel	Mittelmeer-raum; Orient	historische Vergangenheit; Antike	Liebesgeschichte in historischem Rahmen
Komischer Roman	Alle Bevölkerungs-schichten	Paris; Frank-reich; Italien; Spanien etc.	Gegenwart	Alltags-geschichten
Bauform dieser Romantypen	Beginn *medias in res*	Erzählung der Vorgeschichte im Rückblick	Verbindung mehrerer Handlungen	Verschachte-lung der Hand-lungsstränge

Das Gattungssystem des Romans

1 Der Schäferroman

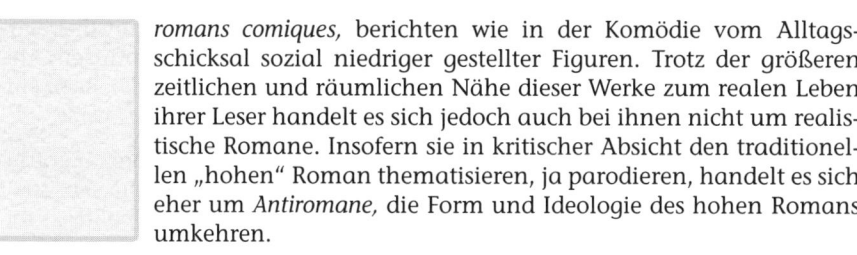

Roman pastoral

Die Erneuerung des Romans beginnt in Frankreich mit dem Schäferroman. Dieser spielt traditionsgemäß in einer paradiesisch anmutenden, Zeit und Geschichte enthobenen Naturszenerie (*locus amoenus;* Arkadien), die die Züge des Goldenen Zeitalters (Frieden, Harmonie, Überfluss der Naturgüter) trägt. Seinen Gegenstand bilden Liebesleid und -freud einer Gruppe von Hirten und Hirtinnen, die sich, frei von allen materiellen Sorgen, ganz ihrer Liebe hingeben können, die sie in eingefügten Gedichten und Liedern besingen. Der Siegeszug der modernen Pastoraldichtung beginnt 1504 in Italien mit IACOPO SANNAZAROS Vers und Prosa mischender Dichtung *Arcadia,* die zahlreiche Nachahmer findet: so die Schäferspiele *Aminta* (1573) von TORQUATO TASSO und *Il pastor fido* (1590) von GIOVANNI BATTISTA GUARINI; ebenfalls modellbildend ist der in Spanien entstandene Schäferroman *Diana* (1559) von JORGE DE MONTEMAYOR, den MIGUEL DE CERVANTES' *La Galatea* (1585) und LOPE DE VEGAS *Arcadia* (1598) fortsetzen.

In allen diesen Werken repräsentiert die friedliche, kunstliebende Welt der Schäfer und Schäferinnen ein humanistisch inspiriertes Gesellschaftsideal, das implizit eine Kritik an der Wirklichkeit enthält. Dies gilt auch für HONORÉ d'URFÉS Meisterwerk *L'Astrée*.

Honoré d'Urfé

HONORÉ D'URFÉ (1567–1625) entstammt einer im Forez (Zentralmassiv) ansässigen Familie des Hochadels. Mütterlicherseits ist er mit dem Haus Savoyen verwandt, das im 16. Jh. ein politisch-militärischer Gegner Frankreichs ist (s. S. 16). Sein Engagement auf Seiten der katholischen Liga führt dazu, dass er 1595 ins Exil nach Savoyen gehen muss, in dessen Diensten er weiterhin gegen Frankreich kämpft. Ab 1600 nähert sich D'URFÉ jedoch dem französischen Hof an: 1603 wird er *gentilhomme ordinaire du roi* und gibt seine kriegerische Existenz auf. Bis zu seinem Tod 1625 führt er das Leben eines wegen seiner Bildung und seiner literarischen Leistung hochangesehenen Schriftstellers. Er ist befreundet mit MALHERBE und verkehrt im Salon der Marquise de RAMBOUILLET.

L'Astrée

Der Roman *L'Astrée* umfasst fünf Teile, von denen die ersten drei 1607, 1610 und 1619 von D'URFÉ selbst veröffentlicht werden. Der vierte wahrscheinlich unvollendet gebliebene Teil wird nach D'URFÉS Tod von seinem Sekretär BALTHAZAR BARO (1590–1650) vervollständigt und 1627 unter dem Titel *La vraye Astrée* herausgegeben. Den abschließenden fünften Teil (1628) verfertigt BARO nach Entwürfen D'URFÉS. Im Gegensatz zu einer Interpretation wie der des deutschen Soziologen Norbert Elias (1969), der in der Schäferdichtung den Ausdruck adliger Rebellion gegen die Zwänge der höfischen Gesellschaft sieht, wird *L'Astrée* heute als Ausdruck der in Frankreich zu Beginn des 17. Jhs. herrschenden Sehnsucht nach Frieden gedeutet. Darauf verweist der Name der Protagonistin: Astrea ist die antike Göttin der Gerechtigkeit, die bei Ausbruch des Krieges unter den Menschen die Erde verlassen hat und erst wieder auf sie zurückkehren wird, wenn das Goldene Zeitalter erneut angebrochen sein wird. In einem Widmungsbrief an HEINRICH IV. bringt der ehemalige *ligueur* D'URFÉ die Hoffnung zum Ausdruck, dass mit HEINRICHS Herrschaft die Rückkehr Astreas und damit des Goldenen Zeitalters möglich wird.

Inhalt

Die Handlung des Romans, die im 5. Jh. n. Chr. im Forez spielt, verweist auf diesen historischen Hintergrund. Die idyllische und friedliche Welt der Schäfer am Ufer des Lignon liegt in einem Gallien, das seinerseits permanent von Unruhen erschüttert wird, die der ehrgeizige Polémas anzettelt. Der Roman endet mit dem Sieg der Königin Amasis über Polémas und der Wiederherstellung des Friedens. Im Mittelpunkt des Geschehens steht die Liebesgeschichte des Schäfers Céladon und der Schäferin Astrée, deren Liebesglück durch die Feindschaft ihrer Familien verhindert wird.

Ausgangspunkt der Handlung ist Astrées Zweifel an Céladons Treue, der sie dazu treibt, den Geliebten aus ihrer Nähe zu verbannen. Ähnlich wie im Ritterroman wird der Held dadurch gezwungen, eine Reihe von Prüfungen zu bestehen, durch die er seine reine und unerschütterliche Liebe beweisen kann. Die Geschichte des Hauptpaares wird ergänzt durch die zahlreicher anderer Paare, die durch die sog. Liebeskette miteinander verbunden sind: Céladon liebt Astrée, Galathée liebt Céladon, sie selbst wird von Polémas geliebt usw. Die Wiederherstellung der Ordnung signalisiert schließlich am Ende die Zusammenführung der richtigen Partner.

Liebes-konzeption

Der Selbstmordversuch, den Céladon nach seiner Verbannung durch Astrée unternimmt, indem er sich in den Lignon stürzt, deutet darauf hin, dass seine Irrfahrt als eine Initiation zu verstehen ist, d. h. als symbolischer Tod und Wiedergeburt, durch die der Held innerlich reift und eine höhere Seinsstufe erreicht. Das Mittel zu dieser „Perfektionierung" ist die Liebe. Dies lehren sowohl der Neuplatonismus der Renaissance, den D'URFÉ verarbeitet, als auch die christliche Theologie des FRANÇOIS DE SALES, mit dem D'URFÉ befreundet ist. Dabei handelt es sich um eine im wesentlichen geistige, unkörperliche Liebe. Dies impliziert jedoch keinen vollständigen Verzicht auf Sinnlichkeit, denn gemäß neuplatonischer Auffassung ist die sinnliche Schönheit (der Frau) der entscheidende Auslöser der Liebe. Sinn des Initiationsprozesses ist es, diese Liebe zu läutern und schrittweise bis zur höchsten Form, der Liebe zu Gott, voranzuschreiten. In der Gestalt des Schäfers Hylas, der die Unbeständigkeit preist, ist freilich auch die rein körperliche Liebe im Roman vertreten.

Wertung

L'Astrée hat die weitere Romanproduktion entscheidend beeinflusst. Das Werk, das eine anspruchsvolle neuplatonisch-christliche Morallehre enthält, wertet den Roman zum Medium der moralischen Belehrung auf. Gleichzeitig bereitet es mit seiner ausgiebigen Analyse der (Liebes-)Gefühle der Protagonisten dem psychologischen Roman der Mme de LA FAYETTE den Weg. Der Roman verleiht dem Friedensbedürfnis der Zeit und ihrer Sehnsucht nach einer neuen Ordnung einen höchst suggestiven Ausdruck. Mit dem Ideal der honnêteté, dem das Verhalten seiner Schäfer und Schäferinnen verpflichtet ist, liefert er ein Muster für einen neuen Umgang der Menschen miteinander.

2 Der heroische Roman

**Roman
héroïque**

In unmittelbarer Nachfolge des Ritter- und Abenteuerromans stehen die heroischen Romane, deren bedeutendste Verfasser MARIN LE ROY DE GOMBERVILLE (1599–1674), GAUTIER DE COSTES, Sieur de LA CALPRENÈDE (1610–1663), und MADELEINE DE SCUDÉRY sind. Formal und inhaltlich sind sie dem Epos verpflichtet: Beginn *medias in res*, mehrsträngige Handlung, Verschachtelung der Erzählungen; Schiffbruch, Entführung, abgefangene Briefe, Verwechslungen als typische Handlungselemente; den Kern der Handlung bilden die Suche des adligen Helden nach der geliebten Frau und die Wiedereroberung seiner angestammten sozialen Position, die er durch die Intrige eines Rivalen verloren hat. In zahlreichen Abenteuern hat er seine Größe und aristokratische Gesinnung und damit zugleich seine wahre Identität unter Beweis zu stellen. Der heroische Roman entwirft damit das idealisierte Bild eines aristokratischen Universums, dessen zentrale Werte Ruhm (*grandeur, gloire*) und Liebe sind. Die wichtigste Neuerung, die die Romane GOMBERVILLES (*Polexandre*, 1619–1637) und LA CALPRENÈDES (*Cassandre*, 1642–1645) vom traditionellen Ritterroman unterscheidet, ist die Situierung des Geschehens in einem authentischen historischen Rahmen, den meist die Antike liefert. Dabei bleibt der Geschichtsbezug freilich noch ein rein oberflächlicher; die Kritiker bemängeln denn auch, dass weder bei der Darstellung der Charaktere noch bei der der Sitten und Gebräuche auf historische Wahrheit Wert gelegt wird. Dieser Vorwurf gilt auch für die Romane der MADELEINE DE SCUDÉRY, die dennoch eine neue Stufe in der Romanproduktion darstellen.

**Madeleine
de Scudéry**

MADELEINE DE SCUDÉRY (1607–1701) entstammt einer Familie des provenzalischen Amtsadels. Früh verwaist, erhält sie durch einen Onkel zusammen mit ihrem Bruder Georges (1601–1667) eine ausgezeichnete Ausbildung, die sie dazu befähigt, die erste bedeutende *femme de lettres* des 17. Jhs. zu werden. Im Salon der Marquise de RAMBOUILLET (s. S. 51 f.) lernt sie die kulturell führende Schicht der Pariser Gesellschaft kennen. In den Fünfzigerjahren wird ihr eigener Salon, die *samedis de Sapho*, zu einem Zentrum der preziösen Kultur. In ihren Romanen stellt MADELEINE DE SCUDÉRY die Gesellschaft dieser Salons und ihre preziöse Moral in historisierender Verschlüsselung dar.

**Le roman
à clef**

Auch MADELEINE DE SCUDÉRY gibt ihren Romanen einen historischen Hintergrund. Ihr erster großer Erfolg, *Artamène ou Le grand Cyrus* (1649–1653), erzählt die Geschichte des Perserkönigs Kyros; im folgenden Roman, *Clélie, histoire romaine* (1654–1660), greift sie eine Episode aus dem Krieg zwischen Römern und Etruskern auf und verleiht damit dem Geschehen die Aura antiker Größe.

Gleichzeitig sind beide Werke aber auch als Schlüsselromane zu lesen. So beschreibt *Le grand Cyrus* die Gäste des Hôtel de Rambouillet: Hinter Cyrus verbirgt sich der Große Condé, hinter Mandane, der Geliebten des Kyros, die Herzogin von Longueville, und hinter Sapho die Verfasserin selbst; Cléomine ist die Marquise de Rambouillet, Callicrate der Dichter Voiture usw. In der *Clélie* werden die Gäste der *samedis* porträtiert: Herminius ist der Dichter Pellisson, der Etruskerkönig Tarquin ist der Cardinal de Retz; mit dem Schloss Val-Terre setzt die Autorin Vaux-le-Vicomte, dem Besitz ihres Gönners Foucquet, ein Denkmal.

Le roman précieux

Die Möglichkeiten, die sich aus dieser Kontamination von Gegenwart und Geschichte ergeben, sind vielfältig. Zum einen bietet die von Kritikern wie Boileau *(Dialogue des héros de roman)* getadelte Verfälschung der historischen Wahrheit der Autorin die Möglichkeit, zur Zeitgeschichte Stellung zu nehmen: So verurteilt sie zwar einerseits in der Gestalt des Cardinal de Retz der *Clélie* die Fronde, andererseits aber ergreift sie in *Le grand Cyrus* die Partei eines Frondeurs wie des Großen Condé; emphatisch beschwört sie seine Verdienste um Frankreich (Sieg bei Rocroi 1643), einerseits um ihn zu exkulpieren, andererseits aber auch, um so den Hochadel auf den Dienst am Staat einzuschwören. Zum anderen eröffnet der Schlüsselcharakter des Werkes die Möglichkeit zu einem neuartigen Realismus. So zeichnen die Romane, wenn auch überhöht, ein Bild des Lebens der *honnêtes gens* im Salon mit seinen vielfältigen Vergnügungen. Mit den in die Handlung eingefügten Porträts verleiht Madeleine de Scudéry der Figurencharakterisierung eine neue psychologische Dimension. Vor allem aber gibt sie in ihren Romanen jenem im Salon entwickelten preziösen Liebes- und Verhaltenskodex Gestalt, der das Verhältnis zwischen Frau und Mann aus weiblicher Sicht hohen moralischen Anforderungen unterwirft. In der berühmten *Carte de Tendre* der *Clélie*, die in einer Landschaftsallegorie die Wege zur *amitié tendre* beschreibt, finden diese Liebespsychologie und die mit ihr verbundene strenge Moral bildlichen Ausdruck.

3 Der komische Roman

Histoire comique

Parallel zum hohen Roman entwickelt sich ein *anti-roman,* der das ins Gegenteil verkehrt, was bis dahin das typisch Romaneske ausgemacht hat: die *histoire comique.* Orientiert sich der hohe Roman am Epos, so der niedere Roman an der Komödie, die moralische Belehrung nicht durch Idealisierung der menschlichen Natur, sondern durch die Lachen erzeugende Darstellung ihrer Schwächen erreicht. Folgen der pastorale und heroische Roman noch weitgehend unreflektiert traditionellen Handlungs- und Erzählmustern, so zeichnen sich die komischen Romane durch Illusionsbrüche und eine Metaebene aus, auf der über die Gesetze des Romans, seine Poetik, reflektiert wird. Neben die Auseinandersetzung mit den formalen Schwächen des hohen Romans (Unwahrscheinlichkeit des Geschehens, Unnatürlichkeit der Sprache) tritt darüber hinaus die Kritik an dem von ihm transportierten Weltbild. Dies zeigt besonders deutlich SORELS *Histoire comique de Francion.*

Charles Sorel

CHARLES SOREL zählt zu den umfassend gebildeten und vielseitig interessierten bürgerlichen Autoren der Epoche. 1599 in Paris geboren, ist er als Romanschriftsteller, Literaturkritiker, Philosoph (*La science universelle*, 1641) und als Historiograph des Königs (*Histoire de la monarchie française*, 1629) tätig. Er stirbt verarmt 1674 in Paris. – Mit der Gattung des Romans und seiner Poetik setzt sich SOREL zeitlebens kritisch auseinander: theoretisch in seinen beiden literaturkritischen Werken (*La bibliothèque française*, 1664; *De la connaissance des bons livres*, 1671), praktisch in seiner Parodie auf den Schäferroman, *Le berger extravagant* (1627–1628). Ähnlich wie CERVANTES im *Don Quijote* (1605–1615) präsentiert SOREL hier einen jungen Pariser, Louis, der nach der Lektüre von Schäferromanen Wirklichkeit und Fiktion nicht mehr zu trennen vermag. Die Kluft zwischen der bürgerlichen Existenz des Helden und dem Schäferleben, in das er sich hineinträumt, lässt auf unterhaltsame Weise die Verlogenheit der Fiktion hervortreten. Nicht nur eine Parodie, sondern eine wirkliche Alternative zum traditionellen Roman legt SOREL mit seinem literarischen Hauptwerk vor.

Francion

Die *Histoire comique de Francion* erscheint erstmals 1623 in sieben Büchern, dann 1626 in einer überarbeiteten Fassung in acht Büchern und schließlich 1633 in einer auf 13 Bücher erweiterten Version unter dem Titel *La vraie histoire comique de Francion*. Die Begriffe *vrai* und *histoire* deuten auf den Realitätsanspruch des Werkes hin. Damit wie auch mit der Zuordnung zum (komischen) Theater durch den Begriff *comique* setzt es sich programmatisch vom hohen Roman ab. Gegenstand des Romans sind die Lehr- und Wanderjahre eines jungen Mannes von niederem Adel namens Francion. Nicht unähnlich dem Helden des pikaresken Romans lernt auch Francion die unterschiedlichsten sozialen Milieus kennen: die Welt der Justiz, des Schulwesens, des Hofes und der guten Pariser Gesellschaft, der Gauner und Prostituierten, der *gens de lettres*. In satirischen Porträts repräsentativer Typen (der *pédant*, die Kupplerin, die junge Prostituierte, der arme Poet, der neureiche Bürgerssohn, der überhebliche Adlige) werden ihre jeweiligen Schwächen bloßgestellt. Doch neben der Gesellschaftssatire ist die *Histoire de Francion* auch ein philosophischer Bildungsroman, der die Suche seines Helden nach der „richtigen" Lebensform schildert.

Bibel des Libertinismus

Diese Suche erfolgt im Zeichen des Libertinismus (s. S. 24 ff.). Die Satire auf das traditionelle Schulwesen, die traditionelle Astronomie, den traditionellen Roman und seine (neuplatonische) Liebeskonzeption dient der Befreiung des Individuums von alten Autoritäten und Vorurteilen. Die Einsicht in die Schwächen der Menschen befähigt den Helden, seine eigene epikureische Moral zu definieren und demgemäß zu leben. Gipfelt die Umsetzung dieser epikureischen Ethik im ersten Teil des *Francion* noch in einem Lob auf die freie Liebe, so zeigt der zweite Teil den Helden auf der Suche nach der wahren Seelenruhe in einer stabilen Paarbeziehung. Mit seinen Eingriffen in die ursprüngliche Fassung versucht SOREL 1626 nach dem Prozess gegen THÉOPHILE DE VIAU (s. S. 27), die Radikalität seiner libertinistischen Positionen oberflächlich zu verschleiern. Doch selbst die letzte Fassung, die Francion im Ehehafen enden lässt, bleibt ein subversives Plädoyer für die Freiheit des Denkens.

Roman comique und *Roman bourgeois*

Die Tradition des komischen Romans wird von SCARRON und FURETIÈRE fortgeführt. In seinem *Roman comique* (1651) nimmt SCARRON die Ableitung der Gattung von der *comédie* wörtlich: Der Roman beschreibt die vielfältigen burlesken Verwicklungen, die sich aus der Ankunft einer wandernden Schauspieltruppe in der Provinzstadt Le Mans ergeben. Wie in seinen burlesken Gedichten (s. S. 67 f.) setzt SCARRON auch hier meisterhaft unterschiedliche Tonlagen, Registerwechsel und Stilbrüche ein; so wenn er alltäglich-banale Ereignisse in epischem Tonfall „besingt" oder die grotesken Ereignisse in Le Mans mit typisch romanesken Abenteuern verbindet, die in den eingeschobenen *Nouvelles espagnoles* erzählt werden. In witzigen Erzählerkommentaren, die die Romanfiktion brechen, reflektiert er die Romanpoetik. Das Prinzip, das ANTOINE FURETIÈRE (1619–1688) in seinem *Roman bourgeois* (1666) befolgt, ist dagegen das der systematischen Umkehrung des hohen Romans: Angesiedelt in der Welt der Justizbeamten rund um die Pariser Place Maubert, verzichtet er auf jegliches romaneske Element und beschränkt sich auf die erbarmungslose satirische Zeichnung eines kleinbürgerlichen Milieus. Der bewusste Verzicht auf alles, was das Mitgefühl des Lesers wecken könnte (keine Porträts, keine Psychologie), macht die Lektüre dieses Romans schwierig.

Le roman philo-sophique

Ein philosophischer Gehalt wie in SORELS *Francion* zeichnet auch die Romane des SAVINIEN DE CYRANO, genannt CYRANO DE BERGERAC (1619–1655), aus, der wie SOREL von GASSENDI und dem Epikureismus beeinflusst ist. Radikaler noch als SOREL propagiert

CYRANO in seiner postum erschienenen *Histoire comique contenant les états et empires de la lune* (1657) die neue heliozentrische Astronomie und den Materialismus EPIKURS. Durch seine Reise auf den Mond mit einer anderen als der irdischen Weltsicht konfrontiert, diskutiert der Protagonist mit den Mondbewohnern über Probleme wie die Pluralität der Welten, den Anthropozentrismus der Erdbewohner, die Unsterblichkeit der Seele usw. Die *Histoire comique des états et empires du soleil* (1662) erweitert diesen Themenkomplex durch die für den utopischen Roman konstitutive Reflexion über die gesellschaftlichen Verhältnisse. Weder Mond noch Sonne stellen allerdings „bessere" Welten dar. Sie ermöglichen jedoch einen „fremden" Blick auf die bekannte Welt, der zu einer Revision alter Vorstellungen und einer neuen Weltsicht führen kann.

Rezeption

In der zweiten Hälfte des 17. Jhs. findet der komische Roman keine Fortsetzung. Erst im 18. Jh. knüpft VOLTAIRE mit seinen Erzählungen und Romanen an die aufklärerisch-philosophische Richtung wieder an. Das besonders von SCARRON gepflegte Spiel mit der Fiktion findet seine Fortsetzung bei DIDEROT.

4 Die Novelle

Nouvelle

Einen wichtigen Beitrag zur Entwicklung des Romans in der zweiten Hälfte des 17. Jhs. liefert die Novelle, die sich seit den Zwanzigerjahren des Jhs. immer größerer Beliebtheit erfreut. Auch wenn den Autoren des 17. Jhs. die italienischen und französischen „Klassiker" dieser Gattung sicherlich vertraut sind (BOCCACCIO, BANDELLO; *Les cent nouvelles nouvelles,* MARGUERITE DE NAVARRE), so kommt der unmittelbare Anstoß doch mit CERVANTES' *Novelas ejemplares* (1613) aus Spanien. Das Interesse an dieser narrativen Form erklärt sich aus der Kritik am traditionellen Roman, zu dem die Novelle eine Alternative darstellt: Sie ist kürzer und in einer relativ schmucklosen, einfachen Sprache verfasst; ihre linear erzählte Handlung ist einsträngig und auf einen zentralen Konflikt konzentriert; vor allem aber beruht die *nouvelle,* also die „Neuigkeit", auf einer wahren, wenn auch „unerhörten" Begebenheit, einem *fait divers,* was ihr sowohl einen deutlichen Realitätsbezug als auch Aktualität verleiht. Es wundert daher nicht, dass insbesondere die Kritiker des hohen Romans mit Novellensammlungen hervortreten: so SOREL 1623 mit den *Nouvelles françaises* und SCARRON 1655–1657 mit den *Nouvelles tragi-comiques.* Die Novelle und der Roman der Hochklassik werden das hier entwickelte Modell weiterführen.

Histoires tragiques	Charakteristisch für die barocke Seite des 17. Jhs. ist die „tragische" oder „schreckliche" Version der Novelle, die besonders von JEAN-PIERRE CAMUS (1584–1652), Bischof von Belley und Freund von FRANÇOIS DE SALES, gepflegt wird. Mit seinen Horrorgeschichten will er dem moralisch verderblichen Einfluss der Romane entgegenwirken. Seine Novellensammlungen tragen so bezeichnende Titel wie *L'amphithéâtre sanglant* (1630) und *Les spectacles d'horreur* (1630). Durch die ungeschminkte Darstellung der Leidenschaften und ihrer tödlichen Folgen will der Autor *„donner une sainte horreur des actions mauvaises et un juste désir des bonnes"* (*Préface* der *Evénements singuliers*, 1628). Die ungeheure Knappheit und Präzision in der Darstellung der Gräuel, die an Zeitungsnotizen denken lässt, verfehlt auch heute ihre Wirkung auf den Leser nicht.
Literatur	Baader (1986); Berger (1984); Bertaud (1986); Dejean (1991); Deloffre (1967); Ehrmann (1963); Elias (1969); Kroll (1996); Lever (1996); Magendie (1932); Pelous (1980); Rieger (1985); Serroy (1981); Winklehner (1989).

3 Das Theater

Dramatische Gattungen	Verschiedene Faktoren führen ab ca. 1630 zu einem rasanten Aufschwung des Pariser Theaterlebens (s. S. 44 ff.). Charakteristisch für die Vorklassik bis ca. 1660 ist dabei die Vielfalt der dramatischen Gattungen. Im Hinblick auf den sozialen Stand der handelnden Figuren (Ständeklausel), auf den Ausgang der Handlung (glücklich/unglücklich) und den verwendeten Stil (Stiltrennung) kann man schematisch fünf Typen unterscheiden: Tragödie, Tragikomödie und Pastorale einerseits, Komödie und Farce andererseits (s. Schema S. 87).
Théâtre régulier	Die Entwicklung des Theaters bis etwa 1660 kennzeichnet die Durchsetzung der von den Gelehrten aufgestellten Regeln (s. S. 42 ff.). Einerseits verschwinden allmählich die „unregelmäßigen" Gattungen wie die Farce, die Pastorale und die Tragikomödie, andererseits befolgen die verbleibenden Gattungen, insbesondere die Tragödie, in einer immer vollkommeneren Art und Weise die Regeln (Regeltragödie).
Trois unités	Zur Zeit LUDWIGS XIII. wird die Einheit des Ortes noch relativ weit gefasst. Schauplatz der Handlung kann eine Stadt mit ihrer Umgebung sein. Auf die Dauer setzt sich die Beschränkung auf einen einzigen Raum durch. Die Einheit der Zeit (ca. 24 Stunden) impliziert, dass die Handlung kurz vor der tragischen Krise einsetzen muss. Zeitsprünge dürfen nur in den Pausen zwischen den Akten stattfinden. Innerhalb eines Aktes müssen die Szenen nahtlos in-

einander übergehen, was sich praktisch darin zeigt, dass immer wenigstens eine Person in zwei aufeinander folgenden Szenen auf der Bühne anwesend ist *(liaison des scènes)*. Die Einheit der Handlung verlangt die Konzentration auf eine Haupthandlung, auf die auch eventuelle Nebenhandlungen stets bezogen sein müssen. Der Aufbau des Stückes folgt streng dem Muster *exposition* (Akt I, Akt II) – *nœud* (Akt III, IV) – *dénouement* (Akt V). Eine vierte Einheit, die *unité de ton*, verbietet die Mischung verschiedener Register (tragisch und komisch), wie sie für die Tragikomödie charakteristisch ist.

Bienséances

Vor allem aber die Beachtung der *bienséances*, also dessen, was in den Augen der Kirche, der Kritik und der guten Gesellschaft insgesamt als schicklich gilt, also moralisch vertretbar und den guten Sitten angemessen ist, führt dazu, dass sowohl die derbe Farce als auch die Tragikomödie auf die Dauer von der Bühne verbannt werden. In Tragödie und Komödie wird das Nicht-Darstellbare hinter die Bühne verlegt und im Bericht *(récit)* referiert.

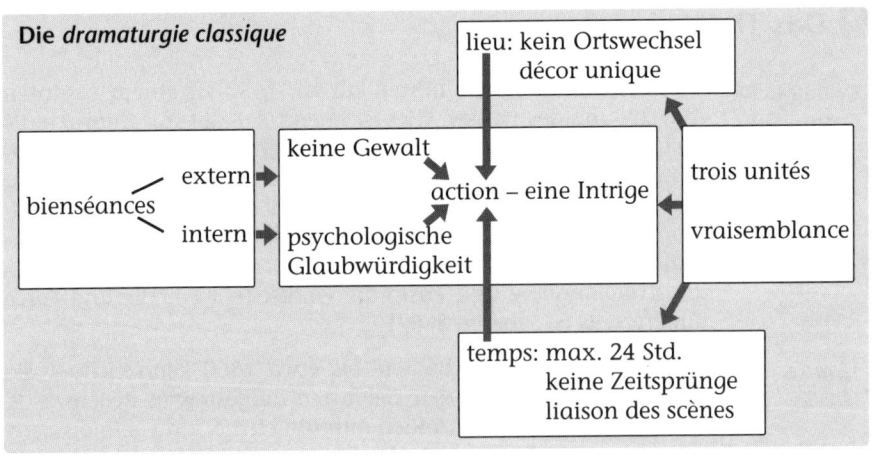

Die *dramaturgie classique*

lieu: kein Ortswechsel
décor unique

bienséances — extern → keine Gewalt / psychologische Glaubwürdigkeit

action – eine Intrige

trois unités
vraisemblance

temps: max. 24 Std.
keine Zeitsprünge
liaison des scènes

1 Die Pastorale

Pastorale dramatique

Die dramatische Pastorale, die 1601 mit einer *Bergerie* von ANTOINE DE MONTCHRESTIEN (1575–1621) in Frankreich eingeführt wird, erlebt ihre Blütezeit Ende der Zwanzigerjahre mit *Les bergeries* (1625) von HONORAT DE BUEIL, Marquis de RACAN (1589–1670), sowie mit *La Sylvie* (1628) und *La Silvanire* (1631) von JEAN MAIRET (1604–1686). Neben der älteren italienischen und spanischen Pastoraldichtung (s. S. 71 ff.) ist sicherlich die Begeisterung für den

Schäferroman D'URFÉS für den Erfolg der Gattung verantwortlich, die vielfach Episoden der *Astrée* dramatisiert.

Strukturen

Szenerie, Figuren und Art der Handlung entsprechen dem Schäferroman. Auch in der dramatischen Pastorale sind die Schäfer untereinander in einer komplizierten Liebeskette *(chaîne des amours)* verbunden, die den Anlass zu emotionalen Verwicklungen bietet und erst am Ende in eine Reihe glücklicher Paarbeziehungen überführt wird. Auch hier steht im Mittelpunkt der Handlung die reine Liebe eines jungen Paares, die durch die Intrige eines eifersüchtigen Rivalen gestört wird. Eine wichtige Rolle bei der dramatischen Ausgestaltung des ansonsten eher lyrischen Geschehens spielt das Eingreifen guter und böser Wesen mit übernatürlichen Kräften (Zauberer, Druiden), die der Gattung zusätzliche Spannung und einen märchenhaften Charakter verleihen. Zwar versucht MAIRET in seiner *Préface* zu *La Silvanire*, auch die Pastorale den neuen dramatischen Regeln zu unterwerfen, doch letzten Endes sind gerade formale Freiheit und Offenheit charakteristisch für diese Gattung ohne direktes antikes Modell, die sich mal der Tragödie, mal der Komödie annähert. Innerhalb der Entwicklung der dramatischen Gattung kann man die Pastorale daher auch als ein erstes Experiment mit Mustern und Strukturen betrachten, die später von den anderen Gattungen (Tragödie, Komödie, Oper) assimiliert werden.

2 Die Tragikomödie

Tragicomédie

In den dreißiger und vierziger Jahren beherrscht die Tragikomödie die Pariser Bühnen: mit den Werken von PIERRE DU RYER (1600–1658) (11 Tragikomödien zwischen 1628 und 1655), JEAN ROTROU (1609–1650) (19 zwischen 1628 und 1649), JEAN MAIRET (6 zwischen 1625 und 1643) und GEORGES DE SCUDÉRY (12 zwischen 1631 und 1643) (vgl. Guichemerre 1981). Bereits in den Zwanzigerjahren hatte ALEXANDRE HARDY (1570–1632), *poète à gages* der späteren *Comédiens du roi* des *Hôtel de Bourgogne* und bekannt vor allem für seine Horrortragödien, die Gattung popularisiert.

Strukturen

Die Tragikomödie unterscheidet sich von der Tragödie nicht allein durch ihren glücklichen Ausgang; zentrales Unterscheidungsmerkmal ist vielmehr ihre formale „Unregelmäßigkeit". So kennt die Tragikomödie weder die Einheit der Zeit noch des Ortes. Eine Haupthandlung kann mit unabhängigen Nebenhandlungen, tragische Elemente können mit komischen kombiniert werden. Nach Art der Figuren, der Handlung und der Konflikte entspricht die Tragikomödie dem heroischen Roman. Abenteuer, Wahnsinn, Kampf um die bedrohte Liebe, Verteidigung der verletzten Ehre,

Verkleidungen und Verwechslungen sind die Bestandteile einer dramatischen Aktion, die reich an heroischen Taten, großen Gefühlen und immer neuen unerwarteten Handlungsumschwüngen ist, die den Zuschauer in ein Wechselbad der Gefühle stürzen. Die Tatsache, dass die *bienséances* noch nicht beachtet werden, also sowohl Gräueltaten als auch die Raserei einer Figur auf offener Bühne gezeigt werden, verstärkt noch die Wirkung auf den Zuschauer.

Bewertung

Wie der heroische Roman entwirft auch die Tragikomödie noch einmal das Idealbild einer adligen Welt, in der der Protagonist durch außergewöhnliche Taten sein Heldentum unter Beweis stellen und *gloire* und *honneur* erringen kann, ohne einer anderen Instanz als seinem eigenen aristokratischen Wertekodex verpflichtet zu sein. Es versteht sich daher von selbst, dass die Tragikomödie wie der heroische Roman nach der Fronde an Attraktivität verliert, um mit Beginn der Regierungszeit Ludwigs XIV. definitiv zu verschwinden.

3 Die Tragödie

Tragédie

Mit der Wiederentdeckung der Poetik des Aristoteles im 16. Jh. setzt die Auseinandersetzung mit der antiken Tragödie und ihrer Poetik ein. Die Renaissancetragödie, die auf diese Weise aus der Nachahmung antiker (Seneca) und italienischer Modelle (Trissino, *Sofonisba*, 1524; Giraldi Cinzio, *Orbecche*, 1543) bei Théodore de Bèze, Etienne Jodelle und Robert Garnier entsteht, ist jedoch noch keine populäre Gattung. Ihr Siegeszug beginnt erst um 1635 mit den Werken von Mairet, Scudéry, Tristan l'Hermite, Rotrou und vor allem Pierre Corneilles. Die Gründe dafür sind vielfältig.

Inner-literarische Gründe

Eine wichtige Rolle bei der Durchsetzung der Regeltragödie gegenüber der Tragikomödie spielt die Diskussion in den gelehrten Zirkeln seit den Zwanzigerjahren; sie kann sich bei der Propagierung der Regeln und insbesondere bei der Forderung nach *imitation de la nature* und *vraisemblance* auf die Autorität des antiken Modells berufen. Ein weiterer Grund liegt in der Abwendung von jener Abschreckungsästhetik, die zu Beginn des 17. Jhs. in den Horrortragödien Hardys greifbar ist. Ähnlich wie Camus mit seinen *histoires tragiques* versucht auch Hardy, die moralische Besserung des Publikums, die das erklärte Ziel der Tragödie ist, durch eine möglichst abschreckende, d. h. drastisch ungeschminkte Darstellung der menschlichen Leidenschaften und ihrer fatalen Folgen zu erreichen. In der Folge wird in der Tragödie stärker die Beherrschung der Leidenschaften durch die heroische Selbstüberwindung des Individuums zum Thema gemacht.

Außer-literarische Gründe	Ein zentraler Grund für den Aufschwung der Tragödie liegt schließlich in der explizit politischen Dimension der Tragödie, deren Gegenstand seit der Antike niemals nur ein privates Schicksal, sondern immer eine Angelegenheit von öffentlicher, allgemeiner Bedeutung ist. Darauf verweisen bereits die typischen Stoffe der Tragödie, die meistens aus der antiken Geschichte bzw. dem Mythos stammen. Zum zentralen Konflikt kann so der Gegensatz zwischen individueller Neigung und dem Interesse der Allgemeinheit, des Staates, werden. Der zunehmende Druck des absolutistischen Staates auf den Feudaladel wie auch die Instrumentalisierung der Literatur im Dienst dieses Staates seit Beginn der Dreißigerjahre (RICHELIEU) haben die bevorzugte Nutzung der Gattung zur Folge, die derartige politische Fragen am besten zu erläutern vermag. Die Tragikomödie, in der sich ein spezifisch adliges Selbstverständnis artikuliert, ist dazu nicht geeignet.
Tragédie politique	Diese spezifische Leistung der Tragödie zeigt sich bereits in einer der ersten bedeutenden Tragödien des 17. Jhs. überhaupt, THÉOPHILE DE VIAUS *Les amours tragiques de Pyrame et Thisbé* (1623). Das Stück, das die drei Einheiten befolgt, steht noch der Pastorale nahe, auch wenn seine Protagonisten Angehörige des Adels sind. Die positive Zeichnung der Natur als paradiesischer Gegenpol zur Gesellschaft und Zufluchtsort der Liebenden weist darauf ebenso hin wie der Grundkonflikt des Stücks: die unmögliche Liebe des jungen Paares. Doch der eifersüchtige Rivale ist in diesem Fall kein „Privatmann", sondern der König, was das Stück zu einer – libertinistischen – Auseinandersetzung mit gesellschaftlichen und staatlichen Machtstrukturen macht. Dieser Konflikt zwischen dem Helden und der Macht und seine kämpferisch heroische Bewältigung bilden den Gegenstand der politischen Tragödien der Dreißiger- und Vierzigerjahre: sei es, dass MAIRET in seiner *Sophonisbe* (1635) wie TRISTAN L'HERMITE in *La Marianne* (1637) den staatlichen Machtanspruch verurteilt, sei es dass SCUDÉRY in *La mort de César* (1636) den Widerstand gegen den Staat kritisiert, sei es dass bei ROTROU die irdischen Konflikte in einer metaphysischen Sphäre aufgehoben werden (*Le véritable saint Genest*, 1647). Die regelmäßige Tragödie erlaubt den Autoren, die politischen Konflikte ihrer Gegenwart zu erfassen und in eindringlicher Form zu präsentieren.

4 Farce und *Commedia dell'arte*

Farce	Die regelmäßige Komödie taucht erst in den Dreißigerjahren des 17. Jhs. auf. Zwar enthalten auch die Pastorale und die Tragikomödie komische Elemente, doch die eigentliche komische Gat-

tung ist die Farce, eine seit dem Spätmittelalter in Frankreich verbreitete Form des komischen Theaters. Ähnlich wie das antike Satyrspiel wird sie meist am Ende eines „Spektakels" nach dem ernsten Stück gegeben und ist entsprechend kurz (ca. 400 Achtsilber).

Charakteristika

Die Farce ist im Hinblick auf Handlung und Figuren stark stereotypisiert. Das zentrale Handlungsmuster ist, ähnlich wie in der komischen Erzählliteratur des Spätmittelalters, das des betrogenen Betrügers *(trompeur trompé)*. Wiederkehrende Figuren sind der betrogene Ehemann, die lüsterne oder naive Ehefrau, der gefräßige, dumme oder gerissene Diener und sein Herr, der verliebte Alte, der *pédant* usw. Die Komik, die im wesentlichen auf Situations- und Typenkomik beruht, ist derb: Prügel sind ein unverzichtbarer Bestandteil jeder Farce. Derb ist ebenfalls die bisweilen obszöne und skatologische Sprache, die allerdings auch durch aberwitzige Sprachspielereien komische Effekte erzeugen kann.

Farceurs

Der anhaltende Erfolg der Farce beruht auf dem besonderen Talent ihrer Darsteller. So verfügt etwa das *Hôtel de Bourgogne* über drei herausragende Schauspieler, von denen sich jeder eine eigene, unverwechselbare Gestalt geschaffen hat: GROS-GUILLAUME, GAULTIER-GARGUILLE und TURLUPIN. Ein weiterer berühmter *farceur* ist TABARIN, der mit seiner Truppe auf dem Pont-Neuf auftritt. Eine andere Kunstfigur ist der Diener JODELET, den SCARRON in einigen seiner Komödien einsetzen wird.

Commedia dell'arte

Eine weitere Form des komischen Theaters vertreten die italienischen Schauspieltruppen, die ab 1639 regelmäßig und mit großem Erfolg in Paris spielen. Ihr komisches Repertoire weist gewisse Ähnlichkeiten mit der Farce auf. So verfügt auch die *commedia dell'arte* über ein ähnliches Arsenal typischer Figuren mit festgelegten Eigenschaften. Neben dem jungen Liebespaar finden wir den lüsternen Alten (Pantalone), den lächerlichen Pedanten (Dottore), den tölpelhaften Diener (Arlecchino), den intrigierenden Diener (Brighella) und den prahlerischen Soldaten (Spavento, Matamoros, Fracasso). Auch in der *commedia dell'arte* kommt dem Körperspiel besondere Bedeutung zu. Im Unterschied zur Farce mischt sich hier jedoch die Sphäre der niederen Komik (die Alten und die Diener) mit der gehobenen Sphäre der jungen Liebenden und ihrer edlen Gefühle. MOLIÈRE wird in seinen Komödien vom italienischen Modell Gebrauch machen.

5 Die Komödie

Comédie	Die Vorliebe des Publikums für die drastische Komik der Farce verhindert zunächst die Durchsetzung einer regelmäßigen, den Forderungen der *bienséance* gehorchenden Komödie. Als diese sich ab ca. 1630 mit den Werken CORNEILLES (s. S. 87 f.), MAIRETS, DU RYERS und ROTROUS entwickelt, kennzeichnet sie der Verzicht auf derbe Komik. Ihr spezifisches Profil ergibt sich aus der Abgrenzung gegenüber den anderen bereits existierenden Formen.
Charakteristika	Im Gegensatz zur Tragödie ist ihr Gegenstand eine Alltagsgeschichte ohne (staats-)politische Dimension mit *happy ending;* zentrales Thema ist die Liebe; im Gegensatz zur Pastorale sind ihre Figuren jedoch in der zeitgenössischen Gesellschaft angesiedelt; sie entstammen, anders als in der Farce, dem (gehobenen) Bürgertum oder niederen Adel und gehorchen in ihrem Verhalten und ihrer Sprache den Normen der guten Gesellschaft. Diese Ansiedlung in der Gegenwart bewirkt, dass die moderne französische Komödie wie auch die antike (ARISTOPHANES, MENANDER, PLAUTUS, TERENZ) zur *peinture des mœurs* mit mehr oder weniger kritisch-satirischen Zügen werden kann. Besonders deutlich artikuliert sich dieser kritische Aktualitätsbezug in den *comédies de mœurs* und *comédies de caractère,* weniger ausgeprägt ist er in den *comédies d'intrigue,* deren Reiz in der Durchführung einer phantasievollen und aktionsreichen Handlung liegt.
Zeitgenössisches Ambiente	Bewegte Intrigenkomödien, die der Tragikomödie nahe stehen, sind insbesondere die Verwechslungskomödien ROTROUS, die z. T. auf lateinischen (*Les ménechmes,* 1631; *Les sosies,* 1637), z. T. auf italienischen Vorbildern (*La sœur,* 1645) beruhen. Die Herkunft der neuen Komödie aus der Pastorale zeigt sich besonders deutlich in DU RYERS *Les vendanges de Suresnes* (1635) und MAIRETS *Les galanteries du duc d'Ossonne* (1636). Im Unterschied zur Pastorale wird die Liebesgeschichte jetzt in ein realistisches zeitgenössisches Milieu transponiert: Bei DU RYER sind aus Arkadien die Hügel von Suresnes nahe Paris geworden, und bei MAIRET haben sich die naiven Hirten in eine lebenslustige Gruppe libertinistisch gesonnener junger Adliger verwandelt.
Satire	Daneben entwickelt sich die satirische Ausprägung der Komödie. So beschreibt DESMARETS DE SAINT-SORLIN in *Les visionnaires* (1637) in einer *comédie à tiroirs* eine Reihe exzentrischer Typen der zeitgenössischen Gesellschaft, während SAINT-ÉVREMOND in *La comédie des académistes* (entst. 1638) die *Académie française* aufs Korn nimmt. CYRANO DE BERGERAC schafft mit der Charakterkomödie *Le pédant joué* (1654) nach einer italienischen Vorlage eine heftige libertinistische Satire auf die traditionelle Wissenschaft. Eine Ty-

penkomödie ist ebenfalls Scarrons *Jodelet ou Le maître valet* (1645), auch wenn die satirische Intention fehlt. In dieser Adaptation einer spanischen *comedia* entwirft der Autor mit den Mitteln der Burleske das Porträt des „unmöglichen" Dieners.

Ausblick Die anhaltende Koexistenz regelmäßiger und unregelmäßiger Theaterformen in der Vorklassik spiegelt die Existenz unterschiedlicher Zielgruppen mit unterschiedlichen Ästhetiken: auf der einen Seite die Gelehrten, zu denen all die gehören, die eine „klassische" humanistische Ausbildung genossen haben (Staatsverwaltung, Justiz etc.) und daher auch auf literarischem Gebiet Anhänger der klassischen Kultur und ihrer Werte sind; auf der anderen Seite das mondäne Publikum (Adel, Hof, weibliches Publikum), das über keine humanistische Bildung verfügt und daher die moderne volkssprachige Literatur aus Italien und Spanien sowie aus Frankreich selbst (Abenteuer- und Schäferromane) bevorzugt. Die Entwicklung im Theater, die vor allem mit der Tragödie formal eine Orientierung am antiken Modell aufweist, ist repräsentativ für jene Synthese der verschiedenen Zuschauererwartungen, die die Kultur des 17. Jhs. generell kennzeichnet (s. S. 55 f.). In exemplarischer Weise illustriert Corneilles Werk diesen Syntheseprozess. Im Bereich der Komödie verbindet Molière das Bedürfnis des breiten Publikums nach echter Komik mit der Forderung der Gelehrten nach einer anspruchsvollen *peinture des moeurs*.

Literatur Brauneck (1996); Bray (1927); Deierkauf-Holsboer (1961); Guichemerre (1972); Guichemerre (1978); Guichemerre (1981); Jomaron (1988); Lancaster (1929–1942); Matzat (1982); Morel (1964); Scherer (1950); Scherer (1987); Truchet (1975).

Gattung	Herkunft der Figuren (Ständeklausel)	Handlung	Ende	Stil (Stiltrennung)
Tragödie	Hochadel	Liebesgeschichte mit politischer Dimension	unüberwindbare Hindernisse; unglücklich	hoher Stil
Tragikomödie	Adel/gehobenes Bürgerturm	Liebesgeschichte mit politischer Dimension	Überwindung der Hindernisse; glücklich	hoher Stil/ mittlerer Stil
Pastorale	Schäfer	Widerstand gegen Vereinigung der Liebenden	Überwindung der Hindernisse; glücklich	hoher Stil/ mittlerer Stil
Komödie	niederer Adel/ Bürgertum	Widerstand gegen Vereinigung der Liebenden	Überwindung der Hindernisse; glücklich	mittlerer Stil
Farce	Volk	Streich; Ehebruch	erfolgreich	niederer Stil

Das System der dramatischen Gattungen

6 Pierre Corneille

Biografie

PIERRE CORNEILLE wird am 6.6.1606 in Rouen geboren. Sein Vater ist Beamter in der königlichen Forstverwaltung. Besuch des Jesuitenkollegs. 1624 Abschluss des Jurastudiums. 1628 kauft der Vater für seinen Sohn zwei Ämter in der Justizverwaltung, die dieser bis 1650 bekleidet. 1629/30 Erfolg als Dramatiker mit der Komödie *Mélite* erst in Rouen, dann in Paris. 1635–1637 Mitglied der *Société des cinq auteurs* (s. S. 45). 1637 Aufführung der Tragikomödie *Le Cid* im *Théâtre du Marais*. 1637 Erhebung der Familie in den Adelsstand. 1641 Heirat mit MARIE DE LAMPÉRIÈRE. Aus der Ehe gehen sechs Kinder hervor. 1647 Wahl in die *Académie française*. 1660 Kommentierte Gesamtausgabe des *Théâtre*. 1662 Übersiedlung nach Paris zusammen mit dem jüngeren Bruder Thomas (1625–1709), der ebenfalls Dramatiker ist. 1663–1674 Erhalt einer königlichen Gratifikation. CORNEILLE stirbt am 1.10.1684 in Paris.

1629–1637

Mit den fünf Komödien, die CORNEILLE zwischen 1629 und 1634 verfasst, erneuert er die Gattung. Er ist der erste, der in *Mélite* (UA Saison 1629/30) Struktur und Thematik der dramatischen Pastorale in ein zeitgenössisches städtisches Ambiente transponiert und so die moderne Komödie schafft. Titel wie *La Galerie du Palais*

(UA 1632/33) und *La Place Royale* (UA 1633/34), die Treffpunkte der guten Pariser Gesellschaft bezeichnen, akzentuieren einen gewissen Realismus der Darstellung, der auch Sprache und Verhalten der Figuren prägt. Diese gehören der Gesellschaft der *honnêtes gens* an. Die zentrale Problematik aber ist die der Pastorale: das Sich-Finden und Sich-Bewähren des idealen Liebespaares. Die relativ simple Störung der ursprünglichen Harmonie durch einen eifersüchtigen Rivalen *(Mélite; La veuve,* UA 1631/32) macht dabei zunehmend der Infragestellung der Liebe durch die Liebenden selbst Platz *(La Place Royale),* die sich ihrer Liebe und ihrer selbst in heroischen Liebesproben erst bewusst und sicher werden müssen.

Le Cid

Den Höhepunkt dieser ersten Schaffensphase bildet 1637 die Tragikomödie *Le Cid*. Mit diesem Stück, das eine spanische Vorlage von GUILLÉN DE CASTRO (1567–1630) adaptiert und auf einem wahren Ereignis aus der Zeit der Reconquista beruht, entwickelt CORNEILLE die Komödie in Richtung Tragödie fort. Auch hier ist das pastorale Element in der Liebe des jungen Paares Rodrigue und Chimène enthalten. Die private Liebesgeschichte aber erhält eine neue soziale und politische Dimension, da das (individuelle) Gefühl in Konflikt mit dem überindividuellen Normensystem (Familie) gerät: Um der Familienehre willen muss Rodrigue Chimènes Vater töten. Dafür verlangt diese Rache. Nach einer doppelten Bewährungsprobe Rodrigues (Sieg im Kampf gegen die Mauren; Sieg im Duell gegen den Verteidiger Chimènes) ist Chimène bereit, ihm zu vergeben. Das am Ende glückliche Paar symbolisiert die gelungene Vermittlung zwischen individuellem Liebesbedürfnis und überindividuellem Gesetz. In seiner Versöhnung wird der für die Pastorale typische Zustand der Harmonie und des Friedens am Ende erneut Wirklichkeit.

Rezeption

Mit ihren romanesken Verwicklungen, ihrer unregelmäßigen Dramaturgie (Struktur des „Theaters auf dem Theater" in *L'illusion comique,* UA 1636) und ihren „modernen" Stoffen stehen die Stücke dieser Phase insgesamt der modernen Tragikomödie nahe. Die gelehrte Kritik daran gipfelt 1637 in der *Querelle du Cid,* in der CORNEILLES Kritiker (G. DE SCUDÉRY, *Académie française)* und seine Verteidiger (GUEZ DE BALZAC) zu den Stärken und Schwächen des Stücks Stellung nehmen. Andererseits bestätigt der Erfolg, den die frühen Stücke und insbesondere der *Cid* bei einem jungen, mondänen Publikum haben, dass CORNEILLE den Nerv der Zeit getroffen hat. Nicht ohne Grund erhebt der König die Familie CORNEILLES nach dem Erfolg des *Cid* in den Adelsstand.

Ausschlaggebend für die Faszination des CORNEILLEschen Theaters auf die Zeitgenossen ist die Gestalt des Helden, wie sie erstmals in der Figur des Rodrigue im *Cid* Gestalt annimmt. In ihm spiegelt sich nicht nur das heroische Selbstverständnis der alten Aristokratie; er ist ebenso eine Projektionsfigur für das aufstrebende Bürgertum und verkörpert darüber hinaus den Traum Frankreichs von nationaler Größe. Konkret erkennen die Zeitgenossen in CORNEILLES *Cid* den Comte de SOISSONS wieder, der 1636 im Dreißigjährigen Krieg bei Corbie einen entscheidenden Sieg gegen die Spanier erringt, die vor den Toren von Paris stehen. Ideologisch relevant aber ist vor allem, dass der Heroismus des CORNEILLEschen Helden, seine *gloire* und *grandeur*, nicht nur seinen individuellen Bedürfnissen dient (Liebe), sondern allgemeinen Interessen (Familie, Staat) untergeordnet wird. Gerade in der freien Entscheidung, seine intimsten Wünsche aufzuopfern, beweist sich die wahre Größe des Helden. Im finalen Akt der Versöhnung findet diese Opferbereitschaft ihren gerechten Lohn. Jenseits aktueller Anspielungen steht in CORNEILLES Theater damit das zentrale politische Problem Frankreichs auf dem Weg in den Absolutismus im Mittelpunkt: nämlich die Einbindung der alten wie der neuen Eliten in den modernen absolutistischen Staat. Die „aktive" Ethik des CORNEILLEschen Helden, der sich sein Glück durch seine eigenen Leistungen erkämpft, verweist darüber hinaus auf das humanistische Menschenbild der Jesuiten, deren Schüler CORNEILLE war (s. S. 22 f.).

Nach einer mehrjährigen Unterbrechung wendet sich CORNEILLE unter dem Einfluss der gelehrten Kritik ab 1640 der regelmäßigen Tragödie zu, deren Stoffe er, wie im jesuitischen Schuldrama, aus der römischen Geschichte nimmt. Mit dieser Wahl der angesehensten dramatischen Gattung bekräftigt er nicht nur seinen herausragenden Rang als Dramatiker, sondern schafft sich zugleich das angemessene Podium für die vertiefte Reflexion der politisch-moralischen Probleme der Zeit. Im Mittelpunkt der Römertragödien steht das Verhältnis zwischen dem Helden und dem Staat, weiterhin verkörpert durch den Konflikt zwischen Liebe und Pflicht. In einer ersten Gruppe von Stücken *(Horace*, UA 1640; *Cinna*, UA 1642; *Polyeucte martyr*, UA 1642/43) identifiziert sich der Held uneingeschränkt mit der allgemeinen Ordnung. Für sie opfert er alle anderen Bindungen (Familie, Liebe), wird dafür jedoch von einem gnädigen Herrscher belohnt. Liegt hier ein wesentlicher Akzent auf der verzeihenden und integrierenden Geste des guten Herrschers, stellt die zweite Gruppe von Stücken *(La mort de Pompée*, UA 1643/44; *Rodogune*, UA 1644/45; *Héraclius*, UA 1646/47) die Großzügigkeit *(magnanimité)* des Helden selbst in den Mittelpunkt. Gegenüber einem tyrannischen Herrscher, der die Macht nur usurpiert hat, stellt jener sich weiterhin uneigennützig in den Dienst des Staates.

Rezeption Eindeutig plädiert CORNEILLE damit auch nach dem Tod LUDWIGS XIII. und RICHELIEUS für die Allianz zwischen den Eliten und der absolutistischen Macht des Staates. Der reale historische Bruch dieser Allianz während der Fronde wirkt sich auch auf seine Rezeption aus: *Pertharite* (UA 1651/52) wird ein Misserfolg. Erneut zieht sich CORNEILLE daraufhin für einige Jahre vom Theater zurück. Er arbeitet an einer Übersetzung von *De imitatione Christi* des Augustinermönchs THOMAS VON KEMPEN (1380–1471), die 1656 erscheint, und bereitet die kommentierte Gesamtausgabe seiner Dramen (1660) vor.

1659–1674 CORNEILLES letzte Schaffensphase ist überschattet von zunehmender Distanz des Publikums. Die Machtübernahme LUDWIGS XIV. und die Ablösung der sog. *vieille cour* um ANNA VON ÖSTERREICH durch die *jeune cour* ihres Sohnes implizieren sowohl politische Veränderungen als auch einen Generationenwechsel und Geschmackswandel. Der „alte" CORNEILLE und die Werte, für die er steht, enstprechen dem Zeitgeschmack nicht mehr, wie die Streichung seiner Gratifikation zwischen 1675 und 1683 zeigt.

Le crépuscule du héros Die Stücke dieser Phase, die in einer Reihe „ungleicher Paare" auch das Altersproblem thematisieren, sind geprägt von der Erkenntnis, dass nach der Fronde und in einem immer strenger absolutistisch organisierten System für den aristokratischen Heroismus und sein Verständnis von Freiheit und Selbstbestimmung kein Platz mehr ist. Im unerbittlichen Kampf um die Macht unterliegt der Held *(Sertorius*, UA 1662; *Sophonisbe*, UA 1663; *Othon*, UA 1664). Die Versöhnung – das Arkadien der Pastorale – wird jetzt zu einem unerfüllbaren Traum. CORNEILLES letztes Stück, *Suréna* (UA 1674), bestätigt diese pessimistische Sicht der Macht und der Machthaber; gleichzeitig feiert dieses Werk, das Alain Viala als *„crépuscule exemplaire du héros cornélien"* bezeichnet, aber noch einmal den CORNEILLEschen Helden, der, im unauflösbaren Konflikt zwischen seiner Pflicht und seiner Liebe, keine von beiden verrät, sondern beiden im Tod treu bleibt.

Zeitgemäßes Theater Mit CORNEILLE setzt sich definitiv das regelmäßige Theater auf der französischen Bühne durch. Dies bedeutet jedoch keine sklavische Nachahmung der Antike. Die Anpassung des Theaters an die humanistische Poetik bildet nur die eine Seite im Kampf um seine Anerkennung. Die andere, von CORNEILLE immer stark betonte Seite ist die Orientierung an den Bedürfnissen seines Publikums und damit die Bemühung um ein „zeitgemäßes" Theater. Bereits seine vom antiken Modell abweichende Konzeption der Komödie, die keine lächerlichen Typen, sondern *honnêtes gens* zeigen soll, legitimiert er mit dem Hinweis auf die gegenüber der Antike radikal veränderten Bedingungen und Erwartungen des zeitgenössischen Publikums.

Plaire

Zu seiner Verteidigung gegenüber den gelehrten Kritikern greift CORNEILLE auf das rezeptionsästhetische Argument zurück: „*Puisque nous faisons des poèmes pour être représentés, notre premier but doit être de plaire à la cour et au peuple, et d'attirer un grand nombre à leur représentation. Il faut, s'il se peut, y ajouter les règles, afin de ne pas déplaire aux savants, et recevoir un applaudissement universel.*" (Widmungsbrief zu *La suivante*, UA 1632/33). Der außerordentliche Erfolg CORNEILLES liegt nicht zuletzt darin begründet, dass es ihm tatsächlich gelingt, unterschiedliche Publikumserwartungen zu befriedigen und *allgemeine* Zustimmung zu finden. Darüber hinaus ist er aber auch bereit, immer wieder Neues auszuprobieren. So experimentiert er etwa in den Sechzigerjahren mit den sog. Maschinenstücken *(pièces à machines)*, einer Vorform der Oper, die insbesondere den Ansprüchen des höfischen Publikums entspricht *(La toison d'or*, UA 1660).

Instruire

CORNEILLES Reflexion über die Grundlagen seiner Kunst, die er bereits in den Widmungsbriefen seiner frühen Komödien ansatzweise formuliert, erreicht ihre Vollendung in den *Trois discours sur le poème dramatique* und den *Examens* (Kommentaren zu jedem Stück), die er 1660 in die Gesamtausgabe seines Theaters aufnimmt. Selbstbewusst paßt er hier die Regeln der antiken Poetik den Erfordernissen seiner Zeit an. Dabei bleibt auch für ihn neben dem *plaire* das *instruire* die Hauptaufgabe des Theaters. Zu erreichen ist diese Belehrung durch die Identifikation des Zuschauers mit einem Helden, dessen Schicksal seine *admiration* erregt. Die Tragödie muss daher für CORNEILLE auch nicht zwangsläufig „tragisch" enden; stattdessen entwickelt er die Konzeption der *tragédie à fin heureuse*, in der der vorbildliche Einsatz des Helden belohnt wird.

Ideologische Polyvalenz

In dieser Abgrenzung gegenüber der antiken Konzeption des Tragischen und ihrem Schicksalsglauben kommt ein genuin christliches Denken zum Ausdruck. So lassen sich die politischen Tragödien CORNEILLES auch lesen als Allegorien der christlichen Heilsbotschaft (in jesuitischer Deutung): Nach dem Verlust des ursprünglichen Paradieses (Liebe) muss der Mensch für seine Schuld büßen (Bewährungen), bevor er zum Lohn für seine Anstrengungen die Vergebung und Gnade Gottes (des väterlichen Herrschers) erfährt. Diese Polyvalenz ist charakteristisch für CORNEILLES Theater, das auch im engeren politischen Sinne mehrdeutig ist und sich nicht auf die Perspektive einer sozialen Gruppe festlegen lässt. Mit der Figur des Helden und seiner Leistungsethik bietet es sowohl dem alten Adel als auch dem aufstrebenden Bürgertum Identifikationsmöglichkeiten; im Bild des befriedeten Staates und seines gerechten und gnädigen Herrschers entwirft es eine „dritte" Instanz, in der die Gruppeninteressen in einer „höheren" Einheit verschmelzen können. Wie andere bürgerliche Autoren der Zeit (s. MOLIÈRE) stellt sich auch CORNEILLE damit in den Dienst des modernen Staates.

Literatur
Bénichou (1948); Bürger (1971); Couton (1984); Fumaroli (1990); Matzat (1982); Sweetser (1977).

4 Blaise Pascal

Biografie
BLAISE PASCAL wird am 19.6.1623 in Clermont geboren. Die Familie gehört dem gut situierten Verwaltungsbürgertum an. Blaise hat zwei Schwestern: Gilberte (1620–1685) und Jacqueline (1625–1661). Nach dem Tod der Mutter (1626) widmet sich der Vater der Erziehung der Kinder. 1631 Umzug nach Paris. Auf Grund seiner außergewöhnlichen mathematischen Begabung erhält Blaise Zutritt zur Akademie des Paters MERSENNE. 1640 Umzug nach Rouen. Erste wissenschaftliche Veröffentlichung: *Essai pour les coniques.* 1642 Erfindung der Rechenmaschine. Erste gesundheitliche Störungen. 1645 Erhebung des Vaters in den Adelsstand. 1646 *Petite conversion.* 1647 *Expériences nouvelles touchant le vide.* Rückkehr nach Paris. 1651 Tod des Vaters. 1652 Eintritt Jacquelines ins Kloster Port-Royal. 1653 Beginn der Freundschaft mit dem Duc de ROANNEZ (1627–1696), dem Chevalier de MÉRÉ und dem *libertin* DAMIEN MITTON (1618–1690). 1654 Konzeption der Wahrscheinlichkeitsrechnung zusammen mit dem Mathematiker FERMAT. 23. November 1654 *Grande conversion.* Erster Aufenthalt in Port-Royal. 1656 Verurteilung ARNAULDS durch die Sorbonne. 1656/57 Klandestine Veröffentlichung der *Provinciales.* Ab 1656 Arbeit an den *Pensées.* 19.8.1662 Tod PASCALS in Paris. 1670 Veröffentlichung der *Pensées de M. Pascal sur la religion* durch Port-Royal.

PASCAL vereinigt in seiner Person zwei zentrale Aspekte der Zeit: die neue Wissenschaft (s. S. 28 ff.) und das Bedürfnis nach einer neuen Frömmigkeit. Im Gegensatz zu anderen Denkern versucht er nicht, diese beiden Bereiche miteinander zu verbinden. Weder stellt die Vernunft für ihn ein geeignetes Mittel dar, um Gott zu beweisen *(DESCARTES)*, noch betrachtet er das physikalische Universum selbst als eine Manifestation oder einen Beweis Gottes (GASSENDI). Wissenschaft und Religion sind für ihn vielmehr zwei getrennte Welten, die ihrerseits auf die „doppelte" Natur des Menschen verweisen: seine intellektuelle *grandeur* einerseits und seine

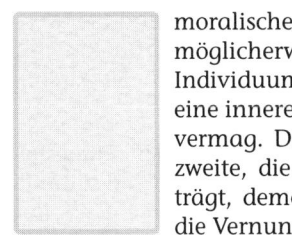

moralische *misère* andererseits. Zum Ausdruck kommt hierin möglicherweise die persönliche Erfahrung eines hoch begabten Individuums, das ungeachtet seiner intellektuellen Leistungen eine innere Leere verspürt, die es aus eigener Kraft nicht zu füllen vermag. Die beiden sog. Konversionen PASCALS, von denen die zweite, die er im *Mémorial* beschreibt, deutlich mystische Züge trägt, demonstrieren die Verankerung seines Glaubens in einer die Vernunft übersteigenden Erfahrung.

Experimentelle Wissenschaft

Als Wissenschaftler gehört PASCAL zu den Begründern der experimentellen Wissenschaft. Insbesondere seine physikalischen Erkenntnisse zum Vakuum, mit denen er die scholastische und noch von DESCARTES geteilte Auffassung des *horror vacui* widerlegt, beruhen auf praktischen Versuchen (Luftdruckmessungen auf dem Puy de Dôme: *Récit de la grande expérience de l'équilibre des liqueurs,* 1648). Doch auch seine anderen Erfindungen gehen von praktischen, ja geradezu alltäglichen Problemen aus. So entsteht die Rechenmaschine *(la Pascaline),* als sein Vater in Rouen mit der Reform des Steuerwesens beauftragt ist. Die Wahrscheinlichkeitsrechnung greift Probleme der Spieltheorie auf *(Traité du triangle arithmétique,* 1654).

Provinciales

Auch PASCALS religiöse Schriften gehen auf konkrete Anlässe zurück. Dies gilt insbesondere von den sog. *Provinciales:* Die 18 „öffentlichen" Briefe, die er von Januar 1656 bis März 1657 zunächst anonym, später unter Pseudonym verfasst, erscheinen 1657 gesammelt unter dem Titel *Lettres écrites par Louis de Montalte à un provincial de ses amis et aux R.R.P.P. jésuites sur le sujet de la morale et de la politique de ces pères.* Noch im selben Jahr werden sie von der Kirche verboten. Ihren Auslöser bildet die Verfolgung der Jansenisten, die 1656 mit dem Ausschluss ARNAULDS aus der Sorbonne und der Verurteilung der *cinq propositions* durch den Papst einen neuen Höhepunkt erreicht (s. S. 23 f.). Der Anlass prägt in dreifacher Hinsicht ihren Charakter: Zum einen sind es Gelegenheitsschriften, die in einer aktuellen Kontroverse Partei ergreifen; dann sind es Streitschriften, die sich schon bald nicht mehr mit der Verteidigung des Jansenismus begnügen, sondern zum Angriff gegen die Jesuiten übergehen; dabei weist insbesondere die Auseinandersetzung mit der jesuitischen Kasuistik, die die moralische Beurteilung einer Tat von der zugrunde liegenden Intention abhängig macht, über den Tag hinaus und illustriert PASCALS Beschäftigung mit grundlegenden moralphilosophischen Fragen; und schließlich ist es das erklärte Ziel dieser Briefe, die Inhalte der theologischen Kontroverse publik zu machen und bei einem Laienpublikum Verständnis für die Jansenisten zu wecken. Dies hat nicht nur unmittelbare Auswirkungen auf den „lockeren" Stil der Briefe, die jede gelehrte Disputation vermeiden; die

Öffentlichmachung der theologischen Diskussion und die Wendung an ein Laienpublikum signalisieren auch die zunehmende „Selbstermächtigung" des Individuums gegenüber der kirchlichen Autorität.

Pensées

Auch PASCALS Hauptwerk, die *Pensées,* entspringen einer bestimmten Absicht und entstehen im Hinblick auf eine bestimmte Zielgruppe, und zwar jene *libertins* und Skeptiker, die der Autor aus seinem persönlichen Umgang kennt. In ihnen die Bereitschaft zum Glauben zu wecken oder zu stärken, ist das Ziel der "*apologie de la religion chrétienne*", mit der er 1656 beginnt und von der bei seinem Tod ca. tausend längere und kürzere Fragmente vorliegen. Ungefähr vierhundert dieser Fragmente hat PASCAL selbst nach inhaltlichen Kriterien in 27 „Bündeln" *(liasses)* zusammengefasst; 34 weitere Serien enthalten die nicht-klassifizierten Fragmente und zusätzliches Material. Auf Grund ihrer scheinbaren „Unordnung" sind die Fragmente jedoch sowohl in der ersten Ausgabe, der sog. *édition de Port-Royal* (1670), als auch in den folgenden durch die jeweiligen Herausgeber nach eigenen Kriterien angeordnet worden. Im 19. Jh. wird an diesen Eingriffen von der philologischen Forschung zunehmend Kritik geübt (Victor Cousin). Doch erst im 20. Jh. ist es der Forschung gelungen, dank zwei in der *Bibliothèque Nationale* überlieferten zeitgenössischen Kopien des PASCALschen Manuskripts die ursprüngliche Systematik wiederherzustellen und die Intention PASCALS annähernd zu rekonstruieren (L. Lafuma).

Inhalt

Die Abfolge der 27 *liasses* lässt eine deutliche inhaltliche Ordnung erkennen, die durch das apologetische Ziel determiniert ist. In einem ersten Teil liefert PASCAL in unmittelbarer Anknüpfung an MONTAIGNE und CHARRON eine Analyse der menschlichen Befindlichkeit. Diese ist für ihn einerseits gekennzeichnet durch das menschliche Leiden an der Existenz (Bündel zu: *Misère; Vanité; Ennui),* andererseits aber auch durch die Einsicht des Menschen in seine hoffnungslose Lage; diese Selbsterkenntnis und das Leiden an der eigenen Defizienz machen seine Größe aus. Im Bild des „denkenden Schilfrohrs" *(roseau pensant)* bringt PASCAL diese Zerrissenheit des Menschen zwischen *misère* und *grandeur* zum Ausdruck. Im folgenden Teil analysiert er die verschiedenen Auswege, die der Mensch aus dieser Lage gesucht hat: *„Les hommes n'ayant pu guérir la mort – la misère, l'ignorance – ils se sont avisés de n'y point penser."* In seiner berühmten Analyse des *divertissement* beschreibt PASCAL die verschiedenen Formen dieses Verdrängungsmechanismus. Die Unmöglichkeit, aus eigener Kraft das Glück zu finden, liefert dann für ihn das zentrale Argument für den Glauben: *„Qu'est-ce donc que nous crie cette avidité et cette impuissance, sinon qu'il y a eu autrefois dans l'homme un véritable bon-*

heur, dont il ne lui reste maintenant que le manque et la trace toute vi-de ... Ce gouffre infini ne peut être rempli que par un objet infini et immuable, c'est à dire par Dieu même." In den folgenden Teilen der Apologie widmet sich PASCAL sodann im engeren Sinne theologischen Fragestellungen; im Mittelpunkt steht dabei die christliche Religion und der Nachweis ihrer Überlegenheit über andere Glaubensformen.

Rezeption
Die Hauptwirkung der *Pensées* geht jedoch wahrscheinlich nicht von der Apologie, sondern von jenem Teil aus, der die Bedingungen der menschlichen Existenz in der Welt und ohne Gott zum Gegenstand hat. Mit ihrem eleganten Stil, der den ästhetischen Ansprüchen eines mondänen Publikums gerecht werden will und der mit Ironie, Pointe und Paradox arbeitet, stellen die *Pensées* einen wichtigen Schritt in der Entwicklung der Moralistik dar (s. S. 120). Doch auch im 20. Jh. geht von diesem Werk, das nur als Fragment überliefert ist und daher in besonderer Weise „offen" und „unabgeschlossen" wirkt, noch immer ein großer Reiz, ja Irritation aus und fordert der Radikalismus PASCALS zur Auseinandersetzung heraus.

Literatur
Bénichou (1948); Calvet (1938); Goldmann (1955); Heeß (1977); Mesnard (1976); Ueberweg (1993: II, 529–570).

Die Hochklassik
KAPITEL (1660–1685)

Classicisme

Als Hochklassik bezeichnet man die ersten zweieinhalb Jahrzehnte der persönlichen Regierungszeit LUDWIGS XIV., in denen die Mehrzahl der später als „klassisch" eingestuften Werke der französischen Literatur entsteht. Die Gründe für die außerordentliche Blüte sind vielfältig: Die in der Vorklassik ausgetragene Diskussion um literarästhetische Normen trägt jetzt Früchte; unter COLBERT findet im Rahmen der staatlichen Propagandapolitik eine intensive Förderung der Künste statt; der Hof selbst wird unter dem jungen, libertinistisch eingestellten Monarchen zu einem wichtigen kulturellen Zentrum, an dem vor allem die Damen den Ton angeben: HENRIETTE D'ANGLETERRE (1644–1670), die kultivierte Frau von PHILIPPE D'ORLÉANS (1640–1701), dem Bruder LUDWIGS XIV., sowie LUDWIGS Maîtressen LOUISE DE LA VALLIÈRE (1644–1710) und Mme de MONTESPAN (1641–1707); die außen- und innenpolitischen Erfolge des ersten Regierungsjahrzehnts verstärken das Gefühl nationaler Blüte, dem die Künstler auf ihre Weise Ausdruck verleihen. Schon um 1675 zeichnet sich jedoch am Hofe das Ende dieser libertinistischen Phase ab. Die auch politisch bedingte „devote Wende" (Streit mit dem Papst um die Bischofsinvestitur; Krieg gegen die protestantischen Mächte Holland und England) verstärkt sich noch unter dem Einfluss Mme de MAINTENONS (1635–1719), der letzten Maîtresse LUDWIGS XIV. Mit der definitiven Verdüsterung der äußeren wie inneren Situation Frankreichs (Augsburger Allianz s. S. 17; *Révocation de l'édit de Nantes* s. S. 20) endet die glanzvolle Phase der Hochklassik um 1685.

Für einen Teil der Künstler stellt der Hof in dieser Phase den zentralen, wenn auch nicht den einzigen Bezugspunkt dar (z. B. MOLIÈRE, RACINE, BOILEAU). Dies bedeutet jedoch nicht, dass ihre Werke ausschließlich „affirmativ", „harmlos" und „unterhaltsam" wären. Vielmehr registrieren gerade sie äußerst sensibel die Probleme, die sich aus dem Absolutismus und dem Leben in der höfischen Gesellschaft ergeben. Dies gilt umso mehr für jene Autoren, für die die Literatur kein Broterwerb ist (z. B. LA ROCHEFOUCAULD, Mme de SÉVIGNÉ, Cardinal de RETZ, Mme de LA FAYETTE) oder die aus anderen Gründen Distanz zum Hof gewahrt haben (z. B. LA FONTAINE).

1 Das Theater

Entwicklung

Nach seinem Aufschwung in der Vorklassik erlebt das Theater während der Hochklassik seine Blüte. Es ist die Zeit, in der neben zahlreichen anderen Dramatikern CORNEILLE, MOLIÈRE und RACINE gleichzeitig in Paris tätig sind: CORNEILLE in seiner letzten Phase: 1659–1674; MOLIÈRE: 1659–1673; Racine: 1664–1677. Der König, der seit seiner Jugend selbst als Tänzer in den Hofballetten aufzutreten pflegt, nimmt in diesen Jahren regen Anteil am Theaterleben. MOLIÈRE, die Truppe des *Hôtel de Bourgogne* und die *Comédiens italiens* werden regelmäßig zu Aufführungen am Hofe eingeladen. Mit Ballettkomödien und allegorischen Maschinenstücken wie der *tragédie-ballet Psyché* (1671), die eine Gemeinschaftsproduktion der Dramatiker MOLIÈRE, CORNEILLE und QUINAULT und des Musikers LULLI ist und ein „Gesamtkunstwerk" aus Sprache, Gesang, Musik und Tanz darstellt, liefern sie einen Beitrag zu den Hoffesten, die LUDWIG XIV. bis etwa 1670 in Paris, Saint-Germain und Versailles veranstaltet. Die Gründung der *Académie royale de danse* (1662) und der *Académie royale de musique* (1669) sind weitere Belege für die bewusste Förderung der darstellenden Künste (s. Schema S. 47).

Schon zu Beginn der Siebzigerjahre verschlechtert sich jedoch die Situation des Sprechtheaters. Das Interesse des Königs verlagert sich jetzt zunehmend auf die neue von dem Musiker GIAMBATTISTA LULLI (1632–1687) und dem Dramatiker PHILIPPE QUINAULT (1635–1688) geschaffene Gattung Oper *(tragédie lyrique, tragédie en musique),* die sich in besonderer Weise zur Repräsentation staatlicher Macht und Größe eignet. Die Zusammenlegung der Truppe MOLIÈRES mit dem *Théâtre du Marais* nach MOLIÈRES Tod (1673) und die Streichung CORNEILLES von der Liste der Gratifikationen im Jahre 1675 sind deutliche Anzeichen für die schwindende offizielle Unterstützung. Stattdessen gewinnen die theaterfeindlichen kirchlichen Tendenzen, wie sie insbesondere der Jansenist PIERRE NICOLE (1625–1695) mit seiner Diffamierung der Theaterautoren als *„empoisonneurs publics"* repräsentiert, wieder an Einfluss auf die offizielle Theaterpolitik.

Mit der Fusion des *Hôtel de Bourgogne* und des *Théâtre Guénégaud* zur *Comédie-Française* endet 1680 die Glanzzeit des Theaters. Mit RACINES Ernennung zum *historiographe du roi* 1677 verliert das Theater nach MOLIÈRE und CORNEILLE seinen letzten großen Autor. Andere Gattungen, in denen sich die Kritik an der gesellschaftlichen Entwicklung besser artikulieren kann als gerade auf der „nationalen" Bühne der *Comédie-Française,* übernehmen jetzt die Führung. Deutlicher als jede andere Gattung spiegelt das Theater damit Anfang und Ende der sog. Hochklassik.

1 Molière

Biografie

JEAN-BAPTISTE POQUELIN, der 1643 den Künstlernamen *Molière* annimmt, wird am 15.1.1622 in Paris geboren. Sein Vater betreibt ein Geschäft für Dekorationsstoffe und erwirbt 1631 das Amt des *tapissier et valet de chambre ordinaire du roi;* ein Onkel ist Hofmusiker. 1631–1639 Besuch des jesuitischen Collège de Clermont (heute Lycée Louis-le-Grand); Bekanntschaft mit dem Epikureismus GASSENDIS; Freundschaft mit CYRANO DE BERGERAC und dem Sohn LA MOTHE LE VAYERS. 1640 Aufnahme eines Jurastudiums in Orléans. 1643 Verzicht auf Amtsnachfolge des Vaters und Gründung des *Illustre Théâtre* mit der Schauspielerin MADELEINE BÉJART (1618–1672). 1645 Bankrott des Theaters; Ende des Jahres Aufbruch mit MADELEINE BÉJART und anderen Schauspielern in die Provinz. 1646 Zusammenschluss mit der Truppe von CHARLES DUFRESNE; Wanderjahre in Südfrankreich, protegiert vom Duc d'EPERNON, dann vom Prince de CONTI. 1658 nach Erfolgen in Rouen Rückkehr nach Paris; am 24.10.1658 Auftritt vor dem König mit CORNEILLES Tragödie *Nicomède* und der Farce *Le docteur amoureux;* Beginn der zehnjährigen Protektion durch LUDWIG XIV. Spielstätten: mit den *Comédiens italiens* das *Petit-Bourbon,* ab 1661 das *Palais-Royal.* 1662 Eheschließung mit ARMANDE BÉJART (1642–1700). 1662/64 *Querelle de L'école des femmes;* 1664/69 *Querelle du Tartuffe.* 17.2.1673 Tod MOLIÈRES nach der vierten Aufführung des *Malade imaginaire.*

Chef de troupe

Im Gegensatz zu Dramatikern wie CORNEILLE und RACINE ist MOLIÈRE auch Direktor und erster Schauspieler einer Theatertruppe. Dies ist in mehrfacher Hinsicht von Bedeutung: Zum einen erklärt es die besonderen Produktionzwänge, unter denen MOLIÈRE steht; zum anderen prägen seine außerordentlichen Fähigkeiten im komischen Fach auch den Charakter seiner Stücke; und schließlich fördert die Verantwortung für ein Theaterunternehmen die Berücksichtigung der Bedürfnisse des Publikums.

Niedere Komik

Die Orientierung am Publikumsgeschmack manifestiert sich am deutlichsten in MOLIÈRES Rückgriff auf die traditionellen Formen der Komik, die unter dem Einfluss der Regeldiskussion aus der „neuen" Komödie verbannt worden waren. Eine wichtige Quelle des MOLIÈREschen Theaters ist die traditionelle einaktige Farce mit ihren typischen Themen (Ehebruch, Eifersucht, jemandem einen Streich spielen) und Verfahren (komische Dienerfiguren, Prügelszenen, Dialektgebrauch, Skatologisches) (s. S. 83 f.). Den Charakter von Farcen haben nicht nur frühe Einakter wie *Les précieuses ridicules* (UA 1659) und *Sganarelle ou Le cocu imaginaire* (UA 1660), sondern auch spätere Stücke wie *Le médecin malgré lui* (UA 1666) und *Les fourberies de Scapin* (UA 1671), beide Dreiakter.

Commedia dell'arte	Neben der Farce liefert Molière vor allem die dreiaktige italienische *commedia dell'arte* Anregungen. Ihr Grundkonflikt findet sich in den meisten seiner Stücke wieder: die bedrohte Liebe eines jungen Paares, die zunächst durch den Widerstand der alten Generation, eines Vaters und/oder eines bejahrten Bewerbers, verhindert wird, am Ende aber dank der Hilfe eines Dieners oder einer Dienerin triumphiert, so in *L'école des femmes, Le Tartuffe, L'avare, Le malade imaginaire*. Mit der italienischen Komödientradition teilt sein Theater außerdem die Bedeutung des körperlichen Spiels.

Zur Erneuerung dieser Traditionen trägt bei, dass Molière Farce und *commedia dell'arte* miteinander kombiniert. So verbindet er etwa in der fünffaktigen Verskomödie *L'école des femmes* (UA 1662) das Thema der Liebe zwischen Agnès und Horace mit dem der Eifersucht des alten Möchtegern-Ehemannes Arnolphe, der von seinem Mündel Agnès überlistet wird. Das Ergebnis dieser Kontamination ist, dass sich das Schwergewicht des Stückes von der (unpolitischen) sentimentalischen Intrige um das junge Paar auf die Gestalt des „alten" Widersachers verschiebt, der dadurch zur eigentlichen Hauptperson wird. Die romaneske Intrigenkomödie verbindet sich auf diese Weise mit der (politischen) Charakter- oder Sittenkomödie, deren Ziel die kritisch-satirische *peinture des mœurs* ist. In dieser Kombination erhalten dann auch die Elemente der niederen Farcenkomik eine inhaltliche Funktion, da sie nicht mehr nur als Mittel zweckfreier Komik, sondern gezielt zur Desavouierung des dargestellten Charakters eingesetzt werden.

Erneuerung der Tradition

Die eigentliche Leistung Molières aber liegt darin, dass die lächerliche Hauptfigur, die das Glück des jungen Paares verhindert, nicht länger als ein „zeitloser" Charakter verstanden wird, sondern als typischer Repräsentant der Gegenwart, an dem aktuelle gesellschaftliche Probleme dargestellt werden können. Bereits in seinem ersten großen Pariser Erfolg, *Les précieuses ridicules*, spießt Molière in satirischer Absicht das Verhalten einer bestimmten zeitgenössischen Gruppierung auf und „aktualisiert" auf diese Weise die „zeitlose" Farce. Konsequent entwickelt er in der Folge die Komödie zu einem Instrument der Zeit- und Gesellschaftskritik, mit dem gesellschaftliche Normen und Werte diskutiert werden können. Die *Querelles*, die seine Stücke auslösen, zeigen die Virulenz der von ihm behandelten Fragen und den erbitterten Widerstand, den seine Kritik hervorruft.

Aktualisierung der Komödie

Eine formale Innovation stellen außerdem die Ballettkomödien dar, in denen in die Komödienhandlung umfangreiche Musikeinlagen mit Tanz und Gesang integriert werden. Sie sind eine Weiterentwicklung des *ballet de cour* und weisen gleichzeitig auf

Comédie-ballet

die neue Gattung der Oper *(tragédie en musique)* voraus. Ihr ursprünglicher „Ort" ist das höfische Fest. So wird MOLIÈRES erste *comédie-ballet, Les fâcheux,* bei den Feierlichkeiten zu Ehren LUDWIGS XIV. 1661 in FOUCQUETS Schloss Vaux-le-Vicomte aufgeführt; die folgenden *comédies-ballets* sind allesamt für die *fêtes de cour* LUDWIGS XIV. konzipiert: So wird *La princesse d'Elide* 1664 in Versailles im Rahmen der berühmten *Plaisirs de l'Ile enchantée* aufgeführt; *George Dandin* wird 1668 bei den *fêtes de Versailles* anlässlich des Aachener Friedensschlusses gespielt, *Monsieur de Pourceaugnac* 1669 in Chambord, *Les amants magnifiques* 1670 in Saint-Germain und *Le bourgeois gentilhomme* 1670 ebenfalls in Chambord. Für den musikalischen Teil dieser Stücke ist LULLI zuständig, ein Musiker Florentiner Herkunft, der seinen Namen später in Jean-Baptiste Lully französiert. Inhaltlich kennzeichnen vor allem zwei Aspekte die Ballettkomödien als Auftragsarbeiten für den Hof und speziell für den König: so die Behandlung des Liebesthemas in romanesken Stücken wie *La princesse d'Elide* und *Les amants magnifiques,* in dessen Uraufführung LUDWIG XIV. zum letzten Mal selbst als Tänzer auftritt; und dann die groteske Darstellung des Bürgers in Stücken wie *Monsieur de Pourceaugnac* und *Le bourgeois gentilhomme,* in der sich die Verachtung des Bürgertums durch die Aristokratie manifestiert.

Comédie-pamphlet

Der zwei Jahre dauernde Streit um *L'école des femmes,* in dem MOLIÈRE neben dramaturgischen Fehlern vor allem die Verletzung religiöser Sakramente (Ehe) und der *bienséances* vorgeworfen wird, lässt zwei apologetische Stücke entstehen: *La critique de L'école des femmes* (UA 1663), in dem MOLIÈRE eine Gruppe von Zuschauern über sein Stück diskutieren lässt, und *L'impromptu de Versailles* (UA 1663), in dem der Zuschauer an einer Theaterprobe teilnimmt. Als „Stücke über Stücke" enthalten sie wichtige poetologische Aussagen. Gegenüber den dogmatischen Anhängern der Regelpoetik beruft sich MOLIÈRE in der *Critique* auf das Prinzip des *plaire* als *„la grande règle de toutes les règles".* Nicht die gelehrten Kritiker entscheiden über den Rang einer Komödie, sondern die *honnêtes gens,* und vor allem das höfische Publikum: *„Sachez ... que la grande épreuve de toutes vos comédies, c'est le jugement de la cour".* (Sz. 6) Nicht *„le savoir enrouillé des pédants",* sondern *„le bons sens naturel"* und ein im *„commerce du beau monde"* geschultes Urteilsvermögen sind die entscheidenden Urteilskriterien. Voraussetzung des *plaire* ist aber auch für MOLIÈRE ein moralischer Nutzen. Aufgabe der Komödie ist es, *„d'entrer dans le ridicule de l'homme, et de rendre agréablement sur le théâtre des défauts de tout le monde."* Die Komödie verfehlt ihr Ziel, *„si vous n'y faites reconnaître les gens de votre siècle".* Unmissverständlich bekennt sich MOLIÈRE damit zu einem „kritischen", „zeitgenössi-

schen" Theater, das die *„mœurs de ce siècle"* zum Thema hat. Die Perspektive, aus der geurteilt wird, ist die der *honnêtes gens*. Eine als *raisonneur* bezeichnete Figur fungiert in den meisten Stücken als ihr Sprachrohr.

Politisierung der Komödie

Ihren Höhepunkt erreicht die Politisierung der Komödie in den sog. regelmäßigen fünfaktigen Verskomödien der Sechzigerjahre: *L'école des femmes* (1662), *Le Tartuffe ou L'imposteur* (1664/ 1667/1669), *Dom Juan ou Le festin de pierre* (1665; Prosa), *Le misanthrope* (1666) und *L'avare* (1668; Prosa), in denen sich MOLIÈRE mit unterschiedlichen gesellschaftlichen Fehlentwicklungen auseinandersetzt: so mit den Aporien der höfischen Gesellschaft, die ihre Mitglieder zu Lüge und Heuchelei zwingt *(Le misanthrope);* mit der Fixierung auf einen veralteten bürgerlichen Wertekanon *(L'avare);* vor allem aber mit den Gefahren, die der zunehmende Einfluss orthodoxer religiöser Kreise sowohl für die Freiheit des Individuums als auch für die Gesellschaft insgesamt mit sich bringt *(L'école des femmes, Le Tartuffe, Dom Juan).*

Religions- und Autoritätskritik

Bereits mit *L'école des femmes* wird deutlich, wogegen sich MOLIÈRES Kritik primär richtet. Das Beispiel des alten Arnolphe, der sein Mündel Agnès im Kloster zur Unmündigkeit erziehen lässt, um in ihr später eine gehorsame Ehefrau zu haben, führt vor, wie religiöse Werte und Normen zur Etablierung eines autoritären Herrschaftssystems missbraucht werden können. In *Le Tartuffe* zeichnet MOLIÈRE dann mit der psychischen und materiellen „Enteignung" Orgons durch den parasitären Heuchler Tartuffe ein Extrembeispiel eines auf (vorgetäuschte) Religiosität gegründeten Machtmissbrauchs. Und auch *Dom Juan* illustriert, wie leicht es möglich ist, die Umwelt durch die Maske der Frömmelei zu täuschen.

Libertinismus

Die Religion ist zwar das mächtigste und wirksamste, nicht jedoch das einzige Wertesystem, dem sich die komischen Helden MOLIÈRES unterwerfen bzw. mit dessen Hilfe sie versuchen, Macht und Herrschaft über andere auszuüben. Dieselbe Funktion kann auch der blinde Glaube an ästhetische und wissenschaftliche Normen *(Les précieuses ridicules; Les femmes savantes)*, an die Medizin *(Le malade imaginaire)*, an ein soziales Ideal *(Le bourgeois gentilhomme)* erfüllen. Die Entlarvung dieser „falschen" Autoritäten und die Verspottung der Autoritätshörigkeit leistet die MOLIÈResche Komödie. In ihrem Kern verfolgt sie damit ein aufklärerisches, dem Libertinismus verpflichtetes Projekt: die Befähigung des Individuums zu Selbstbestimmung und Mündigkeit. Diese ist zu erreichen, indem sich das Individuum von den genannten Formen der Fremdbestimmung frei macht und stattdessen der „Natur" bzw., wie Agnès es formuliert, seiner „natürlichen Neigung"

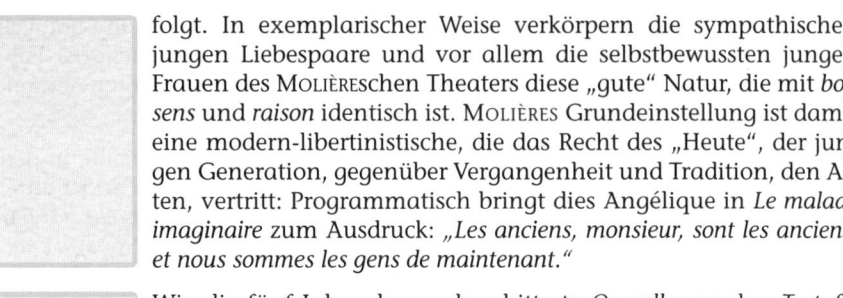

folgt. In exemplarischer Weise verkörpern die sympathischen jungen Liebespaare und vor allem die selbstbewussten jungen Frauen des Molièreschen Theaters diese „gute" Natur, die mit *bon sens* und *raison* identisch ist. Molières Grundeinstellung ist damit eine modern-libertinistische, die das Recht des „Heute", der jungen Generation, gegenüber Vergangenheit und Tradition, den Alten, vertritt: Programmatisch bringt dies Angélique in *Le malade imaginaire* zum Ausdruck: *„Les anciens, monsieur, sont les anciens; et nous sommes les gens de maintenant."*

Molière und Ludwig XIV.

Wie die fünf Jahre dauernde erbitterte *Querelle* um den *Tartuffe* zeigt, versuchen die devoten Kreise mit allen Mitteln, Molières libertinistisch inspirierte Religions- und Autoritätskritik zu verhindern. Dass Molière sich gegen diese mächtigen Gruppierungen zu behaupten vermag, ist nur möglich dank des aktiven Schutzes, den er zehn Jahre lang von Seiten Ludwigs XIV. erhält. Dieser verdankt sich weniger der künstlerischen Wertschätzung Molières durch Ludwig XIV. als vielmehr der libertinistischen Grundeinstellung des Dramatikers, die derjenigen des jungen, in zahlreiche Liebesaffären verwickelten Königs entgegenkommt (vgl. Grimm 1984: 28 ff.). Die in den Ballettkomödien, der Pastorale *Mélicerte* (UA 1666), aber auch in *Amphitryon* (UA 1668) vertretene freizügige Liebesmoral rechtfertigt unmittelbar das Verhalten des Königs. Doch auch darüber hinaus stimmt die ideologische Ausrichtung des Molièreschen Theaters mit wesentlichen Tendenzen der absolutistischen Politik im ersten Jahrzehnt der persönlichen Regierungszeit Ludwigs XIV. überein: Förderung des handeltreibenden Bürgertums; Kritik aristokratischer und kirchlicher Machtansprüche; der absolutistische Herrscher als Garant des nationalen Friedens. In dem Maße, in dem sich Ludwig XIV. in den Siebzigerjahren wieder stärker auf den Schwertadel und die Kirche stützt, kommt es zur Entfremdung zwischen ihm und Molière. Die Überlassung des *privilège de l'Académie royale de musique* an Lulli, die in allen anderen Pariser Theatern den Einsatz von Musikern, Sängern und Tänzern praktisch verbietet und Lulli zudem das alleinige Nutzungsrecht an allen mit Molière verfassten Stücken zusichert, ist das äußere Zeichen für diesen Bruch.

Rezeption

Schon im 17. Jh. kündigt sich eine „geteilte" Sicht des Molièreschen Werkes an: Dem viel gepriesenen Verfasser der „großen" regelmäßigen Komödien stellt Boileau im *Art poétique* kritisch den *farceur* entgegen. In der Folgezeit verfallen auch die spezifisch „höfischen" Ballettkomödien dem Verdikt des bürgerlichen Publikums. Dies hat zur Folge, dass das sowohl formal als auch ideologisch extrem komplexe Werk Molières auf den Kanon der „großen" Komödien reduziert wird. Diese Reduzierung geht einher mit einer inhaltlichen Umdeutung, die aus lächerlichen Protagonisten wie Orgon, Harpagon oder Argan bürgerliche Identifikationsfiguren macht. Eingeleitet wird diese Sicht im 18. Jh. durch JEAN-JACQUES ROUSSEAUS Interpretation des *Misanthrope*, die in Alceste eine tragische Gestalt sieht, die ROUSSEAUS eigene Zivilisationskritik vorwegnimmt. Erst die philologische Forschung des 19. Jhs. ermöglicht einen neuen Blick auf MOLIÈRE. Dieser schlägt sich im 20. Jh. in den Arbeiten von Regisseuren wie JACQUES COPEAU, CHARLES DULLIN und später LOUIS JOUVET nieder, die den „komischen" und „unregelmäßigen" MOLIÈRE für die Bühne wiederentdecken. Seit den Sechzigerjahren führt die ideologiekritisch orientierte Arbeit einer neuen Generation von Regisseuren (ROGER PLANCHON, ANTOINE VITEZ, PATRICE CHÉREAU) dazu, dass auch den ideologischen Implikationen des MOLIÈREschen Theaters verschärft Aufmerksamkeit geschenkt wird.

Literatur Bénichou (1948); Bray (1954); Grewe (1992); Grimm (1984/1993); Matzat (1982); Stenzel (1987).

2 Jean Racine

Biografie JEAN RACINE wird im Dezember 1639 in La Ferté-Milon als Sohn eines kleinen Verwaltungsbeamten geboren. 1645 Nach dem Tod beider Eltern Aufnahme in Port-Royal; humanistische Ausbildung. 1659 Besuch des Pariser Collège d'Harcourt; Einführung in die literarische Szene. 1660 Anlässlich der Hochzeit LUDWIGS XIV. mit MARIE-THÉRÈSE D'AUTRICHE Ode *La nymphe de la Seine à la reine*. 1661–1663 Aufenthalt in Uzès; vergebliche Bemühung um ein geistliches Amt. 1663 Rückkehr nach Paris; Protektion durch den Herzog von SAINT-AIGNAN. Freundschaft mit BOILEAU, MOLIÈRE, LA FONTAINE. 1664 UA *La Thébaïde* durch MOLIÈRE; königliche Gratifikation. 1665 nach der UA von *Alexandre le Grand* durch MOLIÈRE Wechsel RACINES und der Schauspielerin Mlle du PARC zum *Hôtel de Bourgogne*. 1666 Bruch mit Port-Royal. 1673 Wahl in die *Académie française*. 1677 Eheschließung mit CATHERINE DE ROMANET. Aus der Ehe gehen sieben Kinder hervor. Gemeinsam mit BOILEAU Ernennung zum *historiographe du roi*. UA von *Phèdre*, RACINES vorläufig letzter Tragödie. 1679 Wiederannäherung an Port-Royal. 1683 Aufnahme in die *Académie des Inscriptions*. 1689 UA von *Esther* in Saint-Cyr. 1690 Erhebung zum *gentilhomme de la chambre du roi*. 1696 Amt des *conseiller secrétaire du roi*. 1698 Abfassung eines *Abrégé de l'histoire de Port-Royal*. 21. 4. 1699 Tod RACINES. Bestattung in Port-Royal.

Eine beispiellose Karriere	RACINES beispiellose Karriere liefert vielleicht den überzeugendsten Beleg dafür, welcher soziale Aufstieg im 17. Jh. mit Hilfe der Literatur möglich ist. Aus kleinsten Verhältnissen stammend, mit fünf Jahren Vollwaise, abhängig von der Mildtätigkeit anderer, doch mit einer hervorragenden humanistischen Bildung ausgestattet, wird er nicht nur zu einer der dominierenden Gestalten der literarischen Szene, sondern steigt auch zu höchsten Hofämtern in unmittelbarer Nähe des Königs auf. Krönung dieser Laufbahn ist die Erhebung seiner Familie in den Adelsstand *(gentilhomme de la chambre du roi)*, die unter den bürgerlichen Schriftstellern außer ihm nur CORNEILLE zuteil geworden ist.
Das Werk	RACINES Aufstieg zum *courtisan* teilt sein literarisches Werk in zwei große Phasen: In der ersten Phase (1660–1677), in der er sich als Literat durchsetzt, verfasst er neben den enkomiastischen Gedichten, mit denen er debütiert *(La nymphe de la Seine à la reine,* 1660; *Ode sur la convalescence du roi,* 1663), das dramatische Werk, auf das sich sein Ruhm bis heute gründet; in der zweiten Phase (1678–1698) ist er primär nur noch für den Hof tätig: direkt in seiner Funktion als *historiographe du roi* und Mitglied der *Académie des Inscriptions,* die die Inschriften auf Medaillen und Denkmälern entwirft, indirekt als Verfasser religiöser Dichtungen (Drama, Lyrik), die ebenfalls mehr oder weniger im Auftrag des Hofes entstehen. Seine ästhetische und ideologische Orientierung am Hof zeigt sich jedoch auch schon deutlich in den dramatischen Werken der ersten Phase. Die Monopolstellung des staatlichen Mäzenatentums in den Sechzigerjahren spielt dabei sicherlich eine wichtige Rolle. Wie im Fall MOLIÈRES lässt sich daher auch RACINES Theater entsprechend der jeweiligen Hauptzielgruppe grob in zwei große Gruppen unterteilen: die Stücke, die sich vorrangig an den Hof *(la cour)* richten, und diejenigen, die stärker an den Bedürfnissen des städtischen Pariser Publikums *(la ville;* Berufskollegen und *honnêtes gens)* orientiert sind.
Verhältnis zum Jansenismus	Neben der rasanten Karriere ist es vor allem das wechselhafte Verhältnis RACINES zum Jansenismus, das bei einem ersten Blick auf seine Biografie auffällt. Auch dabei spielt seine Orientierung am Hof eine wesentliche Rolle. RACINES Entscheidung, eine Laufbahn als Literat, und speziell als Theaterautor einzuschlagen, bedeutet bereits eine erste Distanzierung vom Jansenismus, der jegliche Form des *divertissement* kategorisch verurteilt. Mit seiner 1667 veröffentlichten *Lettre* gegen seinen ehemaligen Lehrer PIERRE NICOLE, in welcher er scharf gegen dessen Kampagne gegen Theater und Literatur Stellung bezieht, bricht RACINE öffentlich mit seinen ehemaligen Wohltätern. Er ist damit in Übereinstimmung mit der offiziellen antijansenistischen Politik LUDWIGS XIV. Ebenso fällt seine Wiederannäherung an Port-Royal ab ca. 1679 mit

der Rückkehr des Hofes zu einer devoten Haltung zusammen. Mit seinen *Hymnes traduites du bréviaire romain* (1688) und *Cantiques spirituels* (1694) wie auch mit den religiösen Tragödien *Esther* (UA 1689) und *Athalie* (UA 1691), die er im Auftrag Mme de MAINTENONS für die Zöglinge des Mädchenpensionnats von Saint-Cyr verfasst, nimmt RACINE an dieser Entwicklung teil. Seine Versöhnung mit Port-Royal und sein Einsatz für das Kloster entsprechen dieser allgemeinen Entwicklung, ohne eine „militante" jansenistische Einstellung zu signalisieren.

Von *La Thébaïde* (1664) zu *Britannicus* (1669)

Innerhalb von nur dreizehn Jahren (1664–1677) verfasst RACINE sein dramatisches Hauptwerk: neun Tragödien und eine Komödie. Innerhalb dieses Zeitraums bilden die Jahre 1664–1669 eine erste Phase, in der er mit wechselnden Formen experimentiert und nach und nach seine eigene Ästhetik ausbildet. Das erste Stück, *La Thébaïde ou Les frères ennemis* (UA 1664), in dessen Mittelpunkt die tödliche Konkurrenz zwischen Eteokles und Polyneikes, den Söhnen des Ödipus und der Jokaste, steht, bewegt sich noch ganz im Rahmen der Tradition: ein handlungsreiches, geradezu romaneskes Stück, das nach zahlreichen Peripetien hochdramatisch mit dem Tod aller Beteiligten endet. Später wiederkehrende Elemente sind hier: der Rekurs auf die griechische Mythologie, das Motiv der Feindlichen Brüder, der auf einem ganzen Geschlecht lastende Fluch. Mit seinem zweiten Stück, *Alexandre le Grand* (UA 1665), wendet sich RACINE an das höfische Publikum. Die Gestalt des griechischen Herrschers Alexander, der nicht nur ein erfolgreicher Feldherr und Liebhaber ist, sondern auch noch die Größe besitzt, seinem unterlegenen Feind zu vergeben, stellt eine deutliche Huldigung an den jungen König dar. Dem Geschmack des mondänen Publikums entsprechend, rückt das Thema Liebe jetzt in den Mittelpunkt. Die Verkettung der Figuren in der aus der Pastorale bekannten Liebeskette wird zu einem wichtigen Handlungsmotor. Diese Struktur behält RACINE auch in *Andromaque* (UA 1667) bei: Orest liebt Hermione, die Pyrrhus liebt, der Andromache liebt, die ihrem getöteten Gatten Hektor die Treue bewahrt. Anders als in *Alexandre le Grand,* das glücklich endet, führt die Leidenschaft Hermiones hier zu einem tragischen Ende. Mit Andromache taucht in diesem Stück erstmals die Gestalt der Exilantin auf, deren Existenz an ein früher begangenes Verbrechen erinnert, das ein zukünftiges Glück unmöglich macht. Etwas ganz anderes probiert RACINE dann noch einmal mit der Komödie *Les plaideurs* (UA 1668) aus. Äußerer Anlass dieser Justizsatire ist die Reform der Gerichtsprozedur. Mit *Britannicus* (UA 1669) kehrt RACINE zur Tragödie zurück. Gleichzeitig fixiert er mit diesem Stück die für ihn typische Form, die sich durch eine extreme Konzentration und Verinnerlichung der

Handlung auszeichnet. In dem Vier-Personen-Stück (Nero, seine Mutter Agrippina, Junie und Britannicus) ergibt sich das blutige Geschehen allein aus der enttäuschten Liebesleidenschaft des römischen Kaisers Nero, der Junie liebt, die Britannicus liebt.

Tragédies de Versailles

In den folgenden Jahren (1670–1677) variiert RACINE die erprobten Schemata. Zwei Gruppen lassen sich unterscheiden. Mit *Mithridate* (UA 1673) und *Iphigénie* (UA 1674) schafft RACINE zwei Stücke, die sich wieder, wenn auch nur diskret, auf die Tagespolitik beziehen und die Kriegspolitik LUDWIGS XIV. legitimieren: *Mithridate*, das den Feldzug des gleichnamigen Königs gegen das republikanische Rom behandelt, nimmt auf den 1672 begonnenen Krieg gegen Holland Bezug; *Iphigénie*, das mit der Opferung Iphigenies durch ihren Vater Agamemnon die Vorgeschichte des Trojanischen Krieges aufgreift, bezieht sich auf die Eroberung der Franche-Comté. Das Stück wird bei den Siegesfeiern in Versailles uraufgeführt.

Tragödien der Liebesleidenschaft

Mit *Bérénice* (UA 1670), *Bajazet* (UA 1672) und schließlich *Phèdre* (UA 1677) variiert RACINE dagegen das in *Britannicus* erprobte neuartige Tragödienschema, das er selbst in seinen poetologischen *Préfaces* so formuliert: *„Une action simple, chargée de peu de matière, telle que doit être une action qui se passe en un seul jour, et qui, s'avançant par degrés vers sa fin, n'est soutenue que par les intérêts, les sentiments et les passions des personnages."* (*Britannicus*). Und: *„Ce n'est point une nécessité qu'il y ait du sang et des morts dans une tragédie; il suffit que l'action en soit grande, que les acteurs en soient héroïques, que les passions y soient excitées, et que tout s'y ressente de cette tristesse majestueuse qui fait tout le plaisir de la tragédie."* (*Bérénice*). Die Handlung reduziert sich dementsprechend auf einen Liebeskonflikt zwischen wenigen Figuren, der in kürzester Zeit zur Katastrophe führt. So beschränkt sich in *Bérénice* die Handlung darauf, dass Titus, der römische Kaiser, und Berenike, die Königin von Juda, in einem Akt heroischer Selbstüberwindung auf ihre Liebe verzichten, da der römische Kaiser keine ausländische Königin heiraten darf. Stellt *Bérénice* damit noch eine Heroisierung der Liebe dar, so illustrieren *Bajazet* und *Phèdre*, wie *Britannicus*, die Perversion der Liebesleidenschaft: Aus Eifersucht verursacht die Sultanin Roxane den Tod des von ihr geliebten Bajazet, der seiner Atalide treu bleiben will; und auch Phädra, die ihren Stiefsohn Hippolytos liebt, verursacht am Ende in rasender enttäuschter Leidenschaft seinen Tod, als sie von seiner Liebe zu Aricie erfährt.

Bewertung

Innerhalb der Entwicklung der französischen Tragödie werden die Stücke RACINES gemeinhin als Höhepunkt angesehen. Im Vergleich mit CORNEILLES Werken haben sie den Vorzug größerer „Re-

gelmäßigkeit" (Respektierung der Einheiten) und größerer „Tragik". Während im Theater CORNEILLES der Konflikt zwischen *amour* und *devoir* letztendlich aufgehoben wird, indem der *amour* zur Belohnung des erfüllten *devoir* wird, kommt es bei RACINE zu einer solchen Versöhnung nicht. Die Liebe, die nicht erwidert wird, führt vielmehr in den Untergang, indem sie das liebende Subjekt mit sich selbst entzweit, die Liebe in Hass verwandelt und sie so zum Instrument der Zerstörung macht. Die Zuspitzung und Verinnerlichung des tragischen Konflikts im RACINEschen Theater führt exemplarisch *Phèdre* vor: Gelingt es der Protagonistin hier zunächst, den Konflikt zwischen ihrer Pflicht (Treue zu ihrem Gatten) und ihrer Neigung (Liebe zu ihrem Stiefsohn) zu Gunsten der Pflicht zu entscheiden, ist sie schließlich der Pervertierung ihrer Liebe zu tödlichem Hass, der durch die Eifersucht bewirkt wird, hilflos ausgesetzt.

Die jansenistische Deutung

Die besondere Tragik der RACINEschen Tragödien, in denen die menschliche Natur gleichsam die Rolle des antiken Fatums übernimmt, wird vielfach als Ausdruck einer „negativen Anthropologie" gedeutet, die ihren Ursprung im jansenistischen Menschenbild haben soll (vgl. Goldmann 1955; s. S. 23 f.). Die eklatante Unfähigkeit der RACINEschen Helden, die Leidenschaft, die sie in den Untergang führt, zu beherrschen, spiegelt danach die jansenistische Auffassung von der verderbten Natur des Menschen wider *(concupiscence)*. Die Schuld, die das Individuum – oder seine Familie – in der Vergangenheit auf sich geladen hat und die seine Zukunft zerstört, lässt sich als Bild der Erbsünde deuten, der im Jansenismus besondere Bedeutung zukommt. In der Fatalität, mit der sich das tragische Schicksal der Helden ungeachtet ihrer Anstrengungen erfüllt, manifestiert sich die „Ferne" des „verborgenen" Gottes der Jansenisten.

Die politische Deutung

Ein zweiter Deutungsansatz sieht in dieser „negativen Anthropologie" einen Reflex der absoluten Monarchie. Die Hilflosigkeit der Figuren und ihr Ausgeliefertsein an ihre Leidenschaften wird hier als Ausdruck der politischen Entmündigung und Entmachtung insbesondere des Feudaladels interpretiert, dem jede Möglichkeit zum autonomen Handeln genommen ist. Die Undurchschaubarkeit ihres Schicksals, das die Figuren selbst nicht beeinflussen können, spiegelt die Allmacht des absolutistischen Monarchen. Und auch die extreme Konzentration von Raum und Zeit in der Tragödie lässt sich als Transposition der Lebensbedingungen am Hof von Versailles begreifen, wo das Indidivuum permanent dem kontrollierenden Blick des Monarchen ausgesetzt ist.

Die rezeptions- ästhetische Deutung	Neuere Forschungen (vgl. Viala 1990) warnen vor derartigen monokausalen Deutungen, die die Vielfältigkeit des RACINEschen Werkes nicht berücksichtigen. Denn dieses umfasst neben den „echten" Tragödien *(La Thébaïde, Andromaque, Britannicus, Bajazet, Phèdre)* auch solche, die ein traditionelles positiv „heroisches" Menschenbild vermitteln und mehr oder weniger „gut ausgehen" *(Alexandre le Grand, Mithridate, Iphigénie, Bérénice)*. Diese Heterogenität aber macht es unmöglich, von einer einheitlichen *vision du monde* zu sprechen, die in RACINES Theater ihren Niederschlag findet. Es ist vielmehr davon auszugehen, dass RACINE, wie auch MOLIÈRE, ästhetisch und ideologisch unterschiedliche Akzente gesetzt hat, je nachdem an welches Publikum *(la cour/la ville)* er sich in erster Linie gewandt hat. So ist es durchaus möglich, dass er in jenen Stücken, die er nicht speziell mit Blick auf den Hof konzipiert, den wachsenden religiösen und politischen Ängsten der sozialen und intellektuellen Elite der Zeit Ausdruck verleiht, während er in anderen Stücken ein höfisches Idealbild bedient. – In den Sechzigerjahren des 20 Jhs. entzündet sich an Roland Barthes' Aufsehen erregender Racine-Interpretation der Konflikt zwischen der traditionellen französischen Literaturwissenschaft und den strukturalistischen Neuansätzen der *Nouvelle critique*.
Literatur	Barthes (1963); Bénichou (1948); Goldmann (1955); Matzat (1982); Picard (1961); Rohou (1994); Viala (1990).

2 Literaturkritik und Literaturtheorie: Boileau

Biografie	NICOLAS BOILEAU, genannt BOILEAU-DESPRÉAUX, wird am 1.11.1636 in Paris als Sohn einer wohlhabenden Familie des Justizbürgertums geboren; Besuch des Collège d'Harcourt. 1652–1656 Jura- und Theologiestudium. 1657 Finanzielle Unabhängigkeit durch väterliches Erbe; Beginn der schriftstellerischen Tätigkeit. 1662 Eintritt in den geistlichen Stand. 1663 Freundschaft mit RACINE, MOLIÈRE, LA FONTAINE. 1666 Raubdruck der *Satires I–VII*. 1667 Verkehr im humanistischen Zirkel des Parlamentspräsidenten GUILLAUME DE LAMOIGNON. 1668 Publikation der *Satires I–IX*. 1669 Protektion durch Mme de MONTESPAN; Abfassung der *Epître I, au roi*. 1674 Königliche Pension. 1677 Mit RACINE Ernennung zum *historiographe du roi*. 1684 Wahl in die *Académie française*. 1687 Beginn der *Querelle des Anciens et des Modernes*. 1701 Erste Gesamtausgabe des Werks unter BOILEAUS Namen. 13.3.1711 Tod BOILEAUS in Paris.
Satiren	BOILEAUS literarisches Werk ist das eines Satirikers und Moralisten. Seine wichtigsten Vorbilder sind die lateinischen Dichter JUVENAL und HORAZ und der französische Satiriker MATHURIN RÉGNIER. In

seinen zwölf Satiren, von denen die ersten neun zwischen 1661 und 1668 entstehen, die letzten drei zwischen 1692 und 1705, greift er mit Witz, Geist und Schärfe die traditionellen Gegenstände der Satire auf: die moralische Verderbtheit der großen Stadt, in der das Geld regiert *(Sat. I)*, soziale Typen wie den Verschwender, den Geizigen, den Pedanten, den Spieler und den Frömmler *(Sat. IV)*, die Frage nach dem wahren Adel *(Sat. V)*, die menschliche Dummheit *(Sat. VIII)*; eher harmlos-unterhaltenden Charakter haben die komischen Beschreibungen eines „lächerlichen Gastmahles" *(Sat. III)* und des „Durcheinanders in Paris" *(Sat. VI)*. Der Raubdruck der *Satires I–VII* (1666), von dem BOILEAU sich vehement distanziert, zeugt von der Schärfe seiner Kritik und der Treffsicherheit seiner Satire, die ihm nicht wenige Feindschaften einträgt. Von hoher Aktualität sind insbesondere die literaturkritischen Satiren, in denen er hart mit der barocken und galanten Dichtung ins Gericht geht (TH. DE VIAU, SCARRON, G. und M. DE SCUDÉRY, QUINAULT), den Literaturpapst CHAPELAIN angreift und sich für die „neue" Autorengeneration einsetzt (MOLIÈRE, RACINE). In dem heroisch-komischen Epos *Le lutrin* (1674/1683) liefert eine Bücherschlacht eine willkommene Gelegenheit zur Kritik bestimmter Werke. Einen aktuellen Anlass hat auch die Justizparodie *L'arrêt burlesque* (1671): die Entscheidung der medizinischen Fakultät der Sorbonne, nur die aristotelische Lehrmeinung zuzulassen.

Epîtres

In dem Maße, in dem BOILEAU Zutritt zu aristokratischen Salons und schließlich zum Hof erhält, mildert sich sein Ton. In den zwölf Versepisteln, die er zwischen 1668 und 1695 verfasst und die mit Ausnahme der drei letzten an hochstehende Persönlichkeiten, darunter drei an den König, adressiert sind, bleibt er zwar seiner moralistischen Intention treu, verzichtet jedoch auf seine frühere Aggressivität. Auch politisch spiegeln seine *Epîtres,* die etwa die Friedenspolitik Colberts loben *(I)* oder die kriegerischen Erfolge des Königs preisen *(IV)*, seine Anpassung an die Meinung des Hofes. Ähnlich wie sein Freund RACINE wendet sich auch BOILEAU in den Neunzigerjahren religiösen Fragen zu *(Sat. XI, XII; Ep. XII)*.

Bedeutung

Die Bedeutung BOILEAUS liegt weniger in seinem literarischen Werk als in seiner Tätigkeit als Literaturkritiker und -theoretiker, und zwar in doppelter Hinsicht. Einerseits hat er als scharfzüngiger Kritiker eine wichtige Rolle in der Literaturszene seiner Zeit gespielt; andererseits hat sein Urteil über seine Zeitgenossen die weitere Rezeption der Literatur des 17. Jhs. lange Zeit entscheidend beeinflusst. Die Reduzierung dieser Literatur auf einen kleinen Kanon „klassischer" Autoren, aus dem die gesamte vorklassische Literatur ausgeschlossen ist, geht nicht zuletzt auf den *Art poétique* zurück. Die lange Zeit verbreitete Einschätzung Boileaus als des *„législateur du Parnasse"* und „Schöpfers" der *doctrine classique* ist hingegen eine Fehleinschätzung.

Literaturkritik und -theorie

Ungeachtet der Feindschaft mit CHAPELAIN ist BOILEAUS eigene Position der des Älteren durchaus verwandt. Auch BOILEAU vertritt eine puristische Auffassung, fordert Klarheit und Allgemeinverständlichkeit, empfiehlt die Nachahmung der Antike und insistiert auf dem moralischen Gehalt der Dichtung, ihrer Erziehungsfunktion und Verpflichtung zur Wahrheit, die er in besonderer Weise in der Satire erfüllt sieht. Er verurteilt daher nicht nur bestimmte Lyriker der Vorklassik wie THÉOPHILE wegen ihrer „Unregelmäßigkeit", sondern auch die populären Formen galanter Dichtung wie den heroisch-galanten Roman (M. de SCUDÉRY) und die neue Gattung Oper (QUINAULT/LULLI), deren preziösen Sprachgebrauch und Unwahrscheinlichkeit er kritisiert. Auch für ihn – wie für MALHERBE – ist die Dichtung ein Handwerk, dessen Beherrschung auf der Kenntnis der Regeln, dem Studium der „Alten" und auf permanenter Übung, ja „Arbeit" beruht. Diese Dichtungskonzeption im allgemeinen wie auch die Regeln für die wichtigsten literarischen Gattungen (Tragödie, Komödie, Epos sowie lyrische Kleinformen) legt er im *Art poétique* dar, einem in vier Gesängen abgefassten Text, in dem er selbst die *Ars poetica* des HORAZ „imitiert". Wirklich „große" Dichtung aber zeichnet sich für BOILEAU noch durch etwas anderes aus, das nicht erlernbar ist: durch das Erhabene *(le sublime),* das den Leser/Zuschauer erschüttert und überwältigt, ihn im ersten Moment vielleicht sogar verstört. Mit dem *Traité du sublime* (1674), der Übersetzung des anonymen Textes *De sublimitate* (1. Jh. n. Chr.), trägt er zur Verbreitung dieses Konzeptes bei, das die Regelpoetik überwindet, indem es das „Geheimnis", das *je ne sais quoi,* als das Kennzeichen der großen Dichtung ausmacht.

Die *Querelle des Anciens et des Modernes*

In exemplarischer Weise sieht BOILEAU „Erhabenheit" und „Größe" in den antiken Autoren verkörpert; nur wenigen Zeitgenossen (CORNEILLE, RACINE, MOLIÈRE) erkennt er sie ebenfalls zu; dem Großteil der zeitgenössischen, in erster Linie „gefälligen" Literatur erkennt er sie dagegen ab. Literarisch gesehen ist die Gegenwart für ihn im Vergleich mit der Antike eine Zeit der Dekadenz. In dem das 17. Jh. durchziehenden Streit um die Superiorität der antiken über die zeitgenössische Literatur, der *Querelle des Anciens et des Modernes* (s. S. 132 ff.), vertritt er damit die Position der *Anciens.* Die Auseinandersetzung, die deswegen 1687 zwischen BOILEAU und PERRAULT ausbricht, stellt den Höhe- und zugleich Endpunkt dieser *Querelle* dar. In verschiedenen Schriften, darunter in der misogynen *Satire X Contre les femmes,* die Parteigängerinnen der Modernen, vertritt BOILEAU noch einmal vehement den Standpunkt der *Anciens,* der sich historisch zu diesem Zeitpunkt jedoch schon überlebt hat.

Literatur Beugnot/Zuber (1973); Brody (1958); Fumaroli (1977); Kortum (1966).

3 Die Predigt: Bossuet

Die Kanzelrede

Die Gegenreformation stellt eine prägende Kraft im geistigen und kulturellen Leben des 17. Jhs. dar, das deswegen auch als „siècle des saints" bezeichnet wird. Ein zentrales Element der gegenreformatorischen Aktivitäten ist die Predigt, die innerhalb der lateinischen Liturgie in französischer Sprache vorgetragen wird und für viele die einzige Form religiöser Unterweisung darstellt. Ihr wird daher von den „Reformatoren" besondere Aufmerksamkeit geschenkt. Einen Höhepunkt erlebt die Gattung der Kanzelrede in der Hochklassik mit den Predigten JACQUES-BÉNIGNE BOSSUETS und LOUIS BOURDALOUES. Insbesondere BOSSUET wird seit dem 19. Jh. wegen seiner stilistischen Qualitäten als bedeutender Vertreter der klassischen Literatur gepriesen und als Modell klassischer Beredsamkeit *(éloquence)* studiert.

Biografie

JACQUES-BÉNIGNE BOSSUET wird am 27.9.1627 in Dijon geboren. Er entstammt einer alteingesessenen Familie von Juristen. Besuch des Jesuitenkollegs in Dijon, dann des Collège de Navarre in Paris. Theologiestudium an der Sorbonne. 1652 Priesterweihe und Promotion zum Doktor der Theologie. Mitglied des Domkapitels in Metz. 1659 Rückkehr nach Paris. Predigten zur Fastenzeit und zum Advent in der Stadt und am Hofe. 1669 Bischof von Condom. 1670–1680 Erzieher des Dauphins LOUIS DE FRANCE (1661–1711). 1671 Wahl in die *Académie française.* 1681 Bischof von Meaux. Publikation des *Discours sur l'histoire universelle.* 1689 Veröffentlichung von sechs *Oraisons funèbres.* 1694/95 Kampf gegen den Quietismus. 12.4.1704 Tod BOSSUETS in Meaux.

BOSSUET, der in Metz im Auftrag der *Compagnie du Saint-Sacrement* tätig ist, gehört dem *parti dévot* an. Über seine seelsorgerische Arbeit hinaus engagiert er sich in der Kirchenpolitik der Zeit: Er unterstützt den König in seinen Auseinandersetzungen mit dem Papst und im Kampf gegen den Protestantismus; in seinem Bemühen um die Einheit der katholischen Kirche und den rechten Glauben kritisiert er sowohl die Jesuiten als auch die Jansenisten und streitet gegen den Quietismus (s. S. 136). Am Hof wird er von der devoten Königinmutter ANNE D'AUTRICHE und der Königin MARIE-THÉRÈSE D'AUTRICHE (1638–1683) gefördert. Der König selbst steht ihm eher reserviert gegenüber.

Das Predigtwerk	BOSSUETS Werk umfasst eine Vielzahl theologischer und historischer Schriften. Sein Nachruhm gründet sich jedoch vor allem auf seine Predigten *(sermons)* und Leichenreden *(oraisons funèbres)* auf Mitglieder des Hofes. Während seine mehr als 200 Predigten zum größten Teil nur als Entwürfe überliefert sind, hat er sechs seiner Leichenreden 1689 selbst veröffentlicht, darunter diejenigen auf die Königinmutter ANNE D'AUTRICHE (1667), die englische Königin HENRIETTE DE FRANCE (1669), die Schwägerin des Königs HENRIETTE D'ANGLETERRE (1670), die Königin MARIE-THÉRÈSE D'AUTRICHE (1683) und den Prinzen von CONDÉ (1687). Greifbar wird in diesen Predigten einerseits das Bemühen der Gegenreformation um die Erneuerung und Vertiefung der Spiritualität aus dem Geist des Evangeliums heraus, andererseits aber auch die formale Nähe zu zentralen Prinzipien der klassischen Ästhetik. Im Vordergrund steht für BOSSUET, der seine Zuhörer zur Einkehr bewegen will, die „Verständlichkeit". In Überwindung der traditionellen, auf äußere Effekte abzielenden Rhetorik bemüht er sich um Einfachheit, Eindringlichkeit und Erhabenheit. Sein rhetorisches Modell sind die Reden des Apostel Paulus und des Erlösers selbst. Seine Hauptquelle ist die Bibel, aus der er nicht nur Themen und Beispiele schöpft, sondern der er Zitate entnimmt, die er in seinen Predigten dann vielfach variiert. In seinem Bemühen um eine einfache, natürliche, aber nichtsdestoweniger eindringliche Sprache entspricht er dem klassischen Stilideal.
Oraisons funèbres	In seinen Leichenreden gelingt es ihm, die übliche panegyrische Rede, in der die Größe des Verstorbenen gewürdigt wird, in eine echte Predigt zu verwandeln. In eindrucksvoller Weise stellt er hier den äußeren Pomp des Begräbnisses und die irdischen Leistungen der Verstorbenen der Nichtigkeit des Lebens im Angesicht des Todes gegenüber. Die Betonung der *vanité* illustriert seine strenge, jansenistisch inspirierte Frömmigkeit.
Louis Bourdaloue	Der berühmteste Prediger der Zeit ist jedoch der Jesuit LOUIS BOURDALOUE (1632–1704). Aus Bourges gebürtig, wo er das Jesuitenkolleg besucht hat, tritt er mit sechzehn Jahren in die *Compagnie de Jésus* ein und wird 1660 zum Priester geweiht. Nachdem er an verschiedenen Orten als Lehrer für Morallehre und Rhetorik gewirkt hat, kommt er 1669 nach Paris, wo er drei Jahrzehnte lang mit gleich bleibendem Erfolg als Prediger tätig ist. Zeitgenössische Zeugnisse, so die Briefe Mme de SÉVIGNÉS, bezeugen die emotionale Erschütterung, die seine Predigten ungeachtet ihrer rhetorischen Nüchternheit und Schmucklosigkeit dank ihrer unerbittlichen Analysen der menschlichen Natur bei den Zuhörern auslösen. Wie BOSSUET verkündet auch der Jesuit BOURDALOUE ein strenges augustinisches Christentum.

| Literatur | Calvet (1938); Goyet (1965); Le Goff/Rémond (1988). |

4 La Fontaine

| Biografie |

JEAN DE LA FONTAINE wird am 8.7.1621 in Château-Thierry (Champagne) geboren. Sein Vater übt ein Amt in der Verwaltung aus. Schulbesuch in Château-Thierry und Paris; Freundschaft mit FRANÇOIS DE MAUCROIX, PELLISSON, FURETIÈRE. 1645 Jurastudium in Paris. 1647 Eheschließung mit MARIE HÉRICART; ein Sohn. 1652 Amt des Oberforstmeisters in Château-Thierry. 1658 Einführung am Hofe des Finanzministers FOUCQUET durch einen Onkel seiner Frau, JANNART; LA FONTAINE überreicht FOUCQUET ein Manuskript des *Adonis*; Erhalt einer Pension. 1661 Sturz FOUCQUETS. 1663 LA FONTAINE begleitet JANNART ins Exil nach Limoges. 1664–1672 Als *gentilhomme servant* im Dienst von MARGUERITE DE LORRAINE, der Witwe von GASTON D'ORLÉANS, in Paris. 1665 *Contes et nouvelles en vers*. 1668 *Fables choisies* (Bücher 1–6). 1673–1693 Mme de LA SABLIÈRE nimmt LA FONTAINE in ihrem Haus auf. 1675 Verbot der *Nouveaux contes*. 1684 Wahl in die *Académie française*. 1693 Aufnahme durch den Bankier ANNE D'HERVART; Zurücknahme der *Contes* vor der *Académie française*. 13.4.1695 Tod LA FONTAINES in Paris.

| Das Verhältnis zum Hof |

Im Gegensatz zu den bisher behandelten bürgerlichen Autoren der Hochklassik (MOLIÈRE, RACINE, BOILEAU) vollzieht sich LA FONTAINES literarische Laufbahn nicht im Dunstkreis des Sonnenkönigs. Im Gegenteil. Mehrfach ist LA FONTAINE das Opfer von Schikanen seitens COLBERTS bzw. des Königs (1661 Anklage wegen Usurpation eines Adelstitels; 1666 Rüge wegen schlechter Erledigung seiner Amtsaufgaben; 1683 vorläufige Suspendierung seiner Wahl in die *Académie française* durch den König zu Gunsten BOILEAUS). Der Grund dafür liegt in der Treue, die LA FONTAINE seinen Gönner FOUCQUET nach dessen Amtsenthebung durch LUDWIG XIV. hält. In der *Elégie aux nymphes de Vaux* (anon. 1662) und der *Ode au roi* (1663) bittet er vergeblich um Gnade für den ehemaligen Finanzminister.

| Förderer und Publikum |

In der Forschung besteht heute weitgehend Einigkeit darüber, dass der Sturz FOUCQUETS und der Schauprozess, der ihm gemacht wird, für LA FONTAINE ein traumatisches Erlebnis darstellen, das seine kritische Einstellung zur absolutistischen Gesellschaft seiner Zeit entscheidend geprägt hat. Die Kreise, aus denen sich die weiteren Förderer LA FONTAINES wie auch sein primäres Publikum rekrutieren, weisen dieselbe Distanz zum Hof auf, sei es, dass sie dem entmachteten Schwertadel angehören (ehemalige Frondeure), sei es, dass sie religiösen Minderheiten (Jansenisten, Protestanten) nahestehen. Sowohl die Bankierstochter MARGUERITE HESSEIN, Dame de RAMBOUILLET DE LA SABLIÈRE (1640–1693), die LA FONTAINE von 1673 bis zu ihrem Tod unterstützt, als auch sein letzter Förderer, der Bankierssohn ANNE d'HERVART, entstammen hugenottischen Familien der Finanzaristokratie.

Das Werk

LA FONTAINES Nachruhm gründet sich in erster Linie auf seine Fabeln, in geringerem Maße auf seine Verserzählungen. In Wirklichkeit ist sein Werk aber sehr viel mannigfaltiger und heterogener. So finden sich neben den freizügigen Verserzählungen mehrere Beispiele religiöser Poesie, darunter das dem Cardinal de BOUILLON gewidmete *Poème de la captivité de saint Malc* (1673), das in einer Märtyrergeschichte heroische und pastorale Elemente mischt. Neben verschiedenen erfolglosen Arbeiten für das Theater (darunter die Opern *Daphné* und *Galatée*, beide publ. 1682, und *L'Astrée*, UA 1691, in der pastoralen Tradition) steht das der Duchesse de BOUILLON zugeeignete wissenschaftliche Lehrgedicht, *Poème du quinquina* (1622), in dem LA FONTAINE die Wirkung eines neuen fiebersenkenden Medikaments beschreibt. Zur Gattung der Reiseberichte schließlich gehören die sechs Briefe, die er während seiner Fahrt ins Limousin an seine Frau und den ehemaligen Freundeskreis von Vaux-le-Vicomte richtet *(Relation d'un voyage en Limousin,* 1729/1820).

Die Periode Foucquet

Ein erster Werkkomplex entsteht am Hofe FOUCQUETS. Dort debütiert LA FONTAINE 1658 mit dem Kleinepos *Adonis* (1669/1671), das die Geschichte der unglücklichen Liebe zwischen der Liebesgöttin Venus und dem Jüngling Adonis erzählt. LA FONTAINE greift auf ein von Ovid behandeltes Motiv zurück, das auch dem Epos *Adone* (1623) des italienischen Barockdichters MARINO zugrunde liegt. Wie MARINO und wie auch SAINT-AMANT in seinem *Moyse sauvé* entkleidet LA FONTAINE das Epos jedoch seines martialischen Charakters und macht aus ihm eine *idylle héroïque,* in der Liebe und Natur im Mittelpunkt stehen. Als „Gegenleistung" für die Pension, die FOUCQUET ihm gewährt, beginnt LA FONTAINE 1658 mit *Le songe de Vaux* (1729), einem Werk, das die Anlage von Vaux-le-Vicomte beschreiben soll. Da diese zu diesem Zeitpunkt jedoch noch im Bau ist, gibt der Erzähler Acante vor, in einem Traum Schloss und Garten bereits in ihrem definitiven Zustand gesehen zu haben. Die Idee dafür mag LA FONTAINE der *Hypnerotomachia Poliphili* (1499; *Liebestraum des Poliphilo*) entnommen haben, einer dem italienischen Dichter FRANCESCO COLONNA (1433/34–1527) zugeschriebenen allegorischen Architekturbeschreibung mit Initiationscharakter. Für LA FONTAINE liefert die Beschreibung der imaginären Anlage den Anlass, einen Disput zwischen den Musen über die Hierarchie der Künste herbeizu-

führen, in dem Kalliope die Überlegenheit der Dichtkunst über die anderen Künste vertritt. Der galante und spielerische Ton dieser äußerst raffinierten Werke entspricht der Atmosphäre am Hofe FOUCQUETS, der ein hervorragender Kunstkenner ist und um sich die Vertreter der galanten Kultur versammelt hat.

Les amours de Psyché et de Cupidon

Die zentralen Elemente der ersten beiden Werke kehren in dem Prosimetrum *Les amours de Psyché et de Cupidon* (1669) wieder, einer Vers und Prosa mischenden Erzählung, die frei nach OVID (um 43–17 v. Chr.; *Metamorphosen*) und APULEIUS (um 125–170; *Goldener Esel*) die Geschichte von Amor und Psyche erzählt: die Huldigung an die Liebe, der Preis der bukolischen Natur und die ästhetische Reflexion. Während eines Spazierganges, den vier Freunde durch die neugestalteten Gärten von Versailles unternehmen, trägt einer von ihnen den anderen seine Version von Psyches verzweifelter Suche nach ihrem Geliebten Amor vor. Unterbrochen wird sein Vortrag von den Diskussionen, die die Schönheiten der Gärten unter den Freunden auslösen und die Hinweise auf LA FONTAINES eigene Ästhetik enthalten: so auf das für ihn typische Streben nach *diversité* auf formaler wie inhaltlicher Ebene, das zur klassischen Forderung nach „Einheitlichkeit" im Widerspruch steht (Wechsel zwischen Vers und Prosa, Rahmenhandlung und Binnenerzählung und verschiedenen Registern wie ironisch, gefühlvoll, reflexiv etc.). Indem LA FONTAINE *Les amours de Psyché et de Cupidon* 1669 zusammen in einem Band mit *Adonis* veröffentlicht, wird die enthousiastische Beschreibung von Versailles auch zu einem subversiven Hinweis auf Vaux-le-Vicomte.

Contes et nouvelles en vers

Neben dem Fabelwerk stellen die Verserzählungen LA FONTAINES umfangreichstes zusammenhängendes Werkkorpus dar. 1665, 1666 und 1671 erscheinen die ersten drei Sammlungen, auf die 1674 die vierte folgt, deren Verkauf jedoch verboten wird. Auch in ihnen nimmt das Thema Liebe eine zentrale Stellung ein, doch wird es hier in einem anderen Ton behandelt. Die Verserzählungen stehen in der Tradition der italienischen und französischen Novellen- und Schwankliteratur des Spätmittelalters und der Renaissance, die vorzugsweise von betrogenen Ehemännern und treulosen Ehefrauen handelt. Ihr Gegenstand ist die „niedere", die körperliche Liebe, ihr soziales Milieu das der Bauern, Bürger und Kleriker. LA FONTAINES spezifische Leistung besteht darin, dass er die äußerst freizügigen Stoffe, die er BOCCACCIO, ARIOST, ARETINO und den *Cent nouvelles nouvelles* entnimmt, sprachlich so behandelt, dass sie zumindest „äußerlich" nicht mehr gegen die Regeln der *bienséance* verstoßen: *„Qui pense finement et s'exprime avec grâce,/ Fait tout passer, car tout passe."* (*Le tableau*). Ähnlich wie VOITURE imitiert LA FONTAINE spielerisch ältere Sprachformen, etwa den Stil MAROTS. In den Verserzählungen entwickelt und erprobt er damit am Beispiel tabuisierter erotischer Gegenstände jene Kunst des *„envelopper"* und *„dire sans dire"*, die er in den Fabeln zur Übermittlung eines noch wesentlich brisanteren *sens caché* einsetzen wird (vgl. Grimm 1996). Auch die Verserzählungen vermitteln jedoch nicht nur ästhetisches und erotisches *plaisir:* In der Pfaffensatire der vierten Sammlung wie in der Anprangerung herrschaftlicher Willkür *(Conte d'un paysan qui avait offensé son Seigneur)* weisen auch sie auf aktuelle soziale Missstände hin.

Fabel-tradition

Diese zeit- und gesellschaftskritische Intention prägt in noch sehr viel stärkerem Maße LA FONTAINES Fabeln. Dies entspricht der Tradition der Gattung, die in ihren Anfängen in der Antike ein spezielles Ausdrucksinstrument der Sklaven gewesen sein soll. So wird als Begründer der europäischen Fabel ein legendärer phrygischer Sklave betrachtet: ÄSOP; die erste Sammlung äsopischer Fabeln aus dem 1. Jh. n. Chr. geht auf den thrakischen Sklaven PHÄDRUS zurück. Einem Sklaven aber ist es nicht möglich, seine Ansichten „direkt" zum Ausdruck zu bringen. Die äsopische Fabel verschlüsselt ihren gesellschafts- bzw. herrschaftskritischen Inhalt daher, indem sie die Verhältnisse ins Tierreich transponiert. In ähnlicher Weise wird auch die orientalische Fabel (PILPAY) interpretiert: als das einzige, weil indirekte Mittel der Meinungsäußerung in einem despotischen Herrschaftssystem.

Les fables

Die erste Fabelsammlung LA FONTAINES erscheint 1668 (Bücher 1–6); der Autor präsentiert sie als Bearbeitungen von ÄSOP und PHÄDRUS. Die sog. zweite Sammlung folgt 1678 (Bücher 7–8) und 1679 (Bücher 9–11); in ihr orientiert sich LA FONTAINE stärker am indischen Fabeldichter PILPAY. 1693 erscheint Buch 12. Auch LA FONTAINE betont neben dem Unterhaltungswert die didaktische Komponente der Fabel: *„Une morale nue apporte de l'ennui;/ Le conte fait passer le précepte avec lui./ En ces sortes de feinte il faut instruire et plaire,/ Et conter pour conter me semble peu d'affaire."* (VI,1). Entgegen der traditionellen Interpretation der Fabeln beschränkt sich diese „Moral" jedoch nicht darauf, allgemeine Lebensweisheiten von überzeitlicher Geltung zu verkünden. Wie die neuere historisch-soziologisch orientierte Forschung gezeigt hat, setzt sich LA FONTAINE in seinen Fabeln vielmehr ganz konkret mit seiner eigenen Zeit auseinander (vgl. Couton, Jasinski, Grimm). Den Auslöser bildet die Affäre FOUCQUET, wie jene zahlreichen Fabeln andeuten, die eine Art Rechtsstreit zum Gegenstand haben und dabei die Willkür der Mächtigen anprangern: Denn das „Recht" ist immer auf der Seite des Stärkeren *(Le loup et l'agneau).* In der zweiten Sammlung (1678/1679) nimmt die Zahl der Fabeln, die in dieser Weise die Machtverhältnisse im Staat kritisieren, noch an Schärfe zu *(Les animaux malades de la peste; L'homme et la cou-*

leuvre). Schonungslos zielt LA FONTAINE auf das mit der Zeit immer stärker hervortretende Grundübel des absolutistischen Systems unter LUDWIG XIV. Weitere Themen kommen hinzu, die ebenfalls in LA FONTAINE den aufmerksamen Beobachter seiner Zeit erkennen lassen: der Handel, der Krieg, die Zwänge des Hoflebens, die Wissenschaft, schließlich philosophische Fragen der richtigen Lebensführung. Das Fabelwerk wird auf diese Weise zu einer *„ample comédie à cent actes divers"*, die in ihrer Vielfältigkeit einerseits LA FONTAINES Forderung nach *„diversité"* entspricht, andererseits aber auch ein umfassendes Panorama der Zeit aus der Perspektive eines eigenwilligen Zuschauers bietet.

Überlebens- und Schreib- strategien

Die pessimistische Einschätzung der gesellschaftlichen Machtverhältnisse (Motto: *homo hominis lupus*) ist jedoch nicht absolut. So beschreibt LA FONTAINE in seinen Fabeln auch „Überlebensstrategien", die dem Schwächeren erlauben zu triumphieren. Dazu gehören Vorsicht, Gewitztheit, realistische Einschätzung der eigenen Lage, Verzicht auf sinnlose Konfrontation und vor allem „Flexibilität" *(Le chêne et le roseau).* Das beste Beispiel einer solchen Überlebensstrategie ist aber zweifellos seine eigene Strategie als Schriftsteller, der seine Kritik nicht direkt und unverhüllt äußert, sondern in der verschlüsselten Form der Fabel, gemäß dem Motto *„plus fait douceur que violence."* Ihren prinzipiell doppeldeutigen Charakter (Mehrdeutigkeit der Tierallegorie) nutzt LA FONTAINE systematisch aus und verstärkt ihn durch verschiedene *„stratégies de désorientation"* (vgl. Grimm 1994), die die Festlegung auf eine eindeutige Aussage zusätzlich erschweren und den Verfasser so „entlasten" (erfundener „Quellennachweis" für eine brisante Fabel; Kombination scheinbar widersprüchlicher Fabeln; geographische oder historische Verfremdung etc.). Der Witz und die hohe sprachliche Kunst, die aus LA FONTAINES Fabeln wirkliche Poesie machen, ist nicht *l'art-pour-l'art,* sondern eine Form der Mimikry, die es dem Schwachen erlaubt, *„de faire passer le précepte".*

Epikureismus

Auch die Moral zahlreicher Fabeln ist subversiv. Denn LA FONTAINE ist ein Anhänger des Epikureismus, ein authentisches *„pourceau d'Epicure"* (s. S. 26 f.). Seine EPIKUR-Kenntnis geht zum einen auf die Lektüre des Lehrgedichts des LUKREZ, *De natura rerum,* zurück, zum anderen verdankt sie sich wahrscheinlich dem Kontakt mit dem GASSENDI-Übersetzer und Orientreisenden FRANÇOIS BERNIER (1620–1688), der wie auch andere bedeutende Wissenschaftler der Zeit im Salon der Mme de LA SABLIÈRE verkehrt. Die Übereinstimmungen mit dem Epikureismus im Werk LA FONTAINES sind vielfältig und von grundsätzlicher Natur: An erster Stelle ist hier die Bejahung der Natur insgesamt, vor allem aber der Liebe in all ihren Erscheinungsformen zu nennen. Auch der Mensch wird von La Fontaine als ein Teil der Natur begriffen, der sich nur graduell vom Tier unterscheidet (vgl. *Discours à Mme de La Sablière)*. Das Fabelwerk, in dem die Tiere die Protagonisten sind, spiegelt damit eine moderne „dezentrierte" und „demokratische" Auffassung wider, die den Menschen nicht länger als den Mittelpunkt bzw. Herrscher der Schöpfung betrachtet, sondern ihm einen Platz in ihr zuweist (Gegenposition zur katholischen Doktrin und zu Descartes). Hinzu kommt die Kritik an Vorurteilen, Aberglauben und Scharlatanerie. Typisch epikureisch ist schließlich auch die Aufforderung zur Mäßigung und die Empfehlung der *retraite,* des Rückzugs aus der Gesellschaft. Die schonungslose Gesellschaftskritik der Fabeln und die epikureische Moralphilosophie verbinden sich dabei insofern, als eine Besserung der Verhältnisse, wenn überhaupt, nur dadurch möglich erscheint, dass der Einzelne in einem Akt der Selbsterkenntnis, Selbstbeherrschung und Selbstbescheidung seine zerstörerischen Affekte unter Kontrolle bekommt.

Literatur Couton (1959); Génetiot (1997); Grimm (1994); Grimm (1996); Jasinski (1966).

5 Die mondänen Gattungen: Maxime, Brief, Memoiren

Sozialer Ort Es ist ein neues Phänomen in der Hochklassik, dass sich zunehmend auch Mitglieder der Hocharistokratie literarisch betätigen. Ein Grund dafür ist die Entmachtung des Hochadels, der seine politische Tatenlosigkeit durch kulturelle und speziell literarische Aktivitäten kompensiert. Im Fall des Herzogs von La Rochefoucauld und des Kardinals von Retz dienen sie zudem einer Art „Vergangenheitsbewältigung": Beide waren in die Fronde verstrickt. Und auch Mme de Sévigné, die im Hause Foucquets verkehrte, gehört zu jener sozialen Elite, die über genügend geistige und materielle Unabhängigkeit verfügt, um die höfische Gesellschaft kritisch zu beobachten.

Kennzeichen Gemeinsam ist den höchst unterschiedlichen literarischen Arbeiten dieser Autoren, dass sie ursprünglich nicht zur Veröffentlichung bestimmt sind. Ihre Verfasser verstehen sich nicht als professionelle Schriftsteller. Gedruckt erscheinen diese Werke daher nur postum oder anonym. Ihre primäre Bestimmung erfüllen sie als Bestandteile der gesellschaftlichen Kommunikation im Salon.

Esthétique de la négligence Die Maximen La Rochefoucaulds, die Briefe der Mme de Sévigné und die Memoiren des Kardinals von Retz zirkulieren zunächst nur im Salon, im Kreis vertrauter Freunde. Mögen sie einerseits auch der Belehrung dienen, so zielen sie andererseits doch in erster Linie auf die Unterhaltung, das *plaisir,* der Gäste ab. Das prägt ihre Ästhetik. Ihre Form spiegelt das Bemühen der Verfasser, ihre Zuhörer zu fesseln und zu amüsieren, sie in Spannung zu halten und zu überraschen. Das ästhetische Ideal ist die Natürlichkeit; Gelehrsamkeit und Pedanterie sind verpönt; angestrebt werden wie in der Konversation ein abwechslungsreicher, geistreicher Ton und die Einbeziehung der Zuhörer. Durch ihren betont dialogischen Charakter entsprechen die SÉVIGNÉ-Briefe in besonderer Weise diesem Ideal. Durch ihre Orientierung an dem im Salon herrschenden Ton tragen die mondänen Gattungen zur Entwicklung der modernen französischen Prosa bei, durch ihren stark introspektiven Charakter zur Verfeinerung der Psychologie.

1 Die Maxime: La Rochefoucauld

Der soziale Kontext

FRANCOIS VI, Duc de LA ROCHEFOUCAULD (1613–1680), entstammt einem alten französischen Adelsgeschlecht. Als Mitglied des Schwertadels ist er mehrfach in Intrigen gegen RICHELIEU und MAZARIN verstrickt, die ihn am Hof in Misskredit bringen und veranlassen, sich auf seine Besitztümer zurückzuziehen. Seine Beteiligung an der *Fronde des princes* auf Seiten des Großen CONDÉ macht seiner politischen Karriere definitiv ein Ende. Aus dem Exil nach Paris zurückgekehrt (1656), wird er von seinem Onkel, dem Herzog von LIANCOURT, in seinem Haus aufgenommen. Gleichzeitig verkehrt er im Salon von MADELEINE DE SOUVRÉ, Marquise de SABLÉ (1599–1678), einer der bedeutendsten Preziösen der Zeit, die im Hôtel de Rambouillet, bei den *samedis* der Mlle de SCUDÉRY und im Kreis der Grande Mademoiselle zuhause ist. Nach ihrer Konversion (1655) unterhält sie im Kloster Port-Royal de Paris einen Salon, in dem neben bedeutenden Jansenisten wie ROBERT ARNAULD D'ANDILLY (1589–1674) und PASCAL auch Mme de LONGUEVILLE und Mme de LA FAYETTE verkehren. Auch der Duc de LIANCOURT steht dem Jansenismus nahe. In diesem Kreis entstehen die Maximen LA ROCHEFOUCAULDS. Eine erste Ausgabe seiner *Réflexions ou Sentences et maximes morales* mit 371 Maximen erscheint anonym 1665; bis 1678 folgen noch vier weitere. Die letzte enthält 504 Maximen. Postum werden 1731 seine *Réflexions diverses* herausgegeben. Die Ausgabe seiner *Mémoires* (1662) ist vom Autor nicht autorisiert. Die Maximen der Marquise de SABLÉ werden 1678 ebenfalls postum publiziert.

Definition

Die Maxime gehört zu den sog. einfachen Formen. In möglichst prägnanter Formulierung enthält sie eine Lebensweisheit oder Verhaltensregel. Sie wird bereits in der Antike und im Mittelalter gepflegt, jedoch erst im 17. Jh. in Frankreich zu einer Kunstform erhoben.

Gegenstand der Maxime LA ROCHEFOUCAULDS und seines Kreises ist die Analyse des menschlichen Verhaltens, der Leidenschaften und Handlungsantriebe. Den Ausgangspunkt bildet die Überzeugung, dass *„souvent nos vertus ne sont que des vices déguisés."* Das Ziel ist daher die Aufklärung des Menschen über sich selbst und seine ihm vielfach unbewussten eigentlichen Antriebe. Die zentrale Antriebskraft des Menschen ist für LA ROCHEFOUCAULD der *amour-propre.* Auch Freundschaft und Liebe sind für ihn nur verkappte Formen der Selbstliebe, nichts anderes als *„un ménagement réciproque d'intérêts, ... un échange de bons offices."* (Max. 83) Den Hintergrund dieses pessimistischen Menschenbildes bildet die jansenistische Auffassung von der durch den Sündenfall verdorbenen Natur des Menschen, den sein *amour-propre* sowohl an der wahren Liebe zu Gott als auch zu seinen Mitmenschen hindert. Dies bedeutet jedoch keineswegs, dass LA ROCHEFOUCAULD die Tugend selbst generell leugnet. Als Ideal, das freilich nur von außergewöhnlichen Menschen zu erreichen ist, bleibt sie durchaus als Wert erhalten. Die schonungslose Aufklärung über die „falsche Tugend" ist ein Schritt auf dem Weg zur wahren Tugend.

Mit seiner Analyse der menschlichen Natur steht LA ROCHEFOU-CAULD in der Tradition der theologisch oder moralphilosophisch inspirierten Traktatliteratur seit der Renaissance, deren Ziel die moralische Erziehung des Menschen ist (CASTIGLIONE, *Il libro del cortegiano,* 1528; MONTAIGNE, *Essais,* 1580; BALTASAR GRACIÁN, *Oráculo manual y arte de prudencia,* 1647). Gleichzeitig setzt er die von den Preziösen im Salon gepflegte Analyse menschlicher Gefühle (Freundschaft, Liebe) fort, die ihren Niederschlag insbesondere in der Gattung des Porträts gefunden hat. Seine besondere Leistung besteht darin, auf weitschweifige Erörterungen zu verzichten und seine Morallehre stattdessen in extrem knappen, pointierten Formulierungen zu kondensieren und sie so für sein mondänes Publikum „genießbar" zu machen. Ähnlich wie LA FONTAINE benutzt auch LA ROCHEFOUCAULD den Stil, d. h. die ästhetische Überhöhung des Inhalts durch die kunstvolle Formulierung (Antithesen, Paradoxien, Überspitzung, Verknappung), um auf unterhaltsame Weise eine Moral zu vermitteln. Er gehört damit zu der bedeutenden Gruppe der französischen Moralisten, die bei ihrer kritischen Beschreibung der menschlichen Natur die erzieherische Funktion mit der ästhetischen so verbinden, dass es zu einer Dominanz der ästhetischen kommt.

Ansmann (1972); Delft (1982); Roth (1981); Stackelberg (1982).

Biografie

MARIE DE RABUTIN-CHANTAL, Marquise de SÉVIGNÉ (1626–1696), ent-stammt einer Familie des Schwertadels mit Verbindung zur Hochfinanz. Früh verwaist, erhält sie dennoch eine sorgfältige Erziehung in moderner Literatur und den adligen Künsten wie Tanzen und Singen. Dank ihres Scharms, ihrer Intelligenz und ihrer Kultiviertheit ist sie ein gefragter Gast in allen wichtigen Salons, bei FOUCQUET und eine Zeit lang auch am Hofe. 1644 heiratet sie den bretonischen Adligen HENRI DE SÉVIGNÉ. 1646 wird ihre Tochter, 1648 ihr Sohn geboren. Ihre Haltung zum Hof ist distanziert: Die Beteiligung ihres Mannes an der Fronde, ihre eigene Sympathie für FOUCQUET, schließlich 1665 die Verhaftung ihres Cousins BUSSY-RABUTIN kompromittieren sie in den Augen LUDWIGS XIV. Ihre Briefe, in denen sich manche ironische Beschreibung des Hoflebens findet, geben diese Distanz wieder, die sie mit ihren engsten Freunden teilt: LA ROCHEFOUCAULD, Mme de LA FAYETTE, dem Kardinal von RETZ.

Das Werk

Mme de SÉVIGNÉ hat sich selbst nie als Schriftstellerin betrachtet. Ihr „Werk", 1155 Briefe, gehört ausschließlich der Privatsphäre an. Die außerordentlichen ästhetischen Qualitäten ihrer Briefe lassen diese jedoch zu einem Höhepunkt der Literatur der Klassik und einem Modell der modernen Briefliteratur werden. Die Gründe für ihr Schreiben sind rein privater Natur: 1671 heiratet ihre über alles geliebte Tochter Françoise-Marguerite (1646–1705) den Comte de GRIGNAN und siedelt mit ihm in die Provence über. Damit beginnt eine regelmäßige Korrespondenz. Weitere wichtige Briefpartner der Mme de SÉVIGNÉ sind ihr Cousin ROGER DE RABUTIN, Comte de BUSSY (1618–1693), der sich nach der Entlassung aus der Haft auf seine Länder zurückziehen muss, der Freund und Gelehrte GILLES MÉNAGE sowie der Marquis de POMPONNE, ein Enkel des Jansenisten ARNAULD.

Kennzeichen

Die große Leistung Mme de SÉVIGNÉS als Briefschreiberin besteht darin, dass sie den Ton der mündlichen Konversation im Salon in die schriftliche Kommunikation des Briefes zu übertragen versteht. So spiegeln etwa ihre Briefe an BUSSY-RABUTIN den scherzhaften, mit amourösen Untertönen versehenen Ton wider, der den galanten Umgang zwischen Mann und Frau kennzeichnet. In den Briefen, in denen sie die neuesten Nachrichten aus Paris mitteilt, bemüht sie sich dagegen, der jeweiligen „Geschichte" die Spannung einer „richtigen" Erzählung zu geben. Ungeachtet des Eindrucks außerordentlicher Natürlichkeit und Lebendigkeit, den ihre Briefe vermitteln, verraten diese daher auch das Bemühen um stilistische Durchformung. Ihr Ziel ist nicht die platte Mitteilung einer Information; dies schon deswegen nicht, weil die

„eigentliche" Mitteilung, die Liebe der Mutter zu ihrer Tochter, nicht mitteilbar ist. Gleichgültig, ob der Gegenstand des Briefes bedeutend ist (ein historisches Ereignis) oder aber dem Privatbereich angehört (die Schwangerschaften der Tochter), stets bemüht sich die Verfasserin daher, diesem Gegenstand eine interessante, die Aufmerksamkeit des Briefpartners stimulierende sprachliche Form zu geben. Charakteristisch für die Mentalität der Epoche wie auch der sozialen Schicht, der Mme de Sévigné angehört, ist dabei das Vorherrschen eines geistreichen Tons, der Pathos und Gefühlsduselei vermeidet und noch die intimsten Gefühlsäußerungen der Briefschreiberin mit einem Hauch von Selbstironie versieht und mit dem Schleier der *discrétion* bedeckt. Durch diesen Stilwillen sind die Briefe der Mme de Sévigné ein authentisches literarisches Werk, denn sie verwandeln die Wirklichkeit in ein Sprachkunstwerk.

Publikation Bussy-Rabutin ist der erste, der die literarische Qualität der Briefe seiner Kusine erkennt. Als Teil seiner Korrespondenz werden daher 1697 auch die ersten Briefe Mme de Sévignés publiziert. Im 18. Jh. veranlasst Mme de Simiane, die Tochter Mme de Grignans, die Veröffentlichung eines weiteren Teils der Briefe, allerdings ohne die Briefe ihrer Mutter, die sie vernichtet hat. Durch die Eingriffe des Herausgebers bieten diese Ausgaben jedoch nur ein entstelltes Bild der Briefschreiberin. Erst die Entdeckung eines unbekannten Manuskripts (1873) hat es möglich gemacht, die Verfälschungen teilweise zu korrigieren.

Literatur Duchêne (1992); Nies (1972).

3 Die Memoiren: Der Cardinal de Retz

Memoiren-literatur Die Gattung der Memoiren, die in Frankreich ihren Ursprung im Werk des königlichen Historiographen Philippe de Commynes (1447–1511) hat, ist eine hybride Gattung. Sie nimmt eine Zwitterstellung zwischen Geschichtsschreibung und Autobiographie ein. Ihr Gegenstand ist die Darstellung der Zeitgeschichte, jedoch nicht aus einer objektiven, überparteilichen Perspektive heraus, sondern aus der subjektiven Sicht einer (mehr oder weniger) bedeutenden Persönlichkeit, die in diese Geschichte unmittelbar verwickelt war und ihre Hintergründe retrospektiv darzulegen sucht. Charakteristisch für die Memoirenliteratur des 17. Jhs. ist, dass sie das Medium der politisch „Gescheiterten" ist, die sich nach der Enttäuschung ihrer politischen Absichten aus dem öffentlichen Leben zurückziehen mussten. Die Mehrzahl von ihnen gehört der hocharistokratischen Opposition gegen die „Tyrannei" der Minister Richelieu und Mazarin an; so der Marschal François

DE BASSOMPIERRE (1579–1646; *Mémoires*, 1665) oder die Frondeure LA ROCHEFOUCAULD (*Mémoires*, 1662) und Mlle de MONTPENSIER (*Mémoires*, 1718). Auch BUSSY-RABUTIN verfasst seine *Mémoires* (1696) fern vom Hof im Exil. Dies verleiht den „Erinnerungen" vielfach apologetischen Charakter. In ihnen versuchen die Autoren, ihr früheres Verhalten zu erklären und der Nachwelt so ihr „wahres" Bild zu überliefern. Das Vorbild der Memoiren sind denn auch ebenso CAESARS *De bello gallico* wie die *Confessiones* des AUGUSTINUS.

Cardinal de Retz

Unter den Memorialisten nimmt der Kardinal von RETZ eine Sonderstellung ein. Und zwar sowohl wegen der literarischen Qualitäten seiner Memoiren als auch wegen der Farbigkeit seiner Person, die noch STENDHAL in *La chartreuse de Parme* inspirieren wird. Die Familie von JEAN-FRANÇOIS-PAUL DE GONDI (1613–1679) ist italienischer Herkunft. Sein Großvater, Bankier in Lyon, wird von CATHERINE DE MÉDICIS zum Herzog und Pair erhoben. Als jüngster Sohn der Familie ist PAUL DE GONDI für den geistlichen Beruf bestimmt. Er absolviert sein theologisches Studium mit Bravur, wird 1643 zum Koadjutor des Erzbischofs von Paris und 1651 zum Kardinal ernannt. Ungeachtet dieser geistlichen Ämter ist GONDI ein berüchtigter Frauenheld und politischer Ränkeschmied. In mehrere Verschwörungen gegen RICHELIEU verstrickt, wird er 1648 zu einer zentralen Figur der Fronde. Nach ihrer Niederschlagung wird er gefangen genommen, doch 1654 gelingt ihm die Flucht aus der Bastille, die ihn durch halb Europa führen wird. 1661 erhält er im Gegenzug für seinen Verzicht auf das Erzbistum von Paris die Erlaubnis, nach Frankreich zurückzukehren. Die letzten beiden Lebensjahrzehnte verbringt er hauptsächlich in den Abteien von Commercy und Saint-Mihiel, wo er wahrscheinlich zwischen 1670 und 1675 die Erinnerungen an sein abenteuerliches Leben verfasst.

Mémoires

Die *Mémoires* (1717) des Kardinals von RETZ verbinden in gelungener Weise die historische Beschreibung mit der Autobiografie. In der ersten Person abgefasst und an ein (weibliches) „vous" gerichtet, hinter dem man Mme de SÉVIGNÉ vermutet, zeichnen sie sich durch einen sehr persönlichen, direkten und individuellen Ton aus, wie er auch dem Privatbrief und der Konversation zwischen Freunden eigen ist. Das erklärte Bemühen um Aufrichtigkeit in der Darstellung der eigenen Person und die bewusste Konzentration auf die eigene Geschichte nähern sie der modernen Autobiografie an. Mit seinen gnadenlosen Porträts von Figuren der Zeitgeschichte (ANNE D'AUTRICHE, GASTON D'ORLÉANS, RICHELIEU, MAZARIN etc.) und den zahlreichen in den Text eingestreuten Sentenzen, in denen er die Lehren aus seinen Erlebnissen formuliert, liefert er jedoch auch einen Beitrag zur Geschichtsschreibung. Seine Intention ist dabei mit der der Moralisten zu vergleichen: Auch er versucht, möglichst illusionslos die Motive menschlichen Handelns aufzudecken. Die Ungebrochenheit allerdings, mit der er an der aristokratischen Konzeption des „großen" heroischen Individuums festhält, unterscheidet ihn von LA ROCHEFOUCAULD und verleiht seinen Memoiren etwas ausgesprochen Romaneskes.

Tallemant des Réaux

Zu den Memorialisten wird auch GÉDÉON TALLEMANT DES RÉAUX (1619–1692) gezählt, obgleich seine *Historiettes* vom klassischen Typ der Memoiren grundsätzlich abweichen. Ihr Verfasser, der einer reichen protestantischen Bankiersfamilie aus La Rochelle entstammt und auch ein guter Bekannter des Kardinals von RETZ ist, verkehrt im Hôtel de Rambouillet, im Kreis um CHAPELAIN und im *Cabinet* der Brüder DUPUY. Die intime Kenntnis von *tout Paris,* die er dort erwirbt, geht in seine *Historiettes* ein, mehr als 300, mit zahlreichen Anekdoten ausgeschmückte, jedoch durchaus wahre „Geschichten", in denen er bekannte Zeitgenossen scharfzüngig porträtiert. Die *Historiettes,* die erst 1834/35 publiziert werden, liefern ein amüsantes, aber auch informatives Bild der Gesellschaft zur Zeit RICHELIEUS und MAZARINS.

Literatur

Bertière (1977); Hipp (1976).

6 Roman und Novelle

1 Neue Erzählformen

Neue Romanästhetik

Die Entwicklung der Narrativik in der zweiten Jahrhunderthälfte ist durch einen radikalen Bruch gekennzeichnet. Die Hauptströmungen des Romans der ersten Jahrhunderthälfte, der heroischgalante und der komische Roman, erleben keine Fortsetzung. Der Grund dafür liegt in der Forderung nach mehr Realismus (s. S. 70 Romankritik). Dies impliziert den Verzicht einerseits auf den Idealismus des heroisch-galanten Romans, andererseits aber auch auf die satirische Verzerrung der Wirklichkeit im komischen Roman. Mit dem *roman héroïque* entfällt auch seine Parodie, der *anti-roman.* Gefordert wird jetzt die Darstellung des „wahren Lebens" in einem „ernsthaften" Ton. Die Ursachen dieser Entwicklung sind sowohl ästhetischer als auch gesellschaftlicher Natur.

Modell Novelle

Äußerlich wird die Veränderung fassbar an der Ersetzung des Begriffs Roman durch *nouvelle* und *histoire* als vorherrschende Gattungsbezeichnungen. Die Autoren knüpfen damit an die Novellentradition an, die in der ersten Jahrhunderthälfte bereits von SOREL und SCARRON allerdings ohne nachhaltiges Echo erprobt wird (s. S. 78 f.). Ab 1660 aber nimmt die Zahl der als *nouvelle* oder *histoire* bezeichneten Texte kontinuierlich zu. Der Vorzug der Novelle gegenüber dem traditionellen Roman wird von JEAN REGNAULT DE SEGRAIS (1624–1701) programmatisch in seinen *Nouvelles françaises* (1656) formuliert. So habe sich der Roman in seiner Darstellung des Geschehens nach der *bienséance* zu richten, während die Novelle der *Histoire*, d. h. der historischen Wahrheit, verpflichtet sei. In den Begriffen Neuigkeit und Geschichte artikuliert sich genau dieser Anspruch auf Wahrheit und Authentizität des Berichteten.

Vereinfachung

Formal unterscheidet sich die Novelle vom traditionellen Roman durch ihre Kürze und die linear-chronologische Darstellung des Geschehens. Mit ihrer Beschränkung auf ein zentrales Ereignis, den Verzicht auf Nebenhandlungen und die Verminderung der Figurenanzahl entspricht sie der klassischen Forderung nach „Einheit". Außerdem spielt sich das Geschehen nicht länger in großer zeitlicher und räumlicher Entfernung ab (Antike, Orient), sondern in der Gegenwart bzw. nahen Vergangenheit. Die Forderung nach „Wahrscheinlichkeit" sowohl im Hinblick auf die Handlung als auch auf die Figurenzeichnung bedingt den Verzicht auf allzu romaneske Verwicklungen (Entführungen, Schiffbrüche, Kriege) und moralisch allzu perfekte Helden und Heldinnen. Gegenstand der Erzählung werden nun mehr oder weniger „normale" Schicksale und die moralischen Probleme, die sich aus ihnen ergeben.

Desillusionierung

Die Forderung nach *vraisemblance* impliziert den Verzicht auf Idealisierung der Figuren. Charakteristisch für den Roman der Hochklassik ist denn auch die Entthronung des Helden („démolition du héros", Bénichou 1948), die gleichzeitig auch im Theater RACINES und in der Moralistik LA ROCHEFOUCAULDS zu beobachten ist. Auch der Roman wird jetzt zu einem Mittel der Demaskierung und Desillusionierung, mit dessen Hilfe die wahren Hintergründe des gesellschaftlichen wie des privaten Lebens enthüllt werden. In dieser Hinsicht wird die Tradition des komisch-satirischen Romans fortgesetzt, wenn auch mit anderen sprachlichen Mitteln. Die aufklärerisch-desillusionierende Analyse macht auch vor dem Hauptgegenstand der Romanliteratur, der Liebe, nicht halt. In den Mittelpunkt rückt jetzt die Gefährdung, die aus den Leidenschaften sowohl für das Individuum als auch für die soziale Ordnung resultiert.

Fait divers

Je nach Art des gewählten Sujet lassen sich zwei verschiedene Varianten der Novelle bzw. des neuen Romans unterscheiden. Die erste hat ein *fait divers* zum Gegenstand, d. h. ein mehr oder weniger alltägliches aktuelles Ereignis. Entwickelt wird diese Form der realistischen, anekdotenhaften Erzählung besonders von JEAN

DONNEAU DE VISÉ (1638–1710) in seinen *Nouvelles galantes, comiques et tragiques* (1669), in denen es um alle Arten von pittoresken Alltagsbegebenheiten geht. 1672 gründet er die Zeitschrift Le *Mercure galant*, in der gerade diese Art der unterhaltsamen Erzählung, die oft auf einer wahren Begebenheit beruht und einen gewissen Enthüllungscharakter hat, einen wichtigen Platz einnimmt. Mit ihrer unverhüllten bzw. enthüllenden Darstellung breiter Kreise der zeitgenössischen Gesellschaft stellt sie einen wichtigen Schritt auf dem Weg zum modernen Gesellschafts- und Sittenroman des 18. Jhs. dar. Dies gilt auch für das bekannteste Werk von MARIE-CATHERINE DESJARDINS, die sich Mme de VILLEDIEU (1639–1683) nennt: die fiktiven *Mémoires de la vie de Henriette-Sylvie de Molière* (1671–1674). Die Briefe, in denen hier eine Frau freimütig über ihr Leben und ihre Abenteuer Auskunft gibt, ergeben ein buntes Bild der zeitgenössischen Realität. Die Verwendung der Memoirenform belegt das Streben nach Authentizität.

Nouvelle historique

Die zweite Variante wählt ihren Gegenstand aus der „Geschichte", allerdings nicht mehr aus der antiken, sondern aus der unmittelbar vergangenen nationalen Geschichte. Vielfach dient dabei die Situierung in einem präzisen historischen Kontext jedoch nur der Schaffung eines „realistischen" Ambientes; die Protagonisten und ihre Abenteuer bleiben rein fiktiv. So wählt Mme de VILLEDIEU für die Novellen ihres *Journal amoureux* (1669) die Epoche der Renaissance als Hintergrund und für die Novellen aus Les *désordres de l'amour* die Zeit der Religionskriege, das eigentliche Thema aber ist stets die Psychologie der Liebe. Im zweiten Typus der *nouvelle historique* geht es tatsächlich um die politische Geschichte. Hier steht die Enthüllung der Hintergründe des historischen Geschehens im Mittelpunkt. Diese wird geleistet, indem die individuellen Antriebe der handelnden historischen Figuren aufgedeckt werden. Die Verbindung von Geschichte und Fiktion wird dabei durch die Überzeugung legitimiert, dass die Geschichte von Individuen gemacht wird, deren Leidenschaften ihre politischen Entscheidungen und den Gang der Geschichte bestimmen. Ein herausragendes Beispiel für diese Art der *nouvelle historique* stellt die lange Erzählung *Dom Carlos* (1672) von CÉSAR VICHARD, Abbé de SAINT-RÉAL (1643–1692), dar. In ihr führt SAINT-RÉAL das tragische Schicksal des spanischen Thronfolgers Don Carlos auf seine unglückliche Liebe zu seiner jungen Stiefmutter, Elisabeth von Frankreich, und auf das eifersüchtige Misstrauen seines Vaters, des Königs Philipp II. von Spanien, zurück. Die historische Novelle bzw. der „neue" historische Roman ist damit ein Zwitter aus Geschichtsschreibung und psychologischem Roman, in dem die Einflüsse der zeitgenössischen Memoirenliteratur und Moralistik fruchtbar werden. Sehr viel stärker der Satire verwandt ist dage-

gen die *Histoire amoureuse des Gaules* (1665) von Bussy-Rabutin. Auch in ihr wird eine *histoire secrète* enthüllt, diese ist aber vorwiegend erotischer Natur.

Soziologische Hintergründe

Die Abwendung vom traditionellen Roman ist zum einen durch den Wandel der ästhetischen Normen bedingt. Zum anderen aber spielen die gesellschaftlichen Veränderungen eine Rolle. Für den entmachteten Adel ist der Heroismus der heroisch-galanten Romane nur noch eine Fiktion, ein Traum, der der Vergangenheit angehört. Da Einfluss und Macht zunehmend in die Hände des (Finanz-)Bürgertums übergehen, erlangen dessen Lebensweise und Werte auch in der Literatur immer stärker an Bedeutung. Dies bedeutet jedoch nicht, dass das Romaneske und Außergewöhnliche, das Heroische, ganz aus der Erzählliteratur verschwände. Es nimmt jedoch andere, weniger spektakuläre Formen an, die der neuen Lebensweise der Eliten eher angemessen sind.

2 Der psychologische Roman: Mme de La Fayette

Biografie

Marie-Madeleine Pioche de La Vergne, Comtesse de La Fayette, wird 1634 in Paris geboren. Sie entstammt dem niederen Adel. 1655 heiratet sie den Grafen François Motier de La Fayette; aus der Ehe gehen zwei Söhne hervor. Sie ist mit zahlreichen Schriftstellern befreundet, die sie auch bei der Abfassung ihrer literarischen Werke beraten: Ménage, Huet, Segrais. Sie verkehrt im Hôtel de Rambouillet und im Salon der Mme de Sablé, unterhält aber auch Kontakte zum Hof, insbesondere zu Henriette d'Angleterre, der ersten Frau Philipps von Orléans und Schwägerin Ludwigs XIV. Gleichzeitig verbindet sie eine enge Freundschaft mit Mme de Sévigné, dem Cardinal de Retz und vor allem mit La Rochefoucauld. Mme de La Fayette stirbt am 25.5.1693 in Paris.

Das Werk

Ihr literarisches Werk ist schmal. Es umfasst die Novellen *La princesse de Montpensier* (1662) und *La comtesse de Tende* (1718) sowie die Romane *Zaïde* (1670/71) und *La princesse de Clèves* (1678). Mit Ausnahme von Zaïde, das unter dem Namen Segrais veröffentlicht und von Huets *Traité de l'origine des romans* eingeleitet wird, sind alle Werke anonym erschienen; sie sind zumindest teilweise in Zusammenarbeit mit Ménage, Segrais und La Rochefoucauld entstanden. Daneben hat Mme de La Fayette auch zwei historiographische Werke verfasst, die von ihrem Interesse an der Geschichte und ihrer Vertrautheit mit dem Leben am Hofe zeugen: die wahrscheinlich 1665–1669 entworfene *Histoire de Madame Henriette d'Angleterre* (1720) sowie die *Mémoires de la Cour de France pour les années 1688 et 1689* (1731).

Charakteristika

Mit Ausnahme von *Zaïde*, das noch die typische Bauform des heroisch-galanten Romans aufweist, gehören die Werke Mme de LA FAYETTES der neuen Gattung der historischen Novelle an. *La princesse de Clèves* wird nur auf Grund der Länge des Textes nicht als Novelle, sondern als Roman bezeichnet, entspricht ansonsten jedoch ebenfalls der neuen Romanpoetik. Der Rahmen ist in allen drei Werken ein historischer: Frankreich im 16. Jh. und der Hof der letzten Valois. Den Kern der Handlung bildet jeweils die leidenschaftliche Liebe einer jungen verheirateten Frau der Hocharistokratie zu einem anderen als ihrem Ehemann. Anders als im heroisch-galanten Roman wird die Liebe hier also als eine zerstörerische Macht dargestellt, der der Mensch hilflos ausgesetzt ist und die ihn in den Untergang reißt. Diese düster-pessimistische Sicht der Liebe verbindet auch *Zaïde* mit den anderen Werken. Seine perfekteste Ausgestaltung erfährt die Problematik des Kampfes zwischen entfremdender Leidenschaft und Selbstbewahrung in *La princesse de Clèves,* das einen ersten Höhepunkt in der Geschichte des psychologischen Romans *(roman d'analyse)* darstellt. Als Abgesang auf das Zeitalter des aristokratischen Heroismus ist er zugleich auch ein eminent politischer Gesellschaftsroman.

Hofkritik

Die Geschichte der jungen Mme de Clèves, die sich in den Duc de Nemours verliebt, vergeblich gegen diesen *amour-passion* ankämpft und sich nach dem Tod ihres von der Eifersucht zerstörten Ehemanns in ein Kloster zurückzieht, wo sie endlich Ruhe findet, spielt sich im Verlauf eines einzigen Jahres ab. Zeitlich ist das Geschehen damit stark konzentriert. Seinen äußeren Rahmen bildet das Leben am Hof Heinrichs II., dessen Glanz und Pracht eingangs suggestiv beschworen werden; die Erwähnung von Heinrichs Tod im Jahre 1559 erlaubt, die Handlung historisch exakt zu situieren. Die Evokation des historischen Hintergrundes erschöpft sich jedoch nicht darin, durch besonderes Zeit- und Lokalkolorit den Eindruck von Realismus zu schaffen. Das eigentliche Ziel ist vielmehr eine erbarmungslose Kritik des Hoflebens. Hinter dem glänzenden äußeren Schein wird nämlich schon bald die Wirklichkeit des Hofes sichtbar, der von der Jagd nach dem Vergnügen und der Lust an der Intrige beherrscht wird, die sich aus Ehrgeiz, Neid und Rivalität speist. Besondere Brisanz erhält dieser Akt der Demaskierung dadurch, dass hinter dem Hof Heinrichs II. der Hof LUDWIGS XIV. erkennbar wird. Mit Hilfe der historischen Kostümierung kritisiert Mme de LA FAYETTE also letzten Endes die höfische Gesellschaft ihrer eigenen Zeit.

Leidenschaft

In dieser korrumpierten Gesellschaft, über deren wahre Natur Mme de Clèves in vier eingeschobenen Erzählungen auf indirekte Weise aufgeklärt wird (*mise en abyme* einer Poetik der Entlarvung), stellt die Protagonistin eine Ausnahme dar. Von ihrer Mutter fern vom Hof im Respekt alter aristokratischer Werte erzogen, kämpft Mme de Clèves um den Erhalt ihrer *vertu* und ihrer *gloire*. Mit allen Mitteln – sie gesteht ihrem Mann ihre Liebe zu einem anderen – versucht sie daher, jenen *amour-passion* abzuwehren, den sie als Bedrohung ihrer Tugend und ihres Selbstwertgefühls empfindet. Doch vergeblich. Selbstüberwindung und Selbstbeherrschung *(maîtrise de soi)*, wie sie sowohl die Helden der heroisch-galanten Romane als auch des CORNEILLESchen Theaters kennen, sind für diese Menschen zu unerreichbaren Zielen geworden; sie haben nurmehr den Status von Idealen, die an eine vergangene, bessere Epoche gemahnen. Indem sie auch nach dem Tod ihres Mannes auf die Erfüllung ihrer Liebe verzichtet, beweist jedoch auch Mme de Clèves ihre unerschütterliche Treue zu bestimmten Werten und liefert ein Beispiel für den „alten" Heroismus. Diese Haltung aber stellt jetzt einen Akt der Verweigerung der Gesellschaft gegenüber dar, der daher von dieser auch nicht mehr „belohnt" wird.

Repos

Mit ihrer pessimistischen Auffassung von Freiheit und Selbstbestimmheit des Menschen folgt Mme de LA FAYETTE wie ihr Freund LA ROCHEFOUCAULD dem jansenistisch-augustinischen Menschenbild und seiner Konzeption der Leidenschaften. Der Heroismus, mit dem ihre Heldin am Ende auf die Erfüllung ihrer Liebe verzichtet, macht aus dieser jedoch auch wieder eine „positive" Figur. Er verleiht ihr eine moralische Größe, die zugleich eine heftige Kritik an der Amoralität der höfischen Gesellschaft enthält. Vor allem aber der *repos*, den Mme de Clèves zum Schluss im Kloster findet, setzt ein positives Signal: Zumindest jenseits der Gesellschaft in der metaphysischen Dimension vermag der Mensch noch sein Heil zu finden. Mme de Clèves liefert damit ein überzeugendes Beispiel für die oppositionelle Kraft des Jansenismus, die seine Verfolgung durch LUDWIG XIV. verständlich macht.

3 Lettres portugaises

Briefroman

Ein charakteristisches Kennzeichen des Romans der Hochklassik ist das Streben nach Authentizität und *vraisemblance*. Es führt zum Experiment mit Formen wie den fiktiven Memoiren und dem Briefroman, die nicht-fiktiven Gattungen nachgebildet sind. Insbesondere in der Salon-Kommunikation spielt der galante Brief eine wichtige Rolle. Auch in den heroisch-galanten Roman werden fiktive Briefe aufgenommen, die dem Leser gleichsam auf natürliche Weise Einblick in das Seelenleben einer Figur gewähren. Neben der Authentizität ist es denn auch insbesondere die Möglichkeit zur Introspektion und zur psychologischen Analyse, die den Briefroman attraktiv macht. Populär wird die Gattung 1669 mit den *Lettres portugaises traduites en français.* Die Tatsache, dass das Werk anonym erscheint und ein – fiktiver – Herausgeber vorgibt, weder Verfasser noch Übersetzer zu kennen, bewirkt, dass es lange Zeit tatsächlich für ein authentisches Dokument gehalten wird. Erst 1926 wird der Diplomat GABRIEL-JOSEPH DE LA VERGNE, Comte de GUILLERAGUES (1628–1685), als ihr Autor identifiziert.

Inhalt

GUILLERAGUES' Roman besteht aus fünf Briefen, die eine junge portugiesische Nonne an ihren fernen Geliebten, einen französischen Adligen und Offizier, schreibt. Im Unterschied zum polyfonen Briefroman des 18. Jhs. *(Lettres persanes; La nouvelle Héloïse; Les liaisons dangereuses)*, in dem mehrere Briefschreiber korrespondieren, haben wir es hier mit nur einer Verfasserin zu tun, die in der monologisch bleibenden Anrede an ein Du ihr Leid klagt. Ein mögliches Modell für den Roman wird daher in OVIDS *Heroides* gesehen, den Klage- und Werbebriefen mythischer Frauengestalten. Wie in den Werken Mme de LA FAYETTES und Mme de VILLEDIEUS wird auch hier das heroisch-galante Liebesideal demontiert. Die anfängliche Hoffnung auf die Wiederkehr des Geliebten erfüllt sich nicht, die Liebe mündet in die Erfahrung des Schmerzes. Damit wird sie allerdings auch zu einem Mittel, die eigene Subjektivität zu erfahren.

Literatur

Cuénin (1979); Dejean (1991); Deloffre (1967); Francillon (1973); Hipp (1976); Köhler (1959); Lever (1996); Rieger (1985); Winklehner (1989).

Nachklassik und Frühaufklärung

KAPITEL 8 (1685–1715)

Krisenzeit

Die letzte Phase der Regierungszeit Ludwigs XIV. (1685–1715) ist überschattet von politisch-militärischen Rückschlägen (s. S. 17) und enormen wirtschaftlichen Schwierigkeiten auf Grund der permanenten Kriegführung. Die Geldnot bringt den Staat immer stärker in die Abhängigkeit der *financiers;* das produktive Bürgertum gewinnt der Aristokratie gegenüber an gesellschaftlicher Macht und Einfluss. Die Widerrufung des Edikts von Nantes (1685) schädigt das geistig-intellektuelle Klima. Der Hof erstarrt in einer devoten Haltung, die nicht nur politisch, sondern auch individuell im zunehmenden Alter des Königs begründet ist. Nach dem Tod der Königin Marie Thérèse d'Autriche (1683) heiratet er unverzüglich seine letzte Maîtresse: Mme de Maintenon, die Witwe Scarrons und ehemalige Erzieherin seiner illegitimen Kinder aus der Verbindung mit Mme de Montespan. Für die großzügige Förderung der Künste fehlen jetzt sowohl die Mittel als auch das persönliche Interesse des Königs. 1689 werden alle Schriftstellergratifikationen (Ausnahmen: Racine und Boileau) gestrichen. 1694 erscheinen die *Maximes et réflexions sur la comédie,* in denen Bossuet das Theater in Bausch und Bogen verdammt.

Absolutismuskritik

Diese krisenhafte Situation hat zwei wichtige Folgen. So verstärkt sie in breiten Kreisen der Gesellschaft die Kritik am absolutistischen System und die Entwicklung von Reformmodellen. Beispielhaft für den kritischen Blick, den insbesondere „wertkonservative" Vertreter der Hocharistokratie auf die Entwicklung Frankreichs am Ende des 17. Jhs. richten, sind die *Mémoires* (1829/30) des Duc de Saint-Simon (1675–1755), die ein erschreckendes Bild der französischen Gesellschaft zwischen 1694 und 1723 zeichnen: Verfall des Adels, Dominanz der Finanz, Verelendung des Volkes. Aber auch die Briefe der Liselotte von der Pfalz (1652–1722), der zweiten Frau von Philippe d'Orléans, schildern ungeschminkt die „Kehrseite" des *Grand Siècle.* Für die „progressiven" Kritiker vornehmlich bürgerlicher Herkunft werden jetzt die demokratisch organisierten Niederlande und England, die den französischen Protestanten Zuflucht bieten, zu politischen Leitbildern. Eine weitere Konsequenz ist, dass Versailles seine kulturelle Führungsrolle verliert und andere Orte wie der Hof der Duchesse du Maine (1676–1753) in Sceaux seine Rolle übernehmen; das eigentliche kulturelle Zentrum wird wieder Paris selbst. Auch dies fördert die kritische Distanz der Intellektuellen zum Hof.

Post-classicisme/ Früh-aufklärung	Diese Tendenzen erklären die negativ konnotierte Bezeichnung dieser Phase als *postclassicisme*. Doch die Krisensymptome des absolutistischen Systems rechtfertigen keineswegs, die geistige Situation insgesamt als „dekadent" einzustufen, wie der Terminus *Nach*klassik suggeriert. So erscheinen in dieser Periode noch wichtige späte Werke jener großen Autoren, deren Anfänge in der Hochklassik liegen: RACINES religiöse Tragödien, LA FONTAINES zwölftes Fabelbuch, die letzten Episteln und Satiren BOILEAUS. Vor allem aber die zahlreichen neuen Impulse im Geistesleben der Zeit erlauben, in ihr eine Phase des Umbruchs zu sehen, die etwas Neues einleitet: die Frühaufklärung.

1 Die *Querelle des Anciens et des Modernes*

Gegenstand	Die ambivalente, gebrochene Einstellung vieler Zeitgenossen ihrer eigenen Zeit gegenüber, aber auch die neuen Impulse werden in der *Querelle des Anciens et des Modernes* erkennbar. Gestritten wird in ihr um den Stellenwert der Antike. Während die *Anciens* in ihr weiterhin in politischer wie geistiger Hinsicht ein nicht zu übertreffendes Vorbild sehen, vertreten die *Modernes* die Überlegenheit der Gegenwart über die Antike. Die Wortführer der *Modernes* sind DESMARETS DE SAINT-SORLIN, PERRAULT, FONTENELLE und HOUDAR DE LA MOTTE, die Position der *Anciens* vertreten BOILEAU, RACINE, der Père RAPIN, LA BRUYÈRE und mit Einschränkung LA FONTAINE.
Stationen	Im Grunde ist die *Querelle* so alt wie die Forderung nach Nachahmung der Antike selbst. Im 16. Jh. artikuliert sie sich im Streit um das Verhältnis zwischen Volkssprache und Latein. Im 17. Jh. entzündet sie sich in der zweiten Hälfte des Jahrhunderts immer wieder an neuen Gegenständen, bevor sie schließlich mit dem Sieg der Modernen endet. Eine erste Etappe stellt die *Querelle du merveilleux chrétien* dar (s. S. 65); während die *Anciens* wie BOILEAU für die Wahl eines heidnischen Stoffes im Epos plädieren, bevorzugen die *Modernes* einen Stoff aus der christlichen (und nationalen) Geschichte (DESMARETS DE SAINT-SORLIN, *Discours pour prouver que les sujets chrétiens sont les seuls propres à la poésie héroïque*, 1673, und *Défense du poème héroïque*, 1674). 1676 bricht die *Affaire des inscriptions* aus, in der darum gestritten wird, ob die Inschriften auf öffentlichen Monumenten in lateinischer oder französischer Sprache abgefasst werden sollen. Dank zahlreicher Stellungnahmen von Spezialisten wie dem Hellenisten FRANÇOIS CHARPENTIER (*Défense de la langue française*, 1676, und *Excellence de la langue française*, 1683) und dem LUKREZ-Übersetzer MICHEL DE MAROLLES (*Considérations en faveur de la langue française*, 1677) fällt die Ent-

scheidung zu Gunsten des Französischen. Ihren Höhepunkt erreicht die *Querelle* am 27.1.1687, als PERRAULT in der *Académie française* sein Lobgedicht *Le siècle de Louis le Grand* vorträgt, in dem er das Zeitalter LUDWIGS XIV. mit Athen und Rom gleichstellt. BOILEAU reagiert mit Empörung. Während LA FONTAINE in der *Epître à Huet* (1687) und LA BRUYÈRE in *Les caractères* (1688) den Modellcharakter der Antike verteidigen, argumentiert FONTENELLE in seinen *Digressions sur les Anciens et les Modernes* (1687) im Sinne PERRAULTS. PERRAULT selbst verteidigt seine These im *Parallèle des Anciens et des Modernes* (1688–1697). Diese Phase der Auseinandersetzung endet 1694 mit der Aussöhnung zwischen BOILEAU und PERRAULT. Eine letzte Kontroverse entspinnt sich 1713–1715 um HOMER, den auch PERRAULT schon kritisiert hatte. Eine sehr freie Bearbeitung der *Ilias* durch ANTOINE HOUDAR DE LA MOTTE (1672–1731), *Iliade en vers français* (1713), die das Werk HOMERS dem Zeitgeschmack anpasst, ruft die erbitterte Kritik der HOMER-Übersetzerin Mme DACIER (1651–1720) hervor, deren Übersetzung der des Griechischen unkundige HOUDAR DE LA MOTTE als Vorlage benutzt hatte. Doch auch wenn die Übersetzungskritik, die sie in *Des causes de la corruption du goût* (1714) liefert, nur zu berechtigt ist, die *Modernes* haben im Urteil der öffentlichen Meinung längst den Sieg davongetragen.

Geistes-geschicht-liche Bedeutung

Jenseits ihrer konkreten Anlässe und der z. T. in persönlichen Rivalitäten begründeten Streitereien ist die *Querelle des Anciens et des Modernes* das Symptom eines Mentalitätswandels und Umbruchs im Denken, den Paul Hazard 1935 in einer Untersuchung dieser Übergangsepoche als *„crise de la conscience européenne"* bezeichnet hat. Die Bedeutung der *Querelle* besteht darin, dass die Berufung auf eine „Autorität" der Vergangenheit zur Begründung einer Meinung nicht mehr ausreicht; damit aber wird die Grundlage der humanistischen Kultur selbst in Frage gestellt. Statt dessen werden von den *Modernes* nur noch Vernunft und experimentelle Erfahrung als Begründungsinstanzen anerkannt. Mit den *Modernes* setzen sich Rationalismus und Kartesianismus und die Prinzipien der modernen Wissenschaft als Leitprinzipien durch.

Historisches Bewusstsein

Die moderne Wissenschaft spielt auch eine entscheidende Rolle, wenn es darum geht, die Überlegenheit der Gegenwart über die Antike zu begründen. Denn in den modernen (Natur-)Wissenschaften findet primär jene „Akkumulation des Wissens" statt, durch die die Gegenwart für FONTENELLE und PERRAULT der Antike überlegen ist. Mit dieser Überzeugung vom technischen Fortschritt der Menschheit entsteht gleichzeitig die Einsicht in die Ungleichartigkeit und Unvergleichbarkeit verschiedener Epochen und damit ein modernes historisches Bewusstsein. Im ästhetischen Bereich impliziert ein solcher Relativismus die Einsicht, dass jede Zeit ihren eigenen Geschmack und ihre eigene Kunst hervorbringt.

Ideologische Bedeutung

Der Überzeugung von der Superiorität der eigenen Zeit liegt notwendig eine positive Einstellung zur Gegenwart zu Grunde. Dies gilt auch in politischer Hinsicht. PERRAULTS *Le siècle de Louis le Grand* kann man denn auch durchaus als ein Instrument betrachten, mit dem in einer kritischen Phase Propaganda für das absolutistische System gemacht wird. Umgekehrt heißt dies aber auch, dass die Hochschätzung der Antike – etwa bei LA FONTAINE – ein Mittel zur Kritik der Gegenwart sein kann. Das „Modell Antike" wird der absoluten Monarchie als kritischer Spiegel entgegengehalten. Über den engen politischen Bezug hinaus artikuliert sich in der Haltung der *Anciens* eine kritische Einstellung zur aktuellen gesellschaftlichen Entwicklung, die im Rahmen eines zyklischen Geschichtsbildes als „Niedergang", als Dekadenz auch des künstlerischen Könnens und Geschmacks, betrachtet wird. Der skeptische Blick, mit dem LA BRUYÈRE und FÉNELON die Gesellschaft ihrer Zeit betrachten, wird dies illustrieren.

Literatur

Fumaroli (1977); Godard de Donville (1987); Hazard (1935); Kortum (1966); Krauss/Kortum (1966).

2 Les Anciens

1 Jean de La Bruyère

Biografie

JEAN DE LA BRUYÈRE (1645–1696) entstammt bescheidenen bürgerlichen Verhältnissen. Nach einem Studium der Rechte in Orléans erlaubt ihm eine Erbschaft, sich als *rentier* in Paris niederzulassen. 1684–1687 Tätigkeit als Hauslehrer und Bibliothekar im Hause CONDÉ. Mit FÉNELON gehört er dem *Petit concile* um BOSSUET an. 1693 wird er gegen den Widerstand der *Modernes* in die Akademie gewählt. Sein Hauptwerk sind *Les caractères de Théophraste traduits du grec, avec les caractères ou les mœurs de ce siècle* (1688). Auf die Erstausgabe folgen bis 1696 acht weitere Ausgaben. Den Inhalt des Werkes bilden eine Übersetzung der *Charakterbilder* des griechischen Philosophen THEOPHRAST (372–287 v. Chr.), ein *Discours sur Théophraste* sowie im Anhang 420 „Bemerkungen" LA BRUYÈRES zu den „Charakteren" und „Sitten" seiner eigenen Zeit. Im Laufe der Zeit wird dieser Anhang zum Hauptteil des Buches; die Zahl der Bemerkungen wächst auf 1120.

Les caractères

LA BRUYÈRES *Caractères* stehen in der moralistischen Tradition MONTAIGNES, PASCALS und LA ROCHEFOUCAULDS. In 16 Kapiteln entwirft der Autor ein schonungsloses Bild des Menschen seiner Zeit mit all seinen Fehlern und Schwächen *(Du mérite personnel, Du cœur, Des femmes, Des biens de fortune, Des grands, De la mode...)*. Wenn es La Bruyère auch eigentlich um den Menschen im allgemeinen geht, so stehen de facto doch Phänotypen der zeitgenössischen französischen Gesellschaft im Mittelpunkt: der Höfling, der Heuchler, der Neureiche, der dekadente Adlige. Die Tendenz seiner Darstellung ist kritisch. Vor dem Auge des Lesers entsteht ein Panoptikum der unterschiedlichsten grotesken Gestalten, die sich jedoch darin gleichen, dass sie alle wie Marionetten wirken, deren einziger Antrieb das Streben nach Erfolg, Geld und sozialem Ansehen ist. Die außerordentliche Aufmerksamkeit, mit der der Verfasser den Menschen in der Interaktion mit seiner Umwelt zeigt, verleiht seiner Analyse beinahe moderne soziologische Züge. Ihr Ziel ist jedoch nicht wissenschaftlicher Natur, sondern letzten Endes ein christlicher Aufruf zur „Umkehr".

Form

Auch LA BRUYÈRE benutzt wie die anderen Moralisten das Fragment. Durch den permanenten Wechsel zwischen verschiedenen Ausdrucksformen (Maxime, Reflexion, Anekdote, Rätsel, Porträt) erreicht er ein Maximum an Abwechslung. Die satirische Schärfe seiner Porträts und die aggressiv-witzige Zuspitzung des Gedankengangs in einer *pointe* dienen dem *divertissement* eines Publikums, das überdies eifrig nach „Schlüsseln" für die Identifizierung der Proträtierten sucht.

Ein *Ancien*

Ein *Ancien* ist LA BRUYÈRE in doppelter Hinsicht. Zunächst in politischer: Im Vergleich mit der Antike, wie er sie im *Discours sur Théophraste* im Bild des republikanischen Athen entwirft, stellt die Gegenwart für ihn eine Epoche der Dekadenz dar. Nicht durch Fortschritt, sondern nur durch die Rückkehr zur alten, jetzt korrumpierten Ordnung kann dieser Niedergang beendet werden. Die für die Haltung der *Anciens* charakteristische Paradoxie wird hier sichtbar: Denn LA BRUYÈRE ist zwar ein „Konservativer", d. h. ein Anhänger der absoluten Monarchie und Verteidiger des orthodoxen Christentums, aber gerade dieses Wertesystem ermöglicht ihm eine kritische Distanz zur Gegenwart. Ein *Ancien* ist er darüber hinaus in literarischer Hinsicht. So heißt es in *Des ouvrages de l'esprit,* dem ersten Kapitel der *Caractères*: „*Tout est dit, et l'on vient trop tard depuis plus de sept mille ans qu'il y a des hommes et qui pensent.*" Die Idee des Fortschritts ist damit ausgeschlossen, doch nicht die der Originalität. Die Aufgabe, die sich dem Spätgeborenen stellt, ist es, die Dinge noch einmal, auf seine Art, zu sagen. Hieraus resultiert LA BRUYÈRES außerordentliches Bewusstsein für die Form, den Stil einer Äußerung. Zugleich folgt daraus, dass ein neues Werk immer im „Gespräch" mit den älteren entsteht. Erst der Nachvollzug dieses Dialogs erlaubt ein vertieftes Verständnis der *Caractères*.

2 Fénelon

François de Salignac de la Mothe-Fénelon (1651–1715) entstammt einem alten Adelsgeschlecht des Périgord, das allerdings wie große Teile des Adels im 17. Jh. unter wirtschaftlichen Problemen leidet. Der junge Fénelon schlägt eine geistliche Laufbahn ein und setzt sich engagiert für die Umsetzung der katholischen Reform ein. Bossuet gehört zu seinen Förderern. Nach der Widerrufung des Edikts von Nantes betraut man ihn mit der Bekehrung von Protestanten. 1689 wird er zum Erzieher des Duc de Bourgogne (1682–1712) ernannt, eines Enkels Ludwigs XIV., der nach dem Tod seines Vaters Louis de France für kurze Zeit Thronfolger ist. 1695 erhält Fénelon das Erzbistum von Cambrai. Zur selben Zeit erleidet seine Karriere jedoch einen Bruch. Die Ursache dafür ist seine Nähe zum Quietismus, einer mystischen Bewegung, die von Jeanne Guyon (1648–1717) begründet worden ist. Nach ihrer Verhaftung 1695 muss Fénelon 1697 nach Cambrai ins Exil gehen. 1699 wird seine *Explication des maximes des saints* (1697) verurteilt und ihm der Titel des Prinzenerziehers aberkannt. Fénelons literarischer Ruhm beruht auf *Les aventures de Télémaque*, einem Erziehungsroman, den er für seinen Zögling verfasst hat. Die Veröffentlichung des Romans 1699 ohne Zutun des Verfassers trägt zu seiner definitiven Komprimittierung bei Ludwig XIV. bei.

Formal stellt der *Télémaque* einen Rückschritt dar, denn er folgt noch dem Muster des heroischen Romans. Anknüpfend an Homers Bericht von der Entscheidung des Telemach, seinen Vater suchen zu wollen (IV. Buch der *Odyssee*), beschreibt er die Abenteuer Telemachs auf der Suche nach Odysseus. Seine Struktur ist die des traditionellen Abenteuer- und Liebesromans. Gleichzeitig stellt das Werk aber auch eine neue Stufe in der Romanentwicklung dar: Ausdrücklich stellt Fénelon hier die wegen ihrer Unwahrscheinlichkeit verschriene Gattung in den Dienst der Erziehung und misst damit der Fiktion größere Wirksamkeit zu als dem Traktat. Die Belehrung erfolgt auf verschiedenen Ebenen: durch Beispiele praktischer Rhetorik, die Vertiefung literarischer Kenntnisse, die Schulung des Geschmacks und die Vermittlung moralischer Werte. Die höchst unterschiedlichen Situationen, in die Telemach gerät, geben ihm Einblick in sein eigenes Seelenleben und das der anderen, stellen ihn vor Entscheidungen und tragen so zu seiner Persönlichkeitsentwicklung bei. Der Roman wird zu einem wahren Bildungs- und Initiationsroman *(roman d'apprentissage, roman d'initiation)*, der das Heranwachsen eines Menschen zu einer reifen und vorbildlichen Persönlichkeit exemplarisch darstellt.

Das Beispiel tyrannischer wie vorbildhafter Herrscher, denen Telemach auf seiner Fahrt begegnet, macht aus dem *Télémaque* einen fiktionalen Fürstenspiegel, der den möglichen Thronfolger über Aufgaben und Pflichten des guten Herrschers belehren soll. Verschiedene utopisch anmutende Reiche illustrieren im *Télémaque* das Wirken des idealen Fürsten und damit die zentralen politischen Ideen und Reformvorstellungen FÉNELONS. Im Ideal des Pazifismus und des nur für das Gemeinwohl tätigen Herrschers artikuliert sich hier die Kritik an der ludowizischen Kriegs- und Baupolitik. Und auch FÉNELONS Reformvorstellungen, die er später explizit in der *Lettre au roi* von 1694 und in den sog. *Tables de Chaulnes* formuliert, einem 1711 konzipierten Reformprogramm für den Duc de BOURGOGNE, sind im *Télémaque* bereits angelegt: die Restaurierung der Stellung des Adels und die Förderung der Landwirtschaft auf Kosten des Bürgertums und des Handels. In doppelter Hinsicht erweist sich FÉNELON damit als ein typischer *Ancien:* einerseits durch seine scharfe Kritik an den aktuellen Missständen, andererseits aber auch durch seine anachronistischen Reformpläne, die auf die Wiederherstellung einer idealisierten mittelalterlichen Gesellschaftsordnung abzielen. Die Wahl einer Erzählform in der Tradition des heroischen Romans entspricht dieser ideologischen Fixierung auf eine glorifizierte Vergangenheit.

Literatur Delft (1971); Delft (1982); Kapp (1982); Stackelberg (1982).

3 *Les Modernes*

1 Charles Perrault

Biografie Der *chef de file der Modernes* ist CHARLES PERRAULT (1628–1703). Er entstammt dem großbürgerlichen Milieu des Pariser Parlaments, das mit dem Jansenismus sympathisiert und in der Fronde gegen die absolute Monarchie rebelliert. Nach dem Scheitern der Fronde schwenkt PERRAULT auf die Linie der Monarchie ein. Unter COLBERT, dessen rechte Hand er bald ist, wird er für wenigstens ein Jahrzehnt zu einer der einflussreichsten Persönlichkeiten der offiziellen Kulturpolitik: Als Sekretär der 1663 gegründeten *Académie des Inscriptions* und Mitglied der *Académie française* (1671), ausgestattet mit dem Rang eines *contrôleur général des bâtiments* (1668), sorgt er für die Umsetzung der kulturpolitischen Zielsetzungen der Monarchie in den verschiedenen Akademien. So wirkt er zusammen mit seinem Bruder Claude (1613–1688), der durch ihn Mitglied der *Académie de l'architecture* wird, an der baulichen Umgestaltung des Louvre, der Tuilerien und der Versailler Anlagen mit. Nach dem Tode COLBERTS (1683) fällt er jedoch unter dem neuen Superminister LOUVOIS (1641–1691) in Ungnade. Die in der Folgezeit entstehenden literarischen und theoretischen Werke sollen PERRAULT wieder die königliche Gunst sichern. Die Parteinahme für die *Modernes* verbindet sich in ihnen mit der hyperbolischen Huldigung an LUDWIG XIV. und sein „Zeitalter".

Parallèle

Mit dem *Parallèle des Anciens et des Modernes en ce qui regarde les arts et les sciences,* dessen vier Teile zwischen 1688 und 1697 erscheinen, reagiert PERRAULT auf die Kritik BOILEAUS an seinem Gedicht *Le siècle de Louis le Grand.* In einem groß angelegten systematischen Vergleich der Künste und Wissenschaften in Antike und Gegenwart bemüht er sich darum, den seit der Antike auf allen Gebieten erreichten Fortschritt nachzuweisen. Die Basis seines „Modernismus" bildet dabei die Überzeugung von der grundsätzlichen Unterlegenheit der heidnischen Antike gegenüber dem Christentum, das die Menschheit von Aberglauben und Barbarei befreit habe. Aus dieser Einsicht in die prinzipielle Differenz der beiden Epochen folgt, dass auch die Regeln der Kunst nicht überzeitlich gültig sein können, sondern von Entstehungsbedingungen abhängen, die auch den Geschmack des Publikums prägen. Die Beredsamkeit etwa ist für ihn *„l'Art de bien parler selon la nature du sujet que l'on traite, et selon les lieux, les temps et les personnes."* (*Parallèle,* II). Die klassische Vorstellung eines *beau absolu* wird durch das neue Konzept des *beau relatif* ersetzt. Mit seiner Glorifizierung des *Siècle de Louis le Grand,* dessen Leistungen er in seiner Schrift *Les hommes illustres qui ont paru pendant ce siècle* (1696) darlegt, arbeitet er daran, für die kommenden Generationen ein neuzeitliches, christliches Modell zu schaffen. Der Modernismus PERRAULTS trägt deutlich nationalistische Züge.

Contes de fées

Seinen überwältigenden Nachruhm verdankt PERRAULT jedoch nicht diesen Abhandlungen, sondern seinen Märchen *(contes de fées),* deren Gesamtauflage die aller anderen Klassiker zusammengenommen übertrifft. 1694 erscheinen zunächst zusammengefasst in einer Ausgabe drei bereits früher veröffentlichte Verserzählungen: *Grisélidis, Peau d'âne* und *Les souhaits ridicules.* Auf sie folgen 1697 ohne Verfassernamen, jedoch mit einem Widmungsbrief, der von PERRAULTS Sohn PIERRE PERRAULT DARMANCOUR gezeichnet ist, die in Prosa verfassten und nur von einer *moralité* in Versform begleiteten *Histoires ou Contes du temps passé,* auch bekannt als *Contes de ma mère l'Oye.* Die acht Geschichten sind Bearbeitungen bekannter Volksmärchen, darunter: *Le petit chaperon rouge* (Rotkäppchen), *La belle au bois dormant* (Dornröschen), *Cendrillon* (Aschenputtel), *La Barbe-bleue* (Blaubart), *Le chat botté* (Der gestiefelte Kater) und *Le petit poucet* (Däumling). Und auch diese

Werke, die später ausschließlich als Märchen für Kinder missverstanden werden, sind Teil von PERRAULTS Kampf für die „Moderne".

Die Mode der *contes de fées* wird um 1685 in den weiblichen Salons lanciert. Dies weist bereits darauf hin, dass es sich um eine „moderne" Gattung handelt. In diesem Sinne wird sie auch von PERRAULT benutzt. Nachdem BOILEAU in der misogynen *Satire X* die Frauen, die Parteigängerinnen der *Modernes* sind, angegriffen hatte, zeichnet PERRAULT in der Verserzählung *Grisélidis* zu ihrer Verteidigung das Idealbild der tugendhaften und gehorsamen Frau. Die zentrale Bedeutung des Märchens im Rahmen der *Querelle* liegt aber vor allem in der (christlichen) Moral, die in diesen aus der nationalen Überlieferung geschöpften volkstümlichen Erzählungen zu finden ist. Diese Moral wird in der abschließenden *moralité* formuliert; sie lässt die scheinbar einfachen Geschichten, in denen der Autor kunstvoll die Charakteristika mündlichen Erzählens imitiert, den „unmoralischen" Erzählungen der Antike überlegen sein. Mit ihrer erbaulichen Tendenz entsprechen PERRAULTS Märchen perfekt dem Klima der Devotion in der Spätzeit LUDWIGS XIV. Dies zeigt beispielhaft das in ihnen vorherrschende traditionelle Frauenbild der gehorsamen, dem Mann unterworfenen christlichen Hausfrau. Hierin unterscheidet sich PERRAULT gleichzeitig von jenen „weiblichen" Feenmärchen von Autorinnen wie Mme d'AULNOY (um 1650–1705). Denn diese von der neueren Forschung auch als „weibliche Glücksdichtung" bezeichneten Märchen entwerfen in der Tradition der *préciosité* (s. S. 55) ein ganz anderes Bild von der Frau und ihrer Beziehung zum Mann (vgl. Baader 1986).

Baader (1986); Kortum (1966); Soriano (1968).

2 Fontenelle

Ein weiterer bedeutender Vertreter der *Modernes* ist BERNARD LE BOVIER de FONTENELLE (1657–1757). Durch die Vermittlung seines Onkels THOMAS CORNEILLE wird er 1677 zum Mitarbeiter des *Mercure galant,* der die Sache der *Modernes* vertritt. Als Literat versucht sich FONTENELLE in allen Gattungen; so verfasst er Libretti für die von den *Anciens* geschmähte, von den *Modernes* geliebte neue Gattung Oper (*Thétis et Pélée,* 1689). Seine Bedeutung aber liegt in seinem philosophischen Werk, das eine Brücke zwischen dem gelehrten Libertinismus des 17. Jhs. und der Philosophie der Aufklärung des 18. Jhs. schlägt.

Mit der *Digression sur les Anciens et les Modernes* (1688) mischt sich FONTENELLE in die *Querelle* ein. Wie PERRAULT vertritt er die Idee des Fortschritts, doch begründet er sie nicht mit der Überlegenheit des Christentums über den antiken Paganismus. Als überzeugter Kartesianer leitet er zunächst aus der Tatsache, dass die menschliche Vernunft zu allen Zeiten dieselbe ist, die prinzipielle Gleichwertigkeit von Antike und Moderne ab. Unterschiede zwischen verschiedenen Kulturen ergeben sich für ihn durch das Klima und unterschiedliche historisch-soziale Bedingungen. Die Überlegenheit der Gegenwart über die Vergangenheit begründet er sodann mit dem Wachsen des Wissens von Generation zu Generation, das sich vor allem dem Fortschritt in der naturwissenschaftlichen Erkenntnis der Welt verdankt. In Abkehr vom traditionellen zyklischen Geschichtsbild, das nach Jugend und Reifezeit den Moment des Verfalls annimmt, schreitet für FONTENELLE die Menschheit kontinuierlich auf dem Weg des Fortschritts weiter. Diesen verhindert lediglich das stumpfe Festhalten an Traditionen und Vorurteilen, die jedoch mit Hilfe der Vernunft überwunden werden können. Diesem aufklärerischen Projekt dient FONTENELLES Werk, das inhaltlich und formal von dem pädagogischen Bemühen um *vulgarisation* des Wissens geprägt ist.

Aufklärung

In den *Nouveaux dialogues des morts* (1683), die in der Tradition der *Totengespräche* des griechischen Schriftstellers LUKIAN VON SAMOSATA (um 125–192) stehen, präsentiert FONTENELLE in fiktiven Gesprächen in der Unterwelt bekannte Größen der nahen und fernen Vergangenheit: Sokrates und Montaigne, Augustus und Aretino, Sappho und Laura, aber auch Homer und Äsop, Karl V. und Erasmus. Die aufklärerische Absicht artikuliert sich in diesen Dialogen, die die Berühmtheiten von einer menschlich-alltäglichen Seite zeigen, in einem witzigen Akt der Entmythisierung, der mit fröhlicher Skepsis alles in Frage stellt. In den populärwissenschaftlichen *Entretiens sur la pluralité des mondes* (1686) bemüht sich FONTENELLE dagegen, die kartesianische Astronomie in allgemein verständlicher und unterhaltsamer Weise darzulegen. In sechs abendlichen Gesprächen zwischen einem Mann und einer Frau, die man wahrscheinlich mit Mme de LA MÉSANGÈRE (1648–1714), der Tochter der Mme de LA SABLIÈRE, identifizieren kann, wird in einem lockeren Plauderton das traditionelle geo- und anthropozentrische Weltbild der Kirche widerlegt. Als genialer *vulgarisateur* erweist sich FONTENELLE auch in der religionskritischen Abhandlung *L'histoire des oracles* (1686), in der er ein auf Latein verfasstes gelehrtes Werk (1683) des niederländischen Mediziners VAN DALE in eine auch einem Laienpublikum verständliche Form bringt. Ausgehend von der rationalistischen Kritik des antiken Orakelglaubens attackiert FONTENELLE hier insgeheim

auch den christlichen Wunderglauben, den er – wie vor ihm GAS-SENDI und NAUDÉ – als ein Instrument entlarvt, mit dessen Hilfe die Priester über die Unwissenden herrschen. In *L'origine des fables* (1724) schließlich analysiert er die Gründe, die die ersten Menschen zu ihren „fabelhaften" Erklärungen der Naturphänomene geführt haben. Der Fortschritt des menschlichen Geistes liegt darin, dass der Mensch mithilfe der Vernunft allmählich zur rationalen Erkenntnis dieser Phänomene fortschreitet.

Wissenschaftsgeschichte

Von 1699 bis 1740 ist FONTENELLE als ständiger Sekretär der *Académie des sciences* tätig (s. S. 31). In dieser Eigenschaft verfasst er mit den *éloges* auf die Mitglieder der Akademie und ihre Leistungen eine Geschichte der Wissenschaft, die zugleich eine Geschichte des Fortschritts ist.

3 *Littérature du Refuge*

Definition

Einen wesentlichen Anteil an der Herausbildung aufklärerischen Gedankengutes im späten 17. Jh. haben die *réfugiés*, d. h. die Hugenotten, die im Zuge der gewaltsamen Rekatholisierung Frankreichs seit den Achtzigerjahren ins Ausland (Holland, England, Preußen) flüchten. Es entsteht so eine bedeutende, Frankreich gegenüber kritisch eingestellte *littérature du Refuge*.

Pierre Bayle

Der bedeutendste Vertreter des *Refuge* ist der aus einer südfranzösischen Pastorenfamilie stammende PIERRE BAYLE (1647–1706). Nach der Schließung der protestantischen Akademie von Sedan (1681), in der er als Philosophieprofessor tätig ist, siedelt er nach Rotterdam über, wo er am „Gymnasium illustre" bis 1693 Philosophieunterricht erteilt. Von 1684 bis 1687 arbeitet er außerdem als Redakteur der *Nouvelles de la République des Lettres,* einer einflussreichen Monatszeitschrift, in der aus protestantischer Sicht wichtige Neuerscheinungen aus Geschichte, Philosophie, Theologie und Naturwissenschaften rezensiert werden. Der Tod seines älteren Bruders im Zuge der Protestantenverfolgung (1685) veranlasst ihn zu dem antifranzösischen Pamphlet *Ce que c'est que la France toute catholique sous le règne de Louis le Grand* (1686). Sein Werk ist geprägt von der Erfahrung der Verfolgung und der daraus resultierenden Auseinandersetzung mit religiösen und politischen Absolutheitsansprüchen.

Inhalte

Schon in seiner ersten Schrift, den *Pensées diverses sur la comète* (1683; erste Fassung 1682), in der er sich am Beispiel eines im Jahre 1680 erschienenen Kometen kritisch mit dem Aber- und Wunderglauben der Menschen auseinander setzt, gilt seine Kritik zugleich dem „Papismus", in dessen Lehre die „Wunder" eine wichtige Rolle spielen. Tiefer zielt seine Kritik im *Commentaire philosophique* (1686–1688), in dem er die zentrale Idee der politischen und religiösen Toleranz formuliert. Aus der Erfahrung der Verfolgung heraus reflektiert er über die Richtschnur des menschlichen Verhaltens: das dem Menschen von Gott verliehene Gewissen. Der Anspruch auf Gewissensfreiheit aber stellt das Recht des Staates in Frage, Andersdenkende zu verfolgen. Als Schüler MONTAIGNES und insbesondere DESCARTES' unterzieht BAYLE darüber hinaus jegliche Form des Dogmatismus einer Prüfung durch die Vernunft. Frucht dieser skeptisch-rationalistischen Überprüfung aller Autoritäten und Systeme ist sein Hauptwerk, der *Dictionnaire historique et critique* (1696). In ihm versammelt er nicht nur wie sein Vorgänger LOUIS MORÉRI (*Grand dictionnaire historique*, 1674) Faktenwissen über berühmte Personen der Vergangenheit und Gegenwart (Päpste, Könige, Gestalten der Mythologie und der Bibel, Vertreter der politischen Geschichte, der Wissenschaften, der Philosophie und der Literatur sowie Häretiker), sondern setzt sich in einem Anmerkungsteil auch kritisch mit der Überlieferung bzw. dem von den jeweiligen Personen vertretenen System auseinander. Mit diesem skeptischen Rationalismus, der darauf verzichtet, ein eigenes System zu entwerfen, weist BAYLE auf die großen Aufklärer des 18. Jhs. voraus. Mit seinem Eintreten für Gewissensfreiheit, religiöse und politische Toleranz formuliert er Grundforderungen der Aufklärung. Die Einsicht in die Unvollkommenheit der Welt führt allerdings bei diesem gläubigen Protestanten noch nicht zur Infragestellung der Religion selbst, sondern lediglich zur Trennung zwischen Glauben und Vernunft.

Saint-Evremond

Einer anderen Generation und Welt als BAYLE gehört CHARLES DE MARGUETEL DE SAINT DENIS, Seigneur de SAINT-EVREMOND (1610–1703), an. Fast die Hälfte seines Lebens verbringt er im holländischen und englischen Exil. Die Entdeckung eines Briefes, in dem er die Politik MAZARINS kritisiert hatte, zwingt ihn 1661 im Zuge der FOUCQUET-Affäre, Frankreich zu verlassen. SAINT-EVREMOND, der ein Anhänger MONTAIGNES und Schüler GASSENDIS ist und in Holland BARUCH SPINOZA (1632–1677) kennenlernt, verkörpert in seiner Person die Verbindung zwischen dem *libertinage* der ersten Jahrhunderthälfte und der Frühaufklärung der zweiten. Sowohl in seinem Lebensstil als auch in seinem literarischen Werk (zwei satirische Komödien, historische und literaturkritische Arbeiten) ist der aristokratisch-elitäre Epikureer Saint-Evremond noch ganz den Idealen der *honnêteté* verpflichtet; und doch verweist seine Ablehnung jeglichen ideologischen Dogmatismus und sein Ideal einer kosmopolitischen *République des lettres* auch in die Zukunft. MONTESQUIEU wird seine republikanisch getönte staatsphilosophische Reflexion fortführen. In seiner umfangreichen Korrespondenz mit französischen Freunden, darunter LA FONTAINE, vermittelt er wertvolle Kenntnisse über die Gesellschaft und das politische System Englands, das jetzt, zusammen mit den Niederlanden, Italien und Spanien als die politisch, wirtschaftlich und kulturell dominierenden Mächte abgelöst hat. Wie am Anfang so befördert auch am Ende des 17. Jhs. die politische Verfolgung der Andersdenkenden das Entstehen eines skeptischen und autoritätskritischen Denkens. Deutlicher als jeder andere illustriert der *libertin* oder *esprit-fort* SAINT-EVREMOND, dass die Frühaufklärer das Erbe des *libertinage* fortsetzen.

Literatur Bouysse (1987); Haase (1959); Krauss (1969); Ueberweg (1993: II, 1025–1043); Niderst (1972); Spink (1966).

4 Neue Tendenzen in Roman und Theater

Theater Das offizielle Theater der Nachklassik, das in der *Comédie-Française* gegeben wird, kennt keine grundlegenden Neuerungen. In der Tragödie versuchen Autoren wie PROSPER JOLYOT DE CRÉBILLON (1674–1762) und ANTOINE DANCHET (1671–1748), die Gefühle des Publikums durch die Darstellung besonders schauriger Ereignisse und extremer Leidenschaften zu erregen. Schuld wie auch Unschuld werden ins Extrem gesteigert. In der Komödie dominieren die *comédie de mœurs* und die *comédie de caractère,* die gewisse gesellschaftskritische Aussagen erlauben. In Stücken wie *Le joueur* (1696) und *Le légataire universel* (1708) von JEAN-FRANÇOIS REGNARD (1655–1709) sowie *Crispin rival de son maître* (1707) und *Turcaret* (1709) von ALAIN-RENÉ LESAGE (1668–1774) spiegelt sich jene gesellschaftliche Entwicklung, die den Zeitgenossen Angst macht: die Instabilität der sozialen Verhältnisse, die zunehmende Bedeutung des Geldes, der Verlust der traditionellen Werte. Positiv gewendet wird diese Unsicherheit und Offenheit, die alles in einen großen Strudel zu reißen scheint, erst im *Théâtre de la Foire,* das sich ab ca. 1712 auf den Messen von Saint-Germain und Saint-Laurent entwickelt und die Tradition der *Comédiens italiens* fortsetzt. In den dortigen Theatern entsteht unter widrigsten Umständen ein freies, den Regeln nicht unterworfenes Antitheater, das eine kritische Auseinandersetzung mit der Regelpoetik und ihrer Forderung nach *vraisemblance* bietet. Wichtigstes Prinzip der hier entwickelten „unklassischen" Ästhetik ist das der Verfremdung und Distanzierung, das ein – entlastendes – Lachen über eine als monströs empfundene Wirklichkeit ermöglicht.

Roman Eine ähnliche antirealistische Tendenz weist auch die Narrativik der Zeit auf. Symptomatisch dafür ist die Begeisterung für das Märchen, die sich auch auf „fremde", exotische Märchen erstreckt. In der Übersetzung der Märchen der *Mille et une nuits* (1706–1717) durch den Orientalisten Antoine Galland (1646–1715) kommt zudem die Öffnung für andere, fremde Welten zum Ausdruck, die dem frühaufklärerischen Relativismus im Denken zu Grunde liegt. Die traditionelle Sittensatire verbindet sich mit neuen „unrealistischen" Erzählformen in Lesages Roman *Le diable boiteux* (1707), in dem der Teufel Asmodée durch einen Zaubertrick Einblick in das Leben der Bewohner einer großen Stadt gewährt. Auch hier hat der Bruch mit dem Wahrscheinlichen durch die Einführung eines phantastischen Elementes die Funktion, kritische Distanz zum Dargestellten, ja eine gewisse lächelnde Überlegenheit einem moralischen *monde renversé* gegenüber zu erzeugen. Das Phantastische bzw. Exotische schließt dabei die satirisch-realistische Zielsetzung nicht aus, wie etwas später Montesquieus *Lettres persanes* (1721) vorführen werden. Die Literatur dieser Umbruchzeit, die auch mit dem Begriff Rokoko belegt wird, illustriert damit eine Haltung der spielerisch-witzigen und ironisch-kritischen Distanz, die das 18. Jh. beherrschen wird.

Literatur   Grewe (1989); Laufer (1971); Moureau (1992).

Literatur

Literaturgeschichten und Nachschlagewerke

ADAM, Antoine (1948–1956): *Histoire de la littérature française au XVIIᵉ siècle*. Paris: Domat. – (Reprint Paris: Albin Michel 1997).

ABRAHAM, Pierre / DESNÉ, Roland [Éds.] (1975): *Histoire littéraire de la France*. Vol. 3: 1600–1660. Vol. 4: 1660–1715. Paris: Editions sociales.

BÉLY, Lucien [Éd.] (1996): *Dictionnaire de l'Ancien Régime*. Paris: PUF.

BLUCHE, François [Éd.] (1990): *Dictionnaire du Grand Siècle*. Paris: Fayard.

GRENTE, Georges [Éd.] (²1996): *Dictionnaire des lettres françaises. Le XVIIᵉ siècle*. Edition entièrement révisée, amendée et mise à jour sous la direction de Patrick Dandrey. Paris: Fayard et Librairie Générale Française. – (1. Aufl. Paris: Fayard 1951).

GRIMM, Jürgen [Hrsg.] (³1994): *Französische Literaturgeschichte*. 3. aktual. u. erw. Aufl. Stuttgart: Metzler. – (1. Aufl. 1989).

KÖHLER, Erich (1983): *Vorlesungen zur Geschichte der französischen Literatur*. Hrsg. v. Henning Krauß / Dietmar Rieger. Bd. 3: Vorklassik. Bd. 4: Klassik I. Bd. 5: Klassik II. Stuttgart: Kohlhammer.

PICHOIS, Claude [Éd.]: *Littérature française*. Vol. 6: Antoine Adam (1968): *L'âge classique I. 1624–1660*. Vol. 7: Pierre Clarac (1969): *L'âge classique II. 1660–1680*. Vol. 8: René Pomeau (1971): *L'âge classique III. 1680–1720*. Paris: Arthaud.

PICHOIS, Claude [Éd.]: *Littérature française/Poche*. Vol. 3: Jacques Morel (1986): *De Montaigne à Corneille*. Vol. 4: Micheline Cuénin / Roger Zuber (1984): *Le classicisme (1660–1680)*. Vol. 5: Jean Ehrard / René Pomeau (1984): *De Fénelon à Voltaire (1680–1750)*. Paris: Arthaud.

PUZIN, Claude (1987): *Littérature. Textes et documents. XVIIᵉ siècle*. Paris: Nathan.

MESNARD, Jean [Éd.] (1990): *Précis de littérature française du XVIIᵉ siècle*. Paris: PUF.

STACKELBERG, Jürgen von (1996): *Die französische Klassik*. München: Fink.

ZUBER, Roger et al. (1992): *Littérature française du XVIIᵉ siècle*. Paris: PUF.

ZUBER, Roger (1993): *La littérature française du XVIIᵉ siècle*. Paris: PUF.

Studien

ADAM, Antoine (1935): *Théophile de Viau et la libre pensée française en 1620*. Paris: Droz. – (Reprint Genève: Slatkine 1965).

ANSMANN, Liane (1972): *Die »Maximes« von La Rochefoucauld*. München: Fink.

AUERBACH, Erich (1951): „La cour et la ville." In: Auerbach, Erich: *Vier Untersuchungen zur Geschichte der französischen Bildung*. Bern: Francke, 12–50.

BAADER, Renate (1995): „Die französische Salonkultur im 17. Jahrhundert". In: Baumgärtel / Neysters (1995: 34–50).

BAADER, Renate (1986): *Dames de Lettres. Autorinnen des preziösen, hocharistokratischen und »modernen« Salons (1649–1698): Mlle de Scudéry – Mlle de Montpensier – Mme d'Aulnoy*. Stuttgart: Metzler.

BAILBÉ, Jacques (1995): *Saint-Amant et la Normandie littéraire*. Paris: Champion.

BAR, Francis (1960): *Le genre burlesque en France. Etude de style*. Paris: d'Artrey.

BARTHES, Roland (1963): *Sur Racine*. Paris: Le Seuil.

BAUMGÄRTEL, Bettina / NEYSTERS, Silvia [Hrsg.] (1995): *Die Galerie der Starken Frauen. Die Heldin in der französischen und italienischen Kunst des 17. Jahrhunderts*. Kunstmuseum Düsseldorf. Ausstellungskatalog.

BÉNICHOU, Paul (1948): *Morales du Grand Siècle*. Paris: Gallimard.

BERGER, Günter (1984): *Der komisch-satirische Roman und seine Leser. Poetik, Funktion und Rezeption einer niederen Gattung im Frankreich des 17. Jahrhunderts*. Heidelberg: Winter.

BERSCHIN, Helmut / FELIXBERGER, Josef / GOEBL, Hans (1978): *Französische Sprachgeschichte*. München: Hueber.

BERTAUD, Madeleine (1986): *L'Astrée et Polexandre: du roman pastoral au roman héroïque*. Genève: Droz.

BERTIÈRE, André (1977): *Le Cardinal de Retz mémorialiste*. Paris: Klincksieck.

BEUGNOT, Bernard / ZUBER, Roger (1973): *Boileau. Visages anciens, visages nouveaux*. Montréal: Presses de l'Université de Montréal.

BOUYSSE, Patrice (1987): *Essai sur la jeunesse d'un moraliste: Saint-Evremond (1614–1661)*. Paris – Seattle – Tübingen: PFSCL. (Biblio 17, 31).

BRAUNECK, Manfred (1996): *Die Welt als Bühne. Geschichte des europäischen Theaters*. Bd. 2. Stuttgart – Weimar: Metzler, 163–274.

BRAY, René (1927): *La formation de la doctrine classique*. Dijon: Darantière. – (Neuaufl. Paris: Nizet 1951).

BRAY, René (1954): *Molière, homme de théâtre*. Paris: Mercure de France.

BRODY, Jules (1958): *Boileau and Longinus*. Genève: Droz.

BRUNOT, Ferdinand (1891): *La doctrine de Malherbe d'après son commentaire sur Desportes*. Paris: Masson. – (Reprint Paris: A. Colin 1969).

BÜRGER, Peter (1971): *Die frühen Komödien Corneilles und das französische Theater um 1630. Eine wirkungsästhetische Analyse*. Frankfurt/M.: Athenäum.

BURKE, Peter (1993): *Ludwig XIV. Die Inszenierung des Sonnenkönigs*. Berlin: Wagenbach. – (Engl. Original 1992).

BURY, Emmanuel (1993): *Le classicisme. L'avènement du modèle littéraire français 1660–1680*. Paris: Nathan.

CALVET, Jean (1938): *La littérature religieuse de François de Sales à Fénelon*. Paris: De Gigord. – (Neuaufl. Paris: Del Duca 1956).

CAPUT, Jean-Pol (1986): *L'Académie française*. Paris: PUF.

CHÉDOZEAU, Bernard (1989): *Le baroque*. Paris: Nathan.

COGNET, Louis (²1964): *Le jansénisme*. Paris: PUF. – (1. Aufl. 1961).

CORNETTE, Joël (1995): *Chronique de la France moderne*. Vol. 2: *De la Ligue à la Fronde*. Paris: SEDES.

CORNETTE, Joël (1997): *Chronique du règne de Louis XIV. De la fin de la Fronde à l'aube des Lumières*. Paris: SEDES.

COUTON, Georges (1959): *La politique de La Fontaine*. Paris: Les Belles Lettres.

COUTON, Georges (1984): *Corneille et la tragédie politique*. Paris: PUF.

COUTON, Georges (1986): *Richelieu et le théâtre*. Lyon: Presses universitaires.

CUÉNIN, Micheline (1979): *Roman et société sous Louis XIV. Madame de Villedieu*. 2 vols. Paris: Champion.

DEIERKAUF-HOLSBOER, S. Wilma (1961): *L'histoire de la mise en scène dans le théâtre français de 1600 à 1673*. Paris: Nizet.

DEJEAN, Joan E. (1991): *Tender Geographies. Women and the Origins of the Novel in France*. New York: Columbia University Press.

DELFT, Louis van (1971): *La Bruyère moraliste*. Genève: Droz.

DELFT, Louis van (1982): *Le moraliste classique. Essai de définition et de typologie*. Genève: Droz.

DELOFFRE, Frédéric (1967): *La nouvelle en France à l'âge classique*. Paris: Didier.

DUCHÊNE, Roger (²1992): *Madame de Sévigné et la lettre d'amour*. Nouv. éd. augm. Paris: Klincksieck. – (1. Aufl. Paris: Bordas 1970).

ECO, Umberto (1995): *Die Insel des vorigen Tages*. München – Wien: Hanser. – (Ital. Original 1994).

EHRMANN, Jacques (1963): *Un paradis désespéré. L'amour et l'illusion dans L'Astrée*. Paris: PUF.

ELIAS, Norbert (1969): *Die höfische Gesellschaft*. Neuwied – Berlin: Luchterhand.

FRANCILLON, Roger (1973): *L'œuvre romanesque de Madame de La Fayette*. Paris: José Corti.

FROMILHAGUE, René (1954): *La vie de Malherbe. Apprentissage et luttes (1555–1610)*. Paris: A. Colin.

FUKUI, Yoshui (1964): *Raffinement précieux dans la poésie française du XVIIᵉ siècle*. Paris: Nizet.

FUMAROLI, Marc [Éd.] (1977): *Critique et création littéraires en France au XVIIᵉ siècle*. Paris: CNRS.

FUMAROLI, Marc (1980): *L'âge de l'éloquence*. Genève: Droz.

FUMAROLI, Marc (1990): *Héros et orateurs. Rhétorique et dramaturgie cornéliennes*. Genève: Droz.

GAIFFE, Félix (1924): *L'envers du Grand Siècle*. Paris: Albin Michel.

GARRISSON, Janine (1985): *L'Edit de Nantes et sa révocation. Histoire d'une intolérance*. Paris: Le Seuil.

GÉNETIOT, Alain (1990): *Les genres lyriques mondains (1630–1660)*. Genève: Droz.

GÉNETIOT, Alain (1997): *La poétique du loisir mondain, de Voiture à La Fontaine*. Paris: Champion.

GODARD DE DONVILLE, Louise [Éd.] (1987): *D'un siècle à l'autre: Anciens et Modernes.* XVIᵉ colloque du Centre Méridional de Rencontres sur le XVIIᵉ siècle (Marseille 1986). Marseille: CMR.

GODARD DE DONVILLE, Louise (1989): *Les libertins des origines à 1665: un produit des apologètes.* Paris – Seattle – Tübingen: PFSCL. (Biblio 17, 51).

GOLDMANN, Lucien (1955): *Le dieu caché. Étude sur la vision tragique dans les «Pensées» de Pascal et dans le théâtre de Racine.* Paris: Gallimard.

GOUBERT, Pierre (1966): *Louis XIV et vingt millions de Français.* Paris: Fayard. – (Dt. Ausg.: *Ludwig XIV. und 20 Millionen Franzosen.* Berlin: Wagenbach 1973).

GOUBERT, Pierre / ROCHE, Daniel (1984): *Les Français et l'Ancien Régime.* Vol. 1: *La société et l'état.* Vol. 2: *Culture et société.* Paris: Armand Colin.

GOYET, Thérèse (1965): *L'humanisme de Bossuet.* 2 vols. Paris: Klincksieck.

GREWE, Andrea (1989): *Monde renversé – Théâtre renversé. Lesage und das Théâtre de la Foire.* Bonn: Romanistischer Verlag.

GREWE, Andrea (1992): „Was macht den Klassiker zum Klassiker? Konstanten der Molière-Rezeption." In: Voßkamp, Wilhelm [Hrsg.] (1992): *Klassik im Vergleich. Normativität und Autorität europäischer Klassiken.* Stuttgart: Metzler, 242–258.

GRIMM, Jürgen (1984): *Molière.* Stuttgart: Metzler. – (Frz. Ausg.: *Molière en son temps.* Paris – Seattle – Tübingen: PFSCL 1993. [Biblio 17, 75]).

GRIMM, Jürgen (1994): *Le pouvoir des fables. Études lafontainiennes I.* Paris – Seattle – Tübingen: PFSCL. (Biblio 17, 85).

GRIMM, Jürgen (1996): *Le «dire sans dire» et le dit. Études lafontainiennes II.* Paris – Seattle – Tübingen: PFSCL. (Biblio 17, 93).

GUICHEMERRE, Roger (1972): *La comédie avant Molière (1640–1660).* Paris: A. Colin.

GUICHEMERRE, Roger (1978): *La comédie classique en France.* Paris: PUF.

GUICHEMERRE, Roger (1981): *La tragi-comédie.* Paris: PUF.

GUICHEMERRE, Roger (1991): *Quatre poètes du XVIIᵉ siècle. Malherbe, Tristan L'Hermite, Saint-Amant, Boileau.* Paris: SEDES.

HAASE, Erich (1959): *Einführung in die Literatur des Refuge.* Berlin: Duncker und Humblot.

HAZARD, Paul (1935): *La crise de la conscience européenne (1680–1715).* Paris: Boivin. – (Neuaufl. Paris: Fayard 1961).

HEESS, Manfred (1977): *Blaise Pascal. Wissenschaftliches Denken und christlicher Glaube. Versuch einer Deutung der »Apologie der christlichen Religion« im Lichte des „geometrischen Beweisverfahrens".* München: Fink.

HINRICHS, Ernst [Hrsg.] (1994): *Kleine Geschichte Frankreichs.* Stuttgart: Reclam.

HIPP, Marie-Thérèse (1976): *Mythes et réalités. Enquête sur le roman et les mémoires (1660–1700).* Paris: Klincksieck.

JASINSKI, René (1966): *La Fontaine et le premier recueil des «Fables».* 2 vols. Paris: Nizet.

JOMARON, Jacqueline de [Éd.] (1988): *Le théâtre en France.* Vol. 1: *du Moyen Age à 1789.* Paris: A. Colin.

KAPP, Volker (1982): *«Télémaque» de Fénelon. La signification d'une œuvre littéraire à la fin du siècle classique.* Tübingen: Narr – Paris: Place.

KÖHLER, Erich (1959): *Madame de Lafayettes »La princesse de Clèves«. Studien zur Form des klassischen Romans.* Hamburg: de Gruyter.

KORTUM, Hans (1966): *Charles Perrault und Nicolas Boileau. Der Antike-Streit im Zeitalter der klassischen französischen Literatur.* Berlin: Rütten und Loening.

KOYRÉ, Alexandre (²1973): *Du monde clos à l'univers infini.* Paris: PUF. – (1. Aufl. 1962. – Amerik. Original 1957).

KRAUSS, Werner (1949): „Über die Träger der klassischen Gesinnung." In: Krauss, Werner: *Gesammelte Aufsätze zur Sprach- und Literaturwissenschaft.* Frankfurt/M.: Klostermann, 321–338.

KRAUSS, Werner (1969): *Fontenelle und die Aufklärung.* München: Fink.

KRAUSS, Werner / KORTUM, Hans (1966): *Antike und Moderne in der Literaturdiskussion des 18. Jahrhunderts.* Berlin: Akademie-Verlag.

KROLL, Renate (1995): „Die Domestizierung der Femme forte". In: Baumgärtel / Neysters (1995: 51–63).

KROLL, Renate (1996): *Femme poète. Madeleine de Scudéry und die «poésie précieuse».* Tübingen: Niemeyer.

KRÜGER, Reinhard (1986): *Zwischen Wunder und Wahrscheinlichkeit. Die Krise des französischen Versepos im 17. Jahrhundert.* Marburg: Hitzeroth.

LAFAY, Henri (1975): *La poésie française du premier XVIIe siècle (1598–1630). Esquisse pour un tableau.* Paris: Nizet.

LANCASTER, Harry-Carrington (1929–1942): *A History of French Dramatic Literature in the Seventeenth Century.* 9 Vols. Baltimore: Johns Hopkins University-Press.

LATHUILLÈRE, Roger (1966): *La préciosité. Étude historique et linguistique.* Genève: Droz.

LAUFER, Roger (1971): *Lesage ou le métier de romancier.* Paris: Gallimard.

LE GOFF, Jacques / RÉMOND, René [Éds.] (1988): *Histoire de la France religieuse.* Vol. 2: François Lebrun [Éd.]: *Du christianisme flamboyant à l'aube des Lumières.* Paris: Le Seuil.

LEVER, Maurice (1996): *Romanciers du Grand Siècle.* Paris: Fayard.

LOUGH, John (1957): *Paris Theatre Audiences in the Seventeenth and Eighteenth Century.* London: Oxford University Press.

MAGENDIE, Maurice (1925): *La politesse mondaine et les théories de l'honnêteté en France au XVIIe siècle.* 2 vols. Paris: PUF.

MAGENDIE, Maurice (1932): *Le roman français au XVIIe siècle de L'Astrée au Grand Cyrus.* Genève: Droz.

MAGNE, Emile (1929/30): *Voiture et l'hôtel de Rambouillet.* 2 vols. Paris: Emile-Paul.

MARTIN, Henri-Jean (1969): *Livre, pouvoirs et société à Paris au XVIIe siècle (1598–1701).* 2 vols. Genève: Droz.

MATZAT, Wolfgang (1982): *Dramenstruktur und Zuschauerrolle. Theater in der französischen Klassik.* München: Fink.

MÉLÈSE, Pierre (1934): *Le théâtre et le public à Paris sous Louis XIV (1659–1715).* Paris: Droz. – (Reprint Genève: Slatkine 1976).

MESNARD, Jean (1976): *«Les pensées» de Pascal.* Paris: SEDES.

MESNARD, Jean / MOUSNIER, Roland [Éds.] (1985): *L'âge d'or du mécénat (1598–1661).* Actes du colloque CNRS (mars 1983): *Le Mécénat en Europe, et particulièrement en France avant Colbert.* Paris: CNRS.

MESNARD, Jean (1992): „*«Honnête homme» et «honnête femme» dans la culture du XVIIe siècle.*" In: Mesnard, Jean (1992): *La culture du XVIIe siècle. Enquêtes et synthèses.* Paris: PUF.

MILLIOT, Vincent ([2]1995): *Pouvoirs et société dans la France d'Ancien Régime.* Paris: Nathan. – (1. Aufl. 1992).

MOREL, Jacques (1964): *La tragédie.* Paris: A. Colin.

MOUREAU, François (1992): *De Gherardi à Watteau: présence d'Arlequin sous Louis XIV.* Paris: Klincksieck.

NIDERST, Alain (1972): *Fontenelle à la recherche de lui-même (1657–1702).* Paris: Nizet.

NIES, Fritz (1972): *Gattungspoetik und Publikumsstruktur. Zur Geschichte der Sévigné-briefe.* München: Fink.

NIES, Friedrich / STIERLE, Karlheinrich [Hrsg.] (1985): *Die französische Klassik. Theorie, Literatur, Malerei.* München: Fink.

PELOUS, Jean-Michel (1980): *Amour précieux, amour galant.* Paris: Klincksieck.

PEYRE, Henri (1965): *Qu'est-ce que le classicisme?* Paris: Nizet.

PICARD, Raymond (1961): *La carrière de Jean Racine.* Paris: Gallimard.

PINTARD, René (1943): *Le libertinage érudit dans la première moitié du XVIIe siècle.* Paris. – (Reprint Genève: Slatkine 1983).

RODIS-LEWIS, Geneviève ([2]1970): *Descartes et le rationalisme.* Paris: PUF. – (1.Aufl. 1966).

ROHOU, Jean (1994): *Jean Racine: bilan critique.* Paris: Nathan.

RIEGER, Dietmar [Hrsg.] (1985): *Die französische Erzählkunst des 17. Jahrhunderts.* Darmstadt: Wissenschaftliche Buchgesellschaft.

ROTH, Oskar (1981): *Die Gesellschaft der «Honnêtes gens». Zur sozialästhetischen Grundlegung des «honnêteté»-Ideals bei La Rochefoucauld.* Heidelberg: Winter.

RUBIN, David Lee [Éd.] (1986): *La poésie française du premier 17e siècle. Textes et contextes.* Tübingen: Narr.

SABA, Guido (1997): *Fortunes et infortunes de Théophile de Viau. Histoire de la critique suivie d'une bibliographie.* Paris: Klincksieck.

SCHERER, Jacques (1950): *La dramaturgie classique en France.* Paris: Nizet.

SCHERER, Jacques / SCHERER, Colette (1987): *Le théâtre classique.* Paris: PUF.

SCHOBER, Rita (1970): „*Die klassische Doktrin.*" In: Schober, Rita (1970): *Von der wirklichen Welt in der Dichtung. Aufsätze zur Theorie und Praxis des Realismus in der französischen Literatur.* Berlin – Weimar: Aufbau-Verlag, 137–165.

SERROY, Jean (1981): *Roman et réalité. Les histoires comiques au XVIIe siècle.* Paris: Minard.

SORIANO, Marc (1968): *Les contes de Perrault, culture savante et traditions populaires.* Paris: Gallimard.

SPINK, John Stevenson (1966): *La libre pensée française de Gassendi à Voltaire.* Paris: Editions sociales. – (Engl. Original 1960).

STACKELBERG, Jürgen von (1982): *Französische Moralistik in europäischem Kontext.* Darmstadt: Wissenschaftliche Buchgesellschaft.

STENZEL, Hartmut (1987): *Molière und der Funktionswandel der Komödie im 17. Jahrhundert.* München: Fink.

STENZEL, Hartmut (1995): *Die französische „Klassik". Literarische Modernisierung und absolutistischer Staat.* Darmstadt: Wissenschaftliche Buchgesellschaft.

STROSETZKI, Christoph (1978): *Konversation. Ein Kapitel gesellschaftlicher und literarischer Pragmatik.* Frankfurt – Bern – Las Vegas: Lang.

TIMMERMANS, Linda (1996): *L'accès des femmes à la culture (1598–1715).* Paris: Champion.

TRUCHET, Jacques (1975): *La tragédie classique en France.* Paris: PUF.

TRUCHET, Jacques [Éd.] (1992): *le XVIIe siècle. Diversité et cohérence.* Paris: Berger-Levrault.

TRUDEAU, Danielle (1992): *Les inventeurs du bon usage (1529–1647).* Paris: Minuit.

UEBERWEG, Friedrich [Hrsg.] (1993): *Grundriss der Geschichte der Philosophie. Die Philosophie des 17. Jahrhunderts.* Bde. 2, 1–2: Jean-Pierre Schobinger [Hrsg.]: *Frankreich und Niederlande.* Basel: Schwabe.

VIALA, Alain (1985): *Naissance de l'écrivain. Sociologie de la littérature à l'âge classique.* Paris: Minuit.

VIALA, Alain (1990): *Racine. La stratégie du caméléon.* Paris: Seghers.

VOSS, Jürgen (1980): *Geschichte Frankreichs.* Bd. 2: *Von der frühneuzeitlichen Monarchie zur Ersten Republik.* München: Beck.

WEINRICH, Harald (1960): „Vaugelas und die Lehre vom guten Sprachgebrauch." In: *Zeitschrift für Romanische Philologie* 76: 1–33.

WINKLEHNER, Brigitte (1989): *Legitimationsprobleme einer Gattung. Zur Romandiskussion des 17. Jahrhunderts in Frankreich.* Tübingen: Stauffenburg.

ZIMMERMANN, Margarete (1995): „Die französische und italienische Querelle des femmes des 15. bis 17. Jahrhunderts". In Baumgärtel / Neysters (1995: 14–33).

Personenregister

Sachregister